현대한국구술자료관 고도화연구 구술자료집 3권

잊히지 않는 상처, 국가폭력을 넘어

윤충로, 성강경, 윤시원, 이정민 엮음
강창덕, 김하종, 배다지, 이단아 구술

진인진

잊히지 않는 상처, 국가폭력을 넘어

초판 1쇄 발행 | 2024년 5월 31일

엮은이 | 윤충로, 성강경, 윤시원, 이정민
구 술 | 강창덕, 김하종, 배다지, 이단아
편 집 | 배원일, 김민경
발행인 | 김태진
발행처 | 진인진
등 록 | 제25100-2005-000003호
주 소 | 경기도 과천시 관문로 92(힐스테이트 과천중앙) 101동 1818호
전 화 | 02-507-3077-8
팩 스 | 02-507-3079
홈페이지 | http://www.zininzin.co.kr
이메일 | pub@zininzin.co.kr

ⓒ 한국학중앙연구원 2024
ISBN 978-89-6347-595-0 94300
ISBN 978-89-6347-505-9 94300(세트)

* 책값은 표지 뒤에 있습니다.
* 이 저서는 2019년 대한민국 교육부와 한국학중앙연구원(한국학진흥사업단)의 구술자료 아카이브 구축사업의 지원을 받아 수행된 연구임(AKS-2019-OHA-1230001).

차례

들어가는 말 ·· 5

Ⅰ. 민주주의를 위해 걸어온 한 평생(강창덕) ························ 10
   1. 집안 배경 및 성장과정 ·· 14
   2. 해방 직후 활동 ··· 18
   3. 한국전쟁기와 1950년대의 경험과 활동 ······················ 23
   4. 대구지역의 4월혁명 ··· 26
   5. 경산 코발트광산 학살사건 취재 ································· 30
   6. 경산유족회 고문활동 ·· 33
   7. 장면 정권기 정당활동 ·· 37
   8. 5.16군사쿠데타와 투옥 ·· 40
   9. 박정희 정권기의 정치활동① : 1960년대 ·················· 43
   10. 박정희 정권기의 정치활동② : 1970년대 ················ 47
   11. 인혁당재건위사건 ··· 50
   12. 1987년 6월항쟁 이후의 정치활동 ···························· 59
   13. 김대중 정부 이후 시기의 과거사 청산문제 ············· 61

Ⅱ. 역사의 진실을 밝히기 위한 인생 여정(김하종) ················ 66
   1. 유년기의 경험 ··· 72
   2. 내남면 학살사건 ··· 73
   3. 학살사건 이후의 성장과정 ·· 83
   4. 대학교 진학과 법무부 근무 ······································· 89
   5. 유족회 결성과 활동 ··· 92
   6. 5.16쿠데타 이후 군사정부의 유족회 탄압 ················ 106

7. 석방 이후의 생활 …………………………………………… 111
　　8. 유족회 재건 ………………………………………………… 115

Ⅲ. 민족자주를 위한 한 길에서(배다지) …………………… 120

　　1. 해방과 한국전쟁 …………………………………………… 125
　　2. 대학생활과 『국제신보』 기자활동 ………………………… 133
　　3. 4.19혁명과 민주민족청년동맹 활동 ……………………… 138
　　4. 5.16쿠데타 이후, 도피와 생계활동 ……………………… 150
　　5. 통혁당사건에 연루되어 옥고를 치르다 …………………… 154
　　6. 출소 이후 생계활동과 지속되는 감시와 통제 …………… 159
　　7. 1980년대 사회운동 참여와 정치지형에 대한 이해 ……… 162
　　8. 1980~1990년대 통일운동과 민족운동 …………………… 166
　　9. 김대중 정부 이후의 통일운동과 통일을 위한 전망 ……… 171

Ⅳ. 세대로 이어진 국가폭력과 사회변혁의 꿈(이단아) ……… 176

　　1. 이형락의 성장 과정과 활동 ………………………………… 181
　　2. 1960년대 이형락의 사회운동과 구속 …………………… 190
　　3. 이형락의 석방과 그 이후의 삶 …………………………… 202
　　4. 이단아의 노동운동 ………………………………………… 210
　　6. 1987년 6월 이후의 활동 …………………………………… 220
　　5. 남조선해방전략당사건 재심 신청과정 …………………… 227
　　6. 진상규명과 형명재단 ……………………………………… 236
　　7. 부친을 기억하며 …………………………………………… 241
　　8. 국가폭력을 넘어서기 위하여 ……………………………… 243

들어가는 말

이 책은 한국학진흥사업단에서 10년 계획으로 진행하고 있는 '구술자료 아카이브 구축-현대한국구술사연구'의 연구결과물이다. 2019년 시작된 '현대한국구술자료관 고도화 연구단(이하 현대한국구술자료관)'은 '구술자료의 특성을 반영한 관리체계 구축', '구술자료의 활용성 제고', '전문적인 구술자료관 구축'을 목표로 연구를 진행하고 있다. 현대한국구술자료관은 수집된 구술자료의 연구·활용도를 높이고 대중적 성과확산을 위해 '구술자료 아카이브 구축' 사업에서 생산·아카이브화된 구술자료를 선별하여 구술자료집을 발간하고 있다. 1권『평화·통일을 열어가는 사람들』은 연세대학교의 '평화통일운동과 남북교류협력 구술채록 사업'을, 2권『경쟁에서 연대로: 구술로 본 국민건강보험통합운동』은 인하대학교 '공공의료 체계를 향한 한국 현대 의료 체계 구술사연구' 사업을 토대로 했다. 이 책은 총서의 세 번째 권으로 '1960~1970년대 권위주의 국가폭력과 한국사회'를 주제로 한 성균관대학교의 자료를 바탕으로 했다.

성균관대학교 구술사연구사업팀의 구술자료 수집은 한국사회 권위주의 국가폭력의 역사성과 트라우마 규명, 이러한 점들에 대한 연구를 통한 과거사 정리와 청산의 필요성에서 출발했다. 그 기본 목적은 "한국사회에서 1960~1970년대 권위주의 정권이 국민을 대상으로 합법·비합법적으로 행사한 국가폭력의 실상과 영향을 구술사적 접근으로 규명·정리하는" 것이다. 이는 "국가폭력을 직·간접적으로 경험한 사람들을 광범위하게 대면하여 그들의 생생한 증언을 수집·채록하고 데이터베이스화함으로써 권위주의 국가폭력으로 규정할 수 있는 당시의 국가폭력을 더 깊고 자세하게, 또 체계적으로 이해할 수 있는 역사적 기초 자료를 산출하고자" 하는 것이다. 국가폭력은 정권에 대한 저항세력을 무력화하기 위한 '정치적 폭력'과 일상에서 민중들의 생존권 요구를 억압하고 노동규율을 강제하며 인권을 유린하는 '일상의 사회경제적 폭력(규율)'으로 나누어 볼 수 있는데, 이 자료집은 우선 박정희 정권 내내 빈번히 발생했던 '정치적 폭력', 특히 5.16쿠데타 직후의 정치 탄압과 1960년대 공안사건을 중심으로 했다. 구술자로는 혁신계로 사회당 경북도당 선전·조직위원장이었던 강창덕, 한국전쟁 전후 피학살자 유족회 경주유족회장을 역임한 김하종, 민주민족청년동맹 경남맹부 간사장을 역임한 배다지, 남조선해방전략당사건으로 실형을 살았던 이형락의 딸 이단아, 이렇게 4명을 선별했다.

강창덕은 조봉암의 진보당, 4월혁명 이후에는 사회대중당 등 혁신계 정당에서 활동했다. 4월혁명기『대구매일신문』(지금의『매일신문』) 기자로 활동하면서 1950년 7월 20일~9월 20일 사이에 경상북도 경산군 코발트광산 일대에서 한국 군경에 의해 자행된 학살을 최초로 보도했다. 경산유족회를 창립하여 고문으로 활동하다가 5.16쿠데타 이후 구속되어 수감생활을 한 것을 시작으로 통일·민주화운동을 하면서 총 7차례 구속됐고, 수감 기간은 13년에 이른다. 특히 1974년에는 2차 인혁당사건으로 구속되어 무기징역을 선고받고 1982년 형집행정지로 출소할 때까지 8년 8개월을 복역했다. 그의 구술은 해방 후 혁신계 정당 활동, 한국전쟁 전후 민간인 학살과 유족회 활동, 이에 대한 국가폭력과 통일·민주화운동에 대한 탄압 등에 관련한 폭넓은 내용을 포함하고 있다.

김하종은 한국전쟁 전후 민간인 학살 피해자 가족이다. 그의 아버지는 한국전쟁 이전 경찰 하부·지원조직으로 마을에 조직됐던 민보단에 의해 목숨을 잃었다. 서울대학교 법대를 졸업한 이후 법무부 형정국(刑政局)에 근무하던 중 4월혁명을 맞았다. 1960년 경북유족회가 출범할 당시 월성군 유족회장으로 활동했다. 5.16쿠데타 이후 군사정부에 체포되어 7년 형을 언도받고 복역하다 1963년 12월 석방됐다. 박정희 정권 하에서 지속적인 감시를 받았던 김하종의 삶은 국가폭력이 피해자 개인에게 작동하는 구체적인 양상을 잘 보여준다.

배다지는 1956~1961년 부산 국제신보사 기자로 활동했고, 4.19혁명 직후 민주민족청년동맹, 민족자주통일중앙협의회에서 활동했다. 1965~1968년까지 『마산일보』에서 다시 기자로 활동했다. 『마산일보』 재직시절 김질락과의 만남으로 통일혁명당사건에 연루되어 1968~1971년까지 수감생활을 했다. 감옥에서 나온 이후에도 사회안전법의 굴레로 인해 1980년대 중반까지 '징역 아닌 징역의 삶'을 살아야 했다. 1987년 민주화의 물결에 따라 운동 현장으로 돌아온 배다지는 부산지역을 근거로 민족·민주운동의 중심에서 활동했다. 언론인, 사회·민족운동가로 살아온 배다지의 구술은 한국사회가 경험했던 고통과 저항의 역사를 개인의 삶을 통해 읽어갈 기회를 제공한다.

이단아는 '남조선해방전략당' 조작사건의 피해자 이형락의 딸이다. 1931년생인 이형락은 민주학생연맹, 전국노동조합협의회 등에서 활동했다. 노동운동에 전념하던 중 남조선해방전략당사건에 연루되어 10년 형을 살았고, 고문후유증에 의한 트라우마로 건강이 악화되어 1985년 스스로 유명을 달리했다. 이형락의 4녀로 8세 무렵 부친과 헤어진 이단아는 경찰의 감시, '간첩의 딸'이라는 '낙인'과 '연좌제'의 질곡에서 성장했다. 이단아는 부친의 죽음과 더불어 노동운동에 본격적으로 뛰어들었고, 진보정치, 민주화운동, 시민운동에 참여했다. 2005년 진실화해위원회가 출범하자 남조선해방전략당사건의 진상규명을 신청했고, 재심을 통해 2017년 국가 배상 판결을 받았다. 이단아의 구술은 아버지 이형락의 피해와 사회적 낙인, 연좌제로 이어지는 국가·사회적 폭력기제를 잘 보여주며, 폭력에 굴하지 않고 민주·인권의 가치를 만들어갔던 한 여성 운동가의 생애사적 기록이다.

이 책의 한 축은 한국전쟁 전후의 민간인 학살 문제를 배경으로 한다. 김하종과 강창덕의 구술은 4월혁명과 더불어 전면화된 학살의 기억과 애도의 물결이 5.16쿠데타로 인해 좌절되고 망각되는 폭력적 과정을 보여준다. 또 다른 한 축은 1960년대 박정희 독재정권에 의해 조작된 조직사건과 국가폭력의 문제를 피해 당사자뿐만 아니라 이후 세대의 경험과 기억을 통해 드러낸다. 그렇지만 이들의 구술은 피해의 재현에 머무르지 않는다. 그 속에는 국가폭력의 고통과 질곡을 헤쳐왔던 저항과 투쟁, 인간으로서의 삶을 향한 지난한 노력의 이야기가 녹아 있다. 이것이 우리가 이들의 구술에 주목해야 하는 중요한 이유다.

이 책은 구술자료의 기획과 생산을 담당했던 성균관대학교 연구진과 구술자료집의 기획·출간을 진행하고 있는 한국학중앙연구원 현대한국구술자료관의 공동작업 결과물이다. 구술자는 성균관대학교 구술사연구사업팀에서 추천하고, 현대한국구술자료관과 협의하여 결정했다. 강창덕, 김하종, 배다지, 이단아의 구술면담은 성균관대학교의 윤시원이 진행했다. 이 구술자료를 토대로 이정민(구술자 강창덕), 윤시원(구술자 김하종), 윤충로(구술자 배다지), 성강경(구술자 이단아)이 집필을 진행했다. 구술자의 순서는 구술자의 역사적 경험과 구술자가 주되게 연루된 국가폭력 사건의 시간적 순서에 따라 배치한 것이다.

구술자를 선별한 후 제일 먼저 구술자들에게 자료집 출판 계획을 알리고 현대한국구술자료관 서식에 맞춰 출판동의를 구했다. 구술자료의 집필은 구술자의 구술성을 살리기보다 구술자의 경험과 구술내용을 잘 전달할 수 있도록 가독성을 높이는 방향에서 진행됐다. 이는 주제에 대한 대중적 이해를 넓히고, 구술자료에 대한 접근을 용이하게 하기 위함이었다. 이러한 취지를 살리기 위해 구술자별로 서두에 집필자의 간략한 소개글을 배치했다. 초고 집필 완료 후에는 구술자가 원고를 충분히 검토하고 확인하는 과정을 거쳤다. 구술자뿐만 아니라 면담자에게도 원고 검토를 의뢰하여 자료의 편집·윤문 과정에서 발생할 수 있는 문제를 최소화했다. 또한 출판 전 최종 원고를 구술자가 검토할 수 있게 하여 마지막까지 구술자의 의견을 반영하려고 노력했다. 그럼에도 불구하고 미진한 부분은 편집자의 책임임을 밝힌다.

　이 책의 간행을 흔쾌히 허락해주신 강창덕, 김하종, 배다지, 이단아 네 분의 구술자께 이 자리를 통해 다시 한번 감사드리며, 자료집을 만드는 과정에서 책의 출간을 보지 못하시고 유명을 달리하신 강창덕, 배다지 선생님의 명복을 빈다. 구술자료집 발간을 위해 공동작업을 함께 할 수 있도록 배려해주신 성균관대학교 연구진 연구책임자 오제연 교수님, 면담과 자료화 과정에 힘써 주신 모든 연구진 선생님께 감사드린다.

엮은이를 대표해 윤충로 씀

I
민주주의를 위해 걸어온 한 평생

강창덕
- 1951년 민주국민당 경북도당 상무
- 1956년 진보당 조봉암 대통령후보 경산군 선거본부장
- 1956년 영남일보사 기자
- 1958년 대구매일신문사 정치부 기자
- 1960년 사회당 경북도당 선전조직위원장
- 1960년 경산피학살자유족회 고문
- 1988년 민족자주평화통일회의 대구경북 고문
- 1991년 신민주연합 통합출범대회 임시의장
- 2002년 노무현 대통령 선대위 노인특위 고문

경산(慶山) 코발트광산 학살사건은 한국전쟁 초기인 1950년 7월 20일경부터 9월 20일경까지 경상북도 경산시(당시 경산군) 코발트광산 일대에서 대한민국 군경(軍警)에 의해 일어난 학살사건이다. 경산 지역에는 일제강점기 때 조성된 코발트광산이 여러 곳 존재했고 해방 이후 폐광이 된 채로 남아있었는데, 한국전쟁이 일어나자 이곳에서 정부 추산 2,500여 명, 유가족 추산 3,500여 명의 국민보도연맹 회원들, 요시찰 대상자, 대구형무소 수감자 등이 경산·청도경찰서, 경북지구CIC 경산·청도파견대, 국군 제22헌병대에 의해 학살되어 암매장되었다. 2009년 11월 17일 진실화해를위한과거사정리위원회에서는 이 사건을 군경에 의한 집단학살사건으로 판정하였다.

야성(野星) 강창덕(姜昌德, 1927~2021)은 4월혁명기에 대구매일신문(지금의 매일신문) 기자 신분으로 이 사건을 취재하여 『대구매일신문』 1960년 5월 22일자에 보도기사를 공개하였다. 이것은 경산 코발트광산 학살사건에 대한 최초의 기사였다. 구술자는 이 사건에 대한 진상규명, 피해자들에 대한 위령사업 및 명예회복에 대한 문제의식을 느껴 이 보도 직후 기자를 그만 두고 경산유족회를 창립하여 고문(顧問)으로 활동하였다. 구술자는 유족회와 혁신계 활동 경력 때문에 1961년 5.16군사쿠데타가 일어난 후 구속되어 2년 8개월 동안 수감생활을 하였다.

강창덕은 평생을 통일운동과 민주화운동에 헌신하다가 총 일곱 차례 구속되었는데, 수감생활 했던 기간을 모두 합치면 13년이나 된다. 먼저 일제강점기였던 1944년 17세의 나이로 항일비밀결사 조선건국동맹에 참여하다가 구속되었고, 1945년에는 징병을 거부하며 도피하다가 다시 구속되었다. 해방 이후 1947년에는 미군정을 비판했다는 이유로, 한국전쟁이 한창이던 1952년에는 평화통일을 주장했다는 이유로 구속되었으며, 군부쿠데타가 일어난 1961년에는 반공법 제정 반대 집회에 나갔다가 두 차례 구속되었다. 또한 1974년 인민혁명당재건위원회사건(제

2차 인혁당사건)으로 구속되어 무기징역을 선고 받은 후 1982년 형집행정지로 출소할 때까지 8년 8개월 동안 수감생활을 하였다. 강창덕은 2006년 국무총리실 소속 민주화운동명예회복보상심의위원회에서 민주화운동 관련자로 인정받은데 이어, 2007년 서울중앙지법에서 열린 인혁당재건위사건 재심에서 무죄를 선고받았다.

    강창덕은 일생 동안 혁신계 정당에서도 계속 활동하였다. 1949년 서상일(徐相日)의 비서로 활동한 것을 시작으로 1956년 제3대 대통령선거 때에는 조봉암(曺奉岩)의 진보당에서, 1960년 4월혁명 이후에는 사회대중당에서 활동하였다. 군사정권 하에서 그는 정치활동에 계속 제약을 받다가 1987년 6월항쟁 이후 다시 본격적으로 진보적 정치활동을 재개하게 된다. 강창덕의 구술은 경산 코발트광산 학살사건과 경산유족회의 활동, 군사정권이 유족회에 대해 자행한 국가폭력, 대구·경북지역 혁신계 역사에 대해 폭넓은 증언을 담고 있다.

1. 집안 배경 및 성장과정

• 가정배경

먼저 선생님의 가정배경에 대해서 말씀을 부탁드립니다.

내 할아버지는 조선시대에 하양군(河陽郡)에서 좌수(座首)를 하셨고, 나중에 고종황제 때에는 중추원 의관(議官) 자리에 가셨습니다. 또 가선대부(嘉善大夫), 종2품이셨습니다. 아버지는 함자가 글월 문(文) 자하고 찬성한다 하는 찬(贊) 자. 호는 우전(遇田)이었어요. 한학자(漢學者)였고 유가(儒家)집안입니다. 아버지는 과거시험을 봐서 초시(初試)에는 합격을 했는데, 그 뒤에 김홍집 내각이 대과제도를 없애서 대과는 못 보고 탁지부(度支部)에 취직을 해서 주사(主事)를 했습니다. 그러다가 한일합방이 되어 일단 낙향을 했습니다. 아버지는 고향에서 한학자로 활동하시고 향교에서도 중책을 맡아 활동하셨습니다. 그러다가 언제인지는 모르겠는데 보천교(普天敎)에 입교했어요. 보천교를 선택한 이유는 교리가 좋아서가 아니었어요. 내가 아버지한테 말을 들어보니까 아버지 소망은 국권회복이라, 일본 놈한테 빼앗긴 국권을 회복하는 데 보천교가 역할을 했기 때문이었다고 합니다. 보천교는 민족종교를 표방하고 포교하면서 이면에는 비밀리에 독립자금을 준비하고 그 자금을 상해 임시정부로 보내고 했답니다. 그래서 아버지는 국권회복을 할 마음에서 보천교에 가서 할아버지가 만들어놓은 재산을 처분해가지고 보천교에 많이 갖다가 바쳤습니다. 그런데 그걸 나중에 일본 총독부에서 해산시켜버렸어요. 그 후에 안사돈이 군산 미두(米豆)시장에 열심히 다니는 분인데, 아버지를 꼬드겨가지고 아버지가 군산으로 갔어요. 미두시장에서 쌀, 콩 같은 것을 샀다가 팔았다가 샀다가 팔았다가 하면서 거기서 마진이 생기면 돈 버는 거고, 시세가 떨어지면 손해를 보는 건데. 아버지가 거기서 살림을 다 팔아넘겼어요. 그리고 하양에 돌아왔는데 한문 글 밖에 모르는 어른이 무슨 농사를 합니까. 그러니 유림들하고만 어울려 다니고, 인제 그때부터 엄마가 고생을 하기 시작합니다. 아버지는 43년쯤 돌아가셨는데 그때 연세가 69세였어요.

• 어린 시절과 형제 관계

아버지가 군산에 가서 사실 때에 내가 태어났답니다. 1927년 음력 11월 30일 새벽에 내가 태어났어요. 나는 아버지 때문에 중국의 역사, 그 중에서도 충신열사에 대한 이야기를 소학교 다닐 때부터 많이 들었어요. 그런 얘기를 해준 게 나한테 소득이 있어가지고 내가 오늘날까지 국가권력에 대해 항거를 하게 된 거 아닌가, 반일, 반미, 민족자주, 남북통일 운동까지 이렇게 하게 된 게 아닌가 싶어요. 또 우리 어머니는 언문, 국문 공부도 많이 못하신 분인데 아녀자들과 학생들이 많이 보던 고전소설 이야기를 많이 해주고 그랬어요. 고전소설에 나오는 홍길동이 약자, 가난한 사람을 살리는 활빈당 같은 걸 만들어가지고 활동했다는 얘기. 이런 걸 듣다보니까 거기서 인제 어릴 때부터 반골(反骨)적인 인간으로 좀 양성이 된 게 아닌가 합니다.

그러면 선생님의 형제관계는 어떻게 되는지, 형제들은 어떠한 분들이셨는지 말씀해 주시겠습니까?

우리 형제는 3남 4녀입니다. 내 위로 형님이 두 분 있었는데, 큰형님은 한

학만 공부했고, 둘째 형님은 서울 중동학교에 다니다가 일본 유학을 갔는데 병들어서 돌아가셨어요. 다음에 누나들이 있었습니다. 큰누나, 둘째 누나, 셋째 누나, 그 밑으로 여동생이 하나 있었습니다. 그리고 봉덕(鳳德)이라고 나보다 네 살 적은 남동생이 하나 있었는데 대구 계성학교 다니다가 서울에 있는 학교에서 공부해보겠다고 서울에 올라왔는데 6.25전쟁 때 잃어버렸지요. 그 동생은 학교 다닐 때부터 또 조금 반골이었던가 봐요. 전쟁 때 헤어졌는데 나중에 보니 인민군에 가담해서 미군에게 포로가 됐어요. 그래가지고 부산 거제리 포로수용소에 수용이 되었는데, 자기 소학교 동창생이 헌병으로 있다가 동생을 발견해서 우리에게 통지를 해줬어요. 거제리 포로들은 전부 다 거제도로 갔는데, 그 후 포로교환 때 어디로 갔는지 집에는 안 돌아왔어요. 인민군 포로가 됐다가 석방이 돼서 나와 보니 뭐하겠나 싶어서 북으로 간 게 아닌가 나 혼자 추측을 하지요.

- **학창시절과 일제 지원병 거부**

예, 그럼 제가 다시 질문을 좀 드리겠습니다. 1941년에 선생님께서 하양보통학교에 입학하셨는데 이 학교가 조선인만 다니는 학교였습니까, 아니면 일본인도 같이 다니는 학교였나요?

일본인은 없었고 순 조선인 아동들만 들어왔어요. 일본인 학교는 하양 공립고등소학교라고 따로 있었어요. 나는 6년 동안 조선인 선생에게 배우기도 하고 일본인 선생에게 배우기도 하고, 일본인 교장 선생에게도 1년간 공부하기도 하고, 그렇게 6년을 마쳤지요. 소학교 성적은 중간 밖에 못했어요. 또 그때 소학교 악대(樂隊)를 했는데, 가을에 운동회를 하면 우리가 다른 학교에 파견 가서 연주를 해주기도 했어요. 그러면 돼지고기도 먹고 국밥도 먹고, 보통 집에서는 못 먹어보던 그 귀한 음식을 악대 하는 덕으로 얻어먹는 것이 상당히 낙이었어요.

선생님, 이제 지원병 거부하신 부분을 여쭙겠습니다.

그래, 내가 1차로 구류처분을 받았는데, 옛날에는 소소한 사건은 구류처분을 했어요. 제일 낮은 형이지. 그게 1944년 여름인데, 하양주재소(駐在所)에 시모카와(下川)라고 순사부장인데, 그 사람이 나를 붙잡고 해군 지원병을 가라고 해요. 나는 생각해보겠다고 하고 나와 가지고는 입대할 날을 이틀 앞두고 피신했어요. 그런데 어디 갈 데가 있나? 거기서 한 20리 조금 넘는 경산군 압량면 북역동이라는 동네에 내 둘째 누님이 시집을 가서 사는데, 거기 가서 숨어있었어요. 1945년 여름에 또 지원병 가라고 해서 피한 후에 하양식량검사소에서 용부(傭夫)로 일했는데, 그러다보니 하양지서에서 나를 연행하러 왔어요. 지서에 가니 왜 도망갔냐고 해서 '내가 뭐하러 일본천황을 위해서 내 목숨 바치냐'라고 하고 싶어도 못하고 "내가 죽지 싶어서 안 가려고 했다" 그랬죠. 그래서 구류장에 한 3일, 경산경찰서 유치장으로 가서 1주일쯤 있다가 석방이 됐어요.

　1차 지원병 거부하고 소학교 졸업한 후에, 처음에는 대구로 나와 하치야철공소에서 일했어요. 그런데 집은 24km 밖에 하양에 있고, 대구에는 누워 잘 데도 없고, 하양 우리 집에서 대구까지 출퇴근하기가 너무 힘들어서 그만 뒀어요. 그리고 친구가 하양우편국에 전보 배달하다가 그만 둔다고 해서 내가 하겠다고 그랬어요. 소학교를 열세 살에 졸업했으니까 열네 살쯤 됐나, 그쯤 됐어요. 근데 전보배달만 하는 게 아니고 우편국 청소, 소장 사택 청소, 바깥 마당 청소도 다 해야 되고, 심부름도 해야 했지요. 그렇게 한 두어 달 정도 하다 그만 뒀는데, 그만 두게 된 동기가 한참 보리밭이 많이 우거졌을 때 시골길로 다니다가 늑대를 만났네.

그래서 놀라서 도망쳤어요. 그런 사정을 우리 부모들한테 얘기하니까 "안 되겠다. 대단히 위험하다. 그만 둬라" 이러는 거예요. 그만 두고 일본 사람 밭에 일용인부가 되어 일했어요. 그런데 하루는 일본 동경에서 변호사로 일하는 주인집 아들이 와서 논밭을 순회하는데, 나를 데리고 다니는 거예요. 나는 완전히 종이 돼 따라 다녔죠. 나한테 검도도 가르쳐주고, 거기서 밥도 얻어먹고 잔심부름도 하고 있는데, 하루는 사랑채로 오라고 해요. 갔더니 "너 공부하고 싶냐? 일본 가서 공부할래?" 그러길래 우리 부모한테 얘기를 해보겠다 했더니, 아버지는 "일본 놈 따라가면 일본 놈 되는 거 아니냐. 안 된다. 내일부터 그 논밭에 가지 마라." 이래서 못 가고 하양식량검사소에서 임시용부로 일하게 된 거죠.

2. 해방 직후 활동

· 해방 직후 경북 경산군의 정세

이제 해방됐을 때에 대해서 질문을 드리겠습니다. 해방이 되던 때에 선생님께서는 경산에서 어떻게 지내고 계셨습니까?

그때 나는 경산군 하양면 면소재지에 살았어요. 또 인자 하양식량검사소에 고원(雇員)으로 근무할 때 8.15해방을 맞이했습니다. 일본 사람이 소장으로 있다가 8.15 당시는 우리 조선 사람이 소장이었어요. 소장님 집에 라디오가 있었는데, 8월 15일날 일본 천황이 항복선언을 한다고 예고가 있으니까, 상당히 관심 있어서 직원들 모두가 무슨 방송을 하는가 하고 귀가 쫑긋하게 하고 있었어요. 방송 듣고 조선 사람들은 인자 해방됐다고, 독립된다고 희망에 부풀어서 눈물을 흘리고 그랬지요. 그런데 일본인들 점포는 전부 다 문 닫고, 모두 울고 있다는 소문이 또 들렸어요. 2, 3일 지나니까 인민위원회 간판이 붙고, 조선민주청년동맹 간판도 붙고, 부녀동맹 간판도 붙고, 농민조합 간판도 붙고. 당시 식량검사소 고원이 지금 말하자면 공무원이어서, 나는 인민위원회 활동에는 가담을 안 했어요. 그때 내 나이가 19세 때라서 청년동맹에는 가담했지요. 내가 나중에 대구로 들어온 후에는 민청이 불법화됐어요. 나는 대구에서 경북도청 근무를 할 때니까 청년운동을 할 수 없었어요. 하양에서 민청 맹원으로 있을 적에는 정책선전을 주로 많이 했어요. 토지개혁, 남녀평등, 민주주의의 7대 자유 같은 것을 주요내용으로 하는 삐라, 벽보를 만들었어요.

해방정국에서 좌우대립이 심화되기 시작할 때 선생님께서는 경산군에서 어떤 활동을 하셨는지요? 좌우 간 충돌을 목격하신 것은 없습니까?

모스크바삼상회의[1]가 1945년 12월 아닙니까. 그때는 한창 좌파활동이 왕성할 때였어요. 하양에서도 찬탁시위를 했고 반탁패들도 시위를 했어요. 그래도 별다른 충돌은 없었고 불상사도 없었습니다. 미소공위(미소공동위원회)[2]가 생겼다 결렬되고 난 후에는 미소공위 속개운동을 또 했어요. 내가 그때 대구상업학교 3학년 때인가 그래요. 대구중학에서 운동회 할 적에 미소공위 속개하자는 내용의 삐라를 운동회날 모이는 학부형과 일반 시민들에게 살포하기도 했어요.

---

1 1945년 12월 16~26일 러시아 모스크바에서 열린 미국, 영국, 소련 외무장관 회의로, 카이로 회담과 얄타 회담 등에서 거론된 바 있는 한국 독립문제가 다시 논의됨.
2 모스크바삼상회의 결정을 실행하기 위해 1946년 3월(1차)과 1947년 5월(2차) 미국과 소련이 개최한 회의.

• 해방정국 대구에서 했던 학생운동

선생님께서는 1946년 대구 10월 사건이 일어날 즈음에 대구에서 유학생활을 시작하셨던 것으로 알고 있습니다. 이 시기 대구에서 일어난 일들에 대해 선생님께서 보신 바를 이야기해 주세요.

1946년 9월부터는 하양을 떠나서 대구상업학교 1학년에 입학했어요. 낮에는 경북도청 농업경제과에서 근무하고, 밤에는 대구상업학교로 공부하러 가는 생활을 했어요. 말하자면 주경야독이지요. 그때 나는 민학련 활동에 참여했어요. 그러다 얼마 안 돼서 대구 10월 인민항쟁[3]이 발생했어요. 건국준비위원회가 발전한 조선인민공화국이 미군정 들어서 해체되고, 미군정 하에서 모든 진보적 민족운동, 이념적 진보운동이 전부 다 불법화됐어요. 미군정 하에 민학련 운동도 불법화되었기 때문에 진보적 학생운동은 다 지하로 들어갔어요. 그래도 민학련은 계속 학습을 했습니다. 학습은 서클 단위로 하는데, 내가 참여했던 서클을 지도하는 사람은 대구의과대학 학생이었어요. 한 달에 한두 사람이랑 두세 번씩 학습을 했고, 누구 집을 빌려가지고 할 적에는 골목 끝에 한 사람씩 보초를 세웠어요.

예, 그러면 1947년 11월 26일에 대구공회당에서 선생님께서 연설을 하신 적이 있는데, 이때 연설하시게 된 계기는 무엇이었나요?

개교기념행사 때 웅변대회가 있었어요. 이때 1등을 했고 상품도 받았는

---

[3] 1946년 10월 1일 대구를 시작으로 영남지방과 남한 전역에서 미군정의 친일파 중용, 토지개혁 지연, 식량공출정책 실시 등에 항의하는 민간인과 좌익세력들이 일으킨 항쟁.

사진 1 　대구상업학교 옛 본관(이정민 촬영)

데, 그 후에 대구공회당 웅변대회를 한다고 해서 원고를 가지고 출전을 했지요. 그 원고 내용이 분단 반대, 통일정부 수립에 대한 내용이었어요. '분단의 원흉은 미국이고, UN 소총회 그런 거는 미국이 하나의 종범(從犯)이고, 모스크바 삼상회담의 결정을 완전히 무시하고 분단고착화하려는 미국의 음모, 이거를 우리 국민들은 알아야 된다.' 그런 내용으로 했어요. 그러니까 내 원고가 미국, UN을 비방해서 미군정 포고령에 위반된다는 거예요. 그날 밤 공회당 소요사건이 발생했는데, 테러를 했던 전학련 학생이 아니라 웅변에 참여한 연사에게 그 책임을 물어 나를 구속했어요. 우리 집에 얘기해서 5,000원을 내고 석방됐는데, 그 빚 갚는다고 애먹었습니다. 그리고 내가 퇴학당한 것이 47년 겨울 12월경이었는데, 63년 뒤에 명예졸업을 하게 됐어요.

▪ 서울에서의 생활과 서상일 선생과의 만남

그 후에 보도연맹이 태동될 때 나는 그런 기미를 알고 일단 대구를 떠나야 되겠다고 해서, 경북도청을 일단 사직했어요. 고학(苦學)이라도 한다고 서울을 갔는데 그게 49년 겨울쯤 되지 싶습니다.

그럼 서울로 올라오신 뒤에는 어떻게 생활하셨습니까?

주로 장사를 해서 학비를 만들려고 했어요. 그때 제헌국회의원 서상일(徐相日)[4] 선생을 알고 모시게 돼서, 식사는 서상일 선생 집에 가서 했어요. 걸식(乞食)을 한 셈이지요. 서상일 선생 집이 명륜동 3가에 있었는데 아침마다 가서 서상일 선생이 필요한 문서정리 이런 걸 하고 아침을 얻어먹고 학교에 갔어요. 그런 다음 밤마다 명동에서 은단 장사를 했어요. 때에 따라서는 서상일 선생 집에 가서 아침을 먹고 선생을 모시고 국회에 가서 방청하고. 국가보안법 만들 때도 내가 열심히 방청했어요. 서상일 선생은 1950년 5월 제2대 국회의원선거에 입후보했는데, 제1차 내각제 개헌운동의 선봉장이었다고 이승만이 낙선시키려고 했어요. 대통령이 직접 대구에 내려와서 서상일 낙선운동을 하고 올라갔습니다. 대구역전 광장에서 이승만 대통령은 내각제 개헌을 주장하는 개헌파는 국회에 보내지 말라는 요지의 강연을 했습니다. 그리고 나서 투표날 2~3일 직전에 경찰이 와서 나무 벌채를 핑계로 서상일 선거운동원을 모두 지서에 가뒀어요. 당시 벌채는 농촌에 다반사로 있던 일이었어요. 결국 운동원들이 선거에 참여하지 못했어요. 서상일 선생 선거운동원들만 나와서 투

---

[4] 서상일(徐相日, 1886~1962) : 일제강점기 및 해방 이후 활동한 독립운동가 겸 정치인으로, 해방 이후 한국민주당 총무과 제1, 5대 국회의원을 역임함.

표했다면 근소한 차이로 당선될 뻔했는데, 이십 몇 표로 낙선이 되었어요. 그래서 대구에 내려와 선거소송 준비를 하고 있는데 6.25가 났어요. 그 뒤에 52년에 달성군에서 보궐선거가 있을 적에 서상일 선생이 또 입후보했어요. 나는 일제 때 두 번, 미군정 때, 그리고 자유당 때 4차 투옥될 때라 대중연설을 할 수는 없었고, 선거운동을 하면서 내 생각을 전달했어요. '북진통일은 우리 민족이 다 망하는 길이다. 북진통일과 무력통일은 우리 민족 역사에 큰 오점이니 안 된다. 평화통일이 우리 민족이 원하는 길이다.' 그런데 그게 어째 경찰들 귀에 들어가 가지고 국가보안법 위반으로 내가 구속됐어요. 우선 남대구경찰서에 구속되고 대구형무소에서 수감생활을 했어요. 서상일 선생이 낙선이 된 후에 나는 기소유예로 풀려나왔어요.

3. 한국전쟁기와 1950년대의 경험과 활동

• 이승만 암살 미수사건에 대한 경험

선생님께서는 1952년에 있었던 이승만 암살 미수사건에 가담하실 뻔 했던 것으로 알고 있습니다. 이건 어떻게 된 일인지요?

1952년 4월경 부산 임시수도에서 제2차 내각개헌운동이 있었어요. 인제 민주국민당이 대구에 있는 서상일 선생에게 부산 내려와서 개헌운동 총참모를 맡아 달라 해서, 서상일 선생이 부산으로 내려가게 됐어요. 나도 함께 한 방에서 서상일 선생을 모시고 있으면서 문서정리를 했어요. 나는 그때 경호경찰관 신분을 얻어서 무보수 경사로 서상일 선생의 경호도 했어요. 부산 정치판이 너무 혼란하고 정치테러가 발생할지도 모르는데, 경호하려다 보니 무기가 없잖아요. 그래서 서상일 선생에게 무기를 하나 가져야 되겠다고 하니까, 부산 동래에 거주하던 조병옥(趙炳玉) 전 내무부장관에게 연락했어요. 그래서 미제 권총 포티파이브(45)를 얻었어요. 일제 하 의열단(義烈團)에 깊이 관여했던 김시현(金始顯) 선생하고 서상일 선생은 독립운동을 하면서 동지적 관계가 있었어요. 1952년 5월 초쯤 김시현 선생이 서상일 선생이 거처하는 하와이여관에 들어오셔가지고 밀담을 하시는데, "이승만이는 무력으로 일단 제거해야지, 정치적인 수단으로서는 할 수 없겠어. 온갖 방해를 하니까. 경찰, 군을 동원하고. 또 서북청년단 같은 깡패를 동원해가지고 도저히 이승만 독재를 물리칠 수가 없으니까, 제거하는 수밖에 없다. 그래야 한국정치가 정상화될 수 있다." 그렇게 이승만저격사건 음모가 시작된 거예요. 서상일 선생하고 김시현 선생은 의견 일치를 봤지요. 그러니 저격수는 내가 해보겠다고 자원했어요. 나는 할 용기도 있고, 의지도 있고, 연습은 많이 안 했지만 총기도 만질 수 있으니까 의거를 한번 해보고 싶다고 했어요. 그런 이야기를 하고 있었는데 나한테 입대영장이 나왔다는 거예요. 결국 나는 제주도 제1훈련소로 입대해서 훈련병이 됐어요. 그래서 김시현 선생이 유시태(柳時泰)를 저격수로 해서 6월 25일 이승만 저격을 시도했는데 불발이 됐어요.

- **군대생활과 결혼**

강원도에서 막 밀고 당기면서 병력이 많이 희생을 당하고 있을 때 나는 제주도에서 훈련받고 있었어요. 부관학교에 지원했는데 합격이 됐어요.

대구에서 4km 정도 떨어진 동촌 과수원 안에 일제시대부터 있었던 농사시험장이 있었는데, 거기를 임시로 육군부관학교로 썼어요. 하지만 부관으로라도 당시 군대생활을 하고 싶지 않아서, 휴가증을 위조해서 탈영을 했어요. 그리고 군대로 돌아가지 않기 위해 경북경찰학교에 입교해서 칠곡경찰서 순경으로 보임을 했어요. 나는 경무계에 배치가 돼서 전전긍긍하며 지내는데 휴전이 됐어요. 1955년에 결혼을 하고는 내 고향, 경산군 내에 진량면이라고 있는데 진량중고등학교에 부부교사로 갔어요. 신부는 음악 선생하고 나는 사회과, 역사지리를 맡았어요.

· **조봉암 대통령 후보 선거운동 참여와 기자생활**

1956년 5월 15일 정부통령 선거가 있었어요. 그 선거에 진보당 대통령 후보로 조봉암(曺奉岩)이 나오게 됐는데, 선거대책본부장 같은 역할을 맡은 분이 서상일 선생이에요. 항일독립운동가였던 서상일 선생은 완전히 좌파는 아니고 민주사회주의적 이데올로기를 갖고 있는 분이었어요. 항상 보면 대한민국이 영국처럼 보수당하고 노동당이 평화적으로 정권교체를 할 수 있는 그런 나라가 됐으면 좋겠다고 했어요. 서상일 선생은 영국의 노동당 같은 그런 정당을 만들어서 운영해봤으면 좋겠다 하는 그런 뜻이 있는 분이었어요. 또 조봉암의 선거 슬로건이 평화통일이었잖아요. 나는 평화통일을 항상 갈망하는 사람이었어요. 그러다보니 조봉암 진보당 대통령 후보 선거운동을 내가 해야 되겠다 싶어가지고, 대구에 진보당 경상북도 준비위원회로 가서 경산군에 선거대책위원장이 정해졌느냐 하고 물으니까 없다 그래요. 그러면 내가 한번 해보겠다고 해서 진보당 대통령 후보 조봉암 경산군 선거대책본부장 같은 그런 직책을 맡았어요. 나는 진보당 준비위원회 과정에서 대통령선거 투표만 하고 자유당 정치깡패들한테 맞아죽을까 싶어가지고 일단 부산으로 도망을 갔어요. 그러고 1956년 9월에 대구로 돌아왔어요. 대구 영남일보사에서 공채 1기 기자 모집이 있다고 해서 지원했는데 붙었어요. 견습생활을 끝내고 교정부에 있다가 정치부에 배치돼서 2년 가까이 취재를 했어요. 『영남일보』 사장 이순희라는 양반이 원래 내외방직 사장이었다가 『영남일보』 사장을 했는데 자유당에 입당해서 국회의원을 하겠다는 거예요. 그래서 나보고 자꾸 자유당에 우호적인 기사를 써 달라 이거예요. 난 못하겠다고 하고 만류하는 것을 기어코 뿌리치고 사표를 내고 나왔습니다. 대구매일신문 주필 최석채 선생이 내 소식을 듣고 『대구매일』에 와서 같이 일하자고 제안을 했어요. 아이고 뭐 『대구매일』 같으면 월급 안 줘도 좋단 말이죠. 당시 한강 이남에서 이승만 정권에 가장 비판적인 입장을 취했던 게 대구매일신문이었어요. 그래서 『대구매일』 정치부 기자가 됐어요.

4. 대구지역의 4월혁명

· 대구와 마산에서 경험한 4월혁명

선생님, 그러면 1960년 4월혁명 시기에 대해서 질문을 드리겠습니다. 1960년 2월 28일에 대구에서 학생시위가 먼저 일어나지 않습니까? 이때 선생님께서 시위 취재를 나가셨습니까?

2.28 대구학생의거라 그러지요. 그때 나는 대구매일신문사 정치부 기자

였어요. 그래서 학생의거를 직접 취재할 수 있었어요. 의거의 클라이막스는 학생들이 경북도청에 마당에 집결했을 때인데, 이승만 자유당 독재를 반대하는 내용이 구호로 나왔지요. 대구중학교 학생들하고 경북중학교 학생, 또 대구상업중학교 학생들이 주동이 됐습니다. 그 운동이 일어나게 된 요인이 뭐였냐면, 일요일인데 학교에서 학생들에게 등교하라고 그랬어요. 그때 민주당이 대구 신천 냇가에서 대통령 선거운동을 하는데, 학생들이 참여하지 못하도록 막으려고 그런 거예요. 왜 등교하라고 했냐면 학교 토끼 잡으러 가자, 또 뭐 하러 가자, 이런저런 구실을 붙여서 강연장에 못 가도록 하자는 거지요. 그래가지고 인제 학생들이 대구 시가지를 누비고, 명덕로터리에 집결해가지고 경북도청을 향해서 행진을 하고, 도청에 가서 아우성을 치고 북을 울리고 하니까 경찰이 와서 해산을 시키는데 참 무자비하게 했어요. 경찰봉에 맞아서 머리에서 피 흘리는 학생들도 여기저기 있고, 어떤 이는 구석에 쫓겨서 신발이 벗겨져 가지고 도청 마당에 또 신발이 뒹굴고, 난리가 났어요. 그렇게 학생들이 해산을 당했는데, 그것이 인제 말하자면 대구 2.28의거에요. 그 여파로 마산에서 3월 15일, 정부통령 선거 때 부정선거에 항거하는 마산항쟁이 일어났잖아요. 그때 김주열(金朱烈) 학생이 경찰이 발사한 최루탄을 오른쪽 눈에 맞아가지고 죽게 됐고, 그 시체를 마산 앞바다에 집어넣었는데 며칠 후에 그것이 떠올라서 마산 2차 항쟁이 발생했어요. 그것이 4.19의 또 한 요인이 되었지요.

마산에서 시위가 났을 때 선생님이 취재를 가셨습니까?

내가 그 소식을 듣고, 취재차 지프차를 타고 급박하게 마산에 갔는데, 마치 전쟁했던 뒷모습 같았어요. 길거리에 온갖 게 난잡하게 흩어져 있고, 점방 문은 거의 다 닫혀있고, 사람들도 별로 보이지를 않고, 전쟁이 지나간 것처럼 고요해서 내 맘이 약간 전율을 느낄 정도더라구요. 그다음에 대학병원에 김주열 시체 보러 갔습니다. 거기 가니까 수백 명이 와서 시체를 보고 격분하고 있더라고요.

취재하실 때 경찰에서 방해는 하지 않았나요?

그래서 내가 경찰서도 방문했는데, 당시에 완전히 마비상태였습니다. 그래서 크게 방해 받지 않고 대학병원에도 갈 수 있었는데, 거기에는 김주열의 시신을 보기 위해 수백 명이 모여 있었습니다. 나중에 5.16군사쿠데타가 일어난 후 마산의 발포경찰, 서장, 경비과장 등 관련자들은 모두 붙잡혔는데, 처벌은 어떻게 됐는지 모르겠네요.[5] 어쨌든 그렇게 마산에서 취재를 하고 다음날 대구로 돌아왔습니다.

선생님, 그러면 대구에서 3.15부정선거 취재하신 이야기를 부탁드리겠습니다.

대구시청 한 회의실에서 정부통령선거 개표를 하는데, 민주당 쪽에서는 대통령 후보는 조병옥 선생이 세상을 버렸고, 장면 박사가 부통령 당선하느냐 못 하느냐 하는 상황 속에서 개표를 하는데, 상대방 쪽에서 부정투표도 하고 부정개표를 하려고 그랬어요. 자유당 쪽에서 개표를 해봤는데 이기붕 자유당 부통령 후보보다 장면 민주당 부통령 후보 표가 많이 나오니까, 이것을 방해하기 위해서 전등불을 끄고 개표를 중단시켰어요.

---

[5] 1961년 9월 30일 혁명재판소는 마산경찰서 경비주임 박종표에게 무기징역, 남성동파출소 주임 김종복과 마산경찰서 수사주임 이종덕에게 징역 15년, 마산경찰서 형사 주희국과 이종한에게 각각 징역 4년을 선고했음. 1961년 12월 15일 위와 같이 원심이 확정됨(「홍진기·곽영주에 사형 선고」, 『조선일보』, 1961/09/30; 「박종표 무기 확정」, 『동아일보』, 1961/12/16).

그러니까 민주당 쪽 참관인들이랑 선거관리인들이 이 사태가 심상치 않다고 생각하고 투표함 사수작전을 했어요. 자유당 정치깡패들이 와서 끌어내놓고 개표조작을 하려고 하는데, 그게 2박 3일 걸렸지 싶어요. 결국에는 자유당 쪽에서 포기하고 다시 개표를 정상적으로 하게 됐어요. 그래 인제 개표를 하고 보니 장면 부통령 후보 표가 많이 나오고, 이기붕 표가 더 적게 나오는 결과가 됐지요.

그럼 이제 다음으로 대구에서 부정선거 이후 4.19 때 시위를 취재하시면서 어떤 것을 목격하셨는지 말씀을 부탁드리겠습니다.

나는 대구에 별다른 큰 사달은 없었다고 보는데, 내가 본 것은 경북대 학생을 비롯해서 여러 학생들이 경북도청 마당에 모여서 구호를 부르고 외쳤어요. 그리고 대구매일신문사가 3층인데 옥상이 있었어요. 옥상에 올라가 보니까 학생 같은 사람도 있고, 양아치 같은 사람도 있고, 구두닦이 같은 사람도 있었어요. 그 사람들이 반공청년단장 신도환(辛道煥)이 자택을 공격했어요. 집에 들어가서 온갖 것 다 끄집어내가지고 막 골목에 팽개치고 있는데, 보니까 일제 순경 때 차고 다녔던 칼도 나오고 그랬어요.

5. 경산 코발트광산 학살사건 취재

• 경산 코발트광산 학살사건 취재활동

예, 선생님, 이제 경산 코발트광산학살사건 취재하신 이야기에 대해 질문을 드리겠습니다. 처음에 경산 코발트광산에서 학살이 있었다는 제보를 어디에서 어떻게 받으셨습니까?

코발트광산에서 사람 많이 죽었다고 하는 소문은 많이 있었지만 지면에 보도된 거는 없었어요. 그게 6.25 전후 아닙니까. 1950년에 있었던 일인데, 내가 그 코발트광산을 취재한 것이 4.19 직후인 1960년 5월달이었어요. 5월 22일자 대구매일신문에 보도가 됐으니까, 내가 코발트광산에 현지 취재하러 간 건 아마 한 20일경쯤 안 됐겠나 싶어요. 매일신문 편집국에 편집부장으로 있는 박 뭐라는 분이 경산코발트광산 가서 취재를 해오라고 지시해서 갔던 겁니다. 그 편집부장이 대구사범 나온 사람인데, 약간 레프트(Left) 쪽에 의식이 있는 사람이었어요. 4.19 직전에 예비검속을 당해서 남대구경찰서에 수용된 걸 봤어요. 그 사람이 코발트광산 학살사건에 대한 취재를 한번 해보라고 해서, 지프차를 얻어 타고 대구매일신문사 깃발 꽂고 경산군 압량면 평산인가 하는 동네에 들어갔어요. 그 동네에 경산 코발트광산의 한 수직굴이 있어요. 거기에 굴을 밑으로 뚫어가지고 코발트 광석을 광부들이 날라와서 수직굴에 갖다 부어요. 거기 저 아래 아마 100m, 150m 이상 쯤 안 되나 싶어요. 떨어지면 밑에서 코발트 광을 캐내가지고 거기서 제련을 하는데 그런 수직굴과 수평굴이 몇 개가 있었어요. 그런데 사람들을 끌고 와 총을 쏴가지고 굴 안에 던져 넣은 거예요. 처음에는 한 사람, 한 사람씩 하다가 나중에는 한 열 사

사진 2 강창덕이 취재하여 보도한 경산 코발트광산학살사건 기사[6]

람씩 세워놓고 굴을 보고 서라고 해서 굴에 떨어지도록 학살작업을 했

6 『대구매일신문』, 1960/05/22.

다고 그래요. 그런데 내가 가보니까 꽉 찼어요. 한 40cm 정도로 굴이 꺼졌는데 위에 약간 흙이 있고, 사람 뼈가 노출된 것이 있더라고요. 사람이 꽉 차니까 모래로 덮어씌운 건데 백골이 노출되어 있는 게 있더라고요. 그런 수직굴과 수평굴을 서너 군데 봤어요. 그래서 동네사람들을 붙잡고 그때 광경을 알려고 하니까, 주민들이 날 상대를 안 해요. 대화를 안 하려고 그래요. "아, 그래 왜 그럽니까? 인제 말해도 괜찮아요. 인제 이승만은 미국으로 쫓겨 가고 없어요. 4.19 난 거 모릅니까? 세상 바뀌었으니 이제는 좀 얘기해도 괜찮습니다. 잡아갈 사람도 없습니다." 그래도 말을 안 하려고 해요. 그러고 있는데 검정색으로 염색한 군복을 입은 40~50대쯤 되는 사람 한 명이 어슬렁거리고 있어요. 뭔가 나하고 얘기하고 싶은 사람 같아보여서 인사를 나누고, 내가 좀 알고 싶은 게 있으니 아는 데까지 얘기 좀 해달라고 했어요. 그 사람 얘기를 받아가지고 기사화했던 거예요.

어떤 사람인지 기억하십니까?

자세히는 몰라요. 그 옷차림은 코발트광산에서 일했던 사람들, 광부들 옷과 비슷했어요. 그 당시 죽일 사람을 싣고 들어왔는데, 한 트럭에 한 40명 가까이 하루에 열몇 대씩 들어왔대요. 고개 못 들게 하고 트럭에 네 구석에는 헌병이나 경찰들이 집총(執銃)을 하고. 그렇게 마을로 들어와가지고 내려서 모두 수직굴로 끌고 올라간 후에 총을 쐈다는 거예요. 그것을 한 열흘 이상 계속 했다고 해요. 그 후로 경산유족회에서 말하기로는 1,500명인가 2,000명인가 피학살자가 있다는 말도 있고요. 그런 사건 후에 유가족들이 시체를 찾으려고 마을에 왔는데 못 찾고. 어떤 여인네들은 와서 아들 찾는다고 통곡을 하기도 하고. 마을 사람들이 어디 굴에 올라가서 죽은 사람 금가락지, 금니 같은 것을 주워가지고 팔아서 술

사진 3 경산 코발트광산 제2수평굴(경상북도 경산시 평산동 소재)(이정민 촬영)

한 잔 먹고 놀았다는 이야기도 있었어요. 이렇게 경산 코발트광산 취재를 했는데, 당시는 4.19가 일어난 지 몇 달밖에 되지 않았을 때여서 경찰이나 정부기관으로부터 방해를 받지는 않았습니다.

6. 경산유족회 고문활동

▪ 경산유족회 창립 및 고문활동

경산유족회에는 어떻게 고문으로 참여하시게 되셨습니까?

경산 코발트광산 기사를 쓰고 며칠 안 돼서 내가 신문사를 사직했어요.

'이승만이 반인도적이고 무고한 학살을 했다, 아무 재판도 없이 했다.' 그에 대한 분노와 정의감으로 인해 신문사를 그만 뒀어요. '내 고향이 경산이고 코발트광산이 있는 덴데, 내 고향에 가서 피학살자 및 피해자에 대한 실제 조사사업을 해봐야 되겠다.' 그런 생각을 하게 되었어요. 그래서 내가 인제 조사회를 꾸렸지요. 그래서 조사위 회원을 한 5~6명으로 구성하고, 대구매일신문에 취지문하고 피해상황 신고서 양식을 광고로 냈습니다. 그리고 신문에 광고 낸 걸 가지고 삐라를 만들었어요. 지프차 한 대를 동원해가지고, 경산군 전역을 며칠 동안 다니면서 방송을 하고 삐라를 전달하는 활동을 했습니다. 그렇게 한 후에 나중에 들어온 신고서를 모아보니까 경산군 내에서 들어온 게 350여 장이 됐어요. 그런데 인제 그때만 해도 피해의식이 커서 피해자들이 신고를 안 한 사람이 많다고 하더라고요. 그래서 고향 선배 김종석하고, 나중에 통일혁명당[7](통혁당)하고 남조선해방전략당사건[8]의 메신저 역할을 했다고 해서 무기징역 받았던 정종소하고 나하고 셋이 중심이 돼가지고 경산유족회를 조직을 했어요.

• 경산코발트광산학살사건 희생자 합동위령제

유족회를 조직하고 억울한 원혼을 위해서 합동위령제를 해야 된다고 했어요. 처음에는 코발트광산에서 하자는 의견들이 있었는데 내가 만류했

---

[7] 1964년 3월 15일 조직된 지하 혁명조직으로, 1968년 8월 24일 중앙정보부가 관련자들을 검거하였다는 내용의 통일혁명당(통혁당)사건을 발표함.

[8] 1968년 박정희 정권이 통일혁명당(통혁당)사건을 조사하는 과정에서 진보경제학자 권재혁 등 13명을 강제 연행하고, 이들의 친목모임을 간첩단으로 1968년 8월 24일 발표한 사건. 사건과 관련하여 자세한 내용은 이 책의 4장 참조.

습니다. 유가족들이 현장에 와보면 마음이 격앙돼서 어떤 불상사가 일어날 가능성, 말하자면 경찰하고 큰 충돌이 있을 수 있겠다 싶었어요. 그런 후유증이 염려가 된다, 그러니까 경산 시내 중앙국민학교 교정에서 하자고 그랬어요. 광복절에 장면 정권이 수립되면 정세가 또 어떻게 변화될지 모르니 날짜는 60년 8월 15일 이전에, 8월 10일경에 하자고 했어요. 그래서 경산 중앙국민학교 교정에서 제단을 차려놓고 모든 유족들이 모이자 각 면 별로 쭉 앉혔는데, 아마 한 400~500명 가까이 모이지 않았나 싶어요. 그렇게 합동위령제를 거행할 준비가 다 됐는데, 경산경찰서 경찰관 1개 소대 병력이 교문 가까이 오는 거예요. 내가 아차 싶더라고요. 여기서 큰 충돌이 생기지 않을까, 그런 우려가 생겼어요. 이거 막아야 되겠다 싶어서, 내가 교문에 뛰어가서 경찰 보고 "못 들어온다. 들어오지 마라.", "우리는 경찰서장 명령을 받아서 왔다. 우리는 들어가겠다." 나는 "못 들어온다. 만약에 들어오면은 오늘 경산에 큰 유혈사태가 발생

사진 4 경산 코발트광산 학살사건 희생자 위령탑(경상북도 경산시 평산동 소재)(이정민 촬영)

할 수도 있으니까 오지 마라. 여기에 모인 유가족들이 너희 보고 싶은 사람 아무도 없다. 너희한테 원한 가득한 사람들이 여기 오늘 합동위령제 지낸다고 왔는데 너희가 오면 어떻게 되겠느냐. 너희도 한 번 생각해봐라. 너희가 가해자 아니냐. 가해자 입장인데 피해자들이 그래 너희 보면 흥분하겠나, 안 하겠나. 그러니까 보이지 마라. 나가라. 오지 마라." 그러니까 경찰서장한테 그 상황을 보고했던 모양이에요. 그래서 인솔자가 하는 말이 "그러면은 유가족들이 안 보이는 데, 학교 교사(校舍) 뒤에 있겠다"는 거예요. "왜 꼭 그래야 됩니까?" 이러니까 "혹시나 불상사가 있을지도 모르니까 그것을 미리 예방하려고 그런다. 그렇게 이해를 해주면 좋겠다.", "그러면 유족들 안 보이는 데로 가라. 거기서 경비를 하든 경계를 하든 맘대로 해라." 그렇게 해놓고 합동위령제를 무사히 지냈는데, 완전히 통곡의 바다가 됐죠. 그 후에 경산군 남천면이라는 데가 있는데, 유가족들이 남천면을 가자면 경찰서 정문 앞을 통과해야 되는데, 경찰서 앞을 지나면서 돌을 주워가지고 투석을 많이 했대요. 그 이상의 충돌은 없었고, 경찰에서도 그냥 아무 대항을 안 했다고 해요.

대구경북피학살자유족회 회장이셨던 이원식 선생은 경산유족회에서 어떠한 역할을 하셨습니까?

이원식 선생은 대구경북피학살자유족회를 만들어서 유족회 운동을 전국적으로 확산시키는데 주도적인 역할을 합니다. 이 때문에 나중에 5.16 군사재판 때 사형선고를 받고 나중에 무기징역으로 감형되었지요. 이원식 선생은 '무덤도 없는 원혼이여, 천년을 두고 울어주리라. 산천도 고발하고 푸른 별도 증언한다'는 플래카드 슬로건을 고안했는데, 경산에서 합동위령제를 할 때 이원식 선생과 경북유족회 간부들이 이 플래카드를 들고 와서 참석을 했습니다. 경산유족회를 비롯해 경북지역 유족회들이 모두 자생적으로 만들어질 때, 이원식 선생은 조직을 만드는데 지원활동을 하였습니다.

7. 장면 정권기 정당활동

• **사회대중당 활동**

그럼 장면 정부 시기에 선생님께서 정당활동 하신 것에 대해 질문을 드리겠습니다. 먼저 사회대중당에 참여하신 게 언제쯤 되십니까?

1960년 5월경에 사회대중당 창당 준비가 시작됐고, 7월 29일에 총선이 있으니까 6월경, 7월 초순에 중앙당이 결성되고 지방조직도 급속도로 되었습니다.

실제 사회대중당이 창당 준비부터 해서 창당과정까지 2개월 남짓한 굉장히 짧은 기간 동안에 건설이 됐는데요. 이 조직이 이렇게 빠른 시간 내에 완성될 수 있었던 이유가 무엇이라고 생각하시나요?

4.19 분위기지요. 이승만 독재가 무너지고 민주주의가 승리했으니까, 민주사회 분위기 속에서 급속도로 진보적 성격을 띤 정당 건설운동이 시작된 거예요. 그 중 가장 큰 덩어리가 사회대중당이었어요. 아시다시피 사회대중당은 어느 한 정파가 모여서 한 게 아니고 여러 정파가 모인 각 세력의 연합정당 같은 성격이 있었어요. 가장 많은 세력이 참여한 것이

여운형(呂運亨) 선생의 근로인민당 계열이고, 그다음에 조봉암 선생이 영도했던 진보당 세력, 그다음이 서상일 선생이 영도했던 민주혁신당 계보, 또 그 다음이 부산서 임시정부 국무위원까지 지냈던 장건상(張建相) 선생 영향 하에 있었던 혁신당 세력, 일부 남로당 출신 세력 등 많은 정파 세력들의 혼합이었지요, 그러니까 범혁신세력이지요. 당대표는 민주혁신당 쪽 서상일 선생이 됐어요. 그런데 그때도 하나의 집단지도체제 같이 되어서, 총무가 당대표가 되기도 하고 그랬어요.

그런데 선생님께서는 서상일 선생님과도 같이 정치활동을 하셨고, 그 다음에 진보당에서도 활동하셨는데, 그럼 선생님께서는 이 중에서 어느 계열에 들어가시는 겁니까?

나는 서상일 선생하고는 개인적으로 친분이 있었지만 정치적 이데올로기는 진보당 쪽에 가까웠지요. 더 나간다면 근로인민당 쪽에 가까웠습니다.

선생님께서는 이제 사회대중당에서 경산군 군당위원장을 맡으셨습니다. 이 당시에 이 군당위원장의 역할과 업무는 어떤 것이 있었습니까?

그때는 주로 군당을 만드는 일, 당조직이지요. 그다음에 곧 선거 준비지요. 7.29총선거에 대비해서 당조직도 하고, 또 그다음에 후보 선출도 하고. 인제 그런 일을 하고, 짧은 시일 내에 바쁘게 움직였습니다.

예, 다음으로 1960년 7월에 제5대 국회의원 선거 당시 선생님께서 맡으셨던 경산군 지역에서는 선거준비와 선거운동이 어떻게 진행되었습니까?

경산에서는 사회대중당 경산군당을 만드는데 경산군 피학살자유족회

쪽과 인연이 있는 사람들하고, 또 한 사람은 이형우란 사람의 계열이 참여했어요.

이형우라는 분은 어느 계열이신가요?

이형우란 사람은 무소속인데, 3.15부정선거 때에 경상북도지사 오임근의 부탁을 받고 부정선거 투표용지의 인쇄를 했기 때문에 대구지방검찰청에서 입건하고 있던 사람이었어요. 그 사람은 자유당 때 경산서 무소속으로 국회의원 선거에 출마해서 2등을 한 사람이에요. 군당 조직을 한 후에 인제 7.29선거에 공천문제가 나오잖아요. 당시 사회대중당이 하향제를 안하고 상향제를 해서 군당에서 공천심사를 하고, 또 경북도당에서 공천심사를 하고, 마지막으로 서울 중앙당에서 최종적으로 공천을 결정하는 그런 제도였어요. 그래서 인제 경산군에서 공천을 했는데 이형우 씨도 안 되고, 또 허모 씨도 안 되고, 또 뭐 조 무슨 교수도 안 되고. 그래서 내가 인제 말하자면 대표 총무위원이 됐지요. 그다음에 경북도당에서 공천심사를 하는데 나로 결정이 됐어요. 그래서 중앙당 결정은 뭐 크게 문제가 없다고 생각을 하고 내가 경산선거위원회에다가 등록을 했지요. 그리고 선거운동을 하고 있었는데 내가 등록을 한 후에 한 보름 이상 후엔가, 중앙당에서 이형우 씨한테 공천이 떨어졌어요. 그래서 내가 사퇴했습니다. 내 운동원들은 상당수가 나에게 사회대중당을 일단 탈당하고 무소속으로 출마를 하도록 권유했어요. 하지만 아무리 생각해도 '내가 당 소속이고 당원인데 당의 조직과 당의 명령을 거역할 수는 없다. 무소속으로 나가면 내 한(恨)은 풀 수 있겠지만, 당선될지 안 될지도 모르는 거고, 이거는 어떤 조직생활하는 사람으로서는 도리가 아니다.' 그래서 인제 이형우 씨 선거에 내가 선거사무장을 맡아서 선거운동을 해줬습니다. 그런데 결과는 이형우 씨가 민주당 후보 박해정 씨에게 졌습니다.

8. 5.16군사쿠데타와 투옥

• 사회대중당의 분열양상 및 5.16 직전의 상황

5.16군사쿠데타가 일어나면서 혁신계가 대대적으로 탄압을 받고, 그 와중에서 선생님께서도 체포되어 수감생활을 하시는 것으로 알고 있습니다. 이 과정에 대해 말씀해 주세요.

7.29선거를 거친 후에, 1960년 10월 경인가 그 때부터 사회대중당이 분열되기 시작했어요. 1961년 봄에 5.16 나기 전에 사회당이라고 나오고, 또 통일사회당이라고 나오고, 그다음에 또 혁신당이라고 나오고, 그다음에 또 김달호 사회대중당이라고 나오고. 통일정책의 차이점 때문에 그렇게 분열이 됐어요. 내가 소속됐던 사회당은 남북협상통일론을 주장을 했어요. 그러니까 자주통일이죠. 통일사회당은 진보계하고, 서상일 선생이 영도했던 민주혁신당 계열하고 모여 있었는데 영세중립화통일론을 주장하고. 그때 통일론이 한 서너 가지가 됐어요. 그렇게 분립돼 있다가 5.16을 만났죠. 나는 사회대중당 경산군당위원장 격으로 있다가 사회대중당이 분열되고 난 후에는, '인제 나도 내 색깔이 어느 정도 좀 맞는 데 찾아가야 되겠다' 생각하고 사회당을 선택했어요. 그래서 사회당 경북도당을 조직하는데 선전책임자로 일하다가, 1961년 5월 초순에는 조직책임자로 활동했어요. 그때 학생들이 남북학생회담을 하자고 제의를 하고 했는데, 구호가 '가자 북으로, 오라 남으로. 만나자 판문점에서'였어요. 그래서 5월 10일 경에 사회당 경북도당에서 남북학생회담을 대구 시민들이 지지하는 집회로 하자 이래가지고, 대구 시내 만경관 앞에 한일로라는 비포장도로가 있는데, 그 자리에서 대구시민

궐기대회 행사를 했어요. 청중들이 약 천 명가량 모였어요. 내가 격려사를 했고 사회당 선전위원장, 사회당 중앙당 선전책임자가 연설을 했어요.

• 5.16군사쿠데타 직후 체포와 투옥

그 행사를 하고 5월 16일날 사회당 중앙당에서 각 시도당 주요 간부회의가 있어서 부위원장 강대희라는 사람하고 나하고 둘이 15일날 밤에 올라갔어요. 내자동에 예전에 신문기자를 함께 했던 영남일보 공채 1기 후배 이재문이란 사람이 있었어요. 이재문이 그때 『민족일보』기자를 하고 국회출입하고 있는데, 그 사람이 하숙하는 집에 함께 투숙했어요. 그런데 인제 5월 16일날 새벽되니까 무슨 총소리가 많이 나요. 총소리 때문에 우리가 잠이 깨가지고 "이게 무슨 일인가" 했지요. 원래 민족일보사 바로 앞 무궁화다방에 모여서 간부회의를 하기로 했어서 날이 샌 후 모두 다방에 모였어요. 이야기를 나누는데 이게 아무래도 군사반란인 것 같다고 의견이 모아져서, 고정훈이란 사람을 시켜서 누가 주동인지 알아보라고 했어요. 그래서 박정희 소장이 주동이라는 걸 안 게 16일날 오전 11시경쯤 됐어요. 그래서 사회당 시도당 간부회의도 안 하기로 하고 모두 각자 내려가서 대비하기로 합의한 후에, 나도 5월 18일날 일단 내려왔어요. 한 12시쯤 대구역 출구에 나오는데 대구경찰서 형사들이 우리 둘을 연행을 했어요. 그 길로 소위 군사혁명 검찰부로 이송이 돼서 '혁명재판'을 받았습니다. 군장성들이 무슨 판사질하고 할 때인데, 징역 7년을 받고 서울구치소와 서울교도소에 있다가 대구교도소로 이감이 되었지요. 그러다가 2년 8개월 만에 특사(特赦)로 나왔습니다.

그러면 1963년에 다시 나오신 겁니까?

1961년 5월 18일날 구속돼서 1963년 12월 말에 나왔으니까, 2년 8개월 만에 나온 것이지요. 내 공소사실이 남북학생회담 촉진궐기대회 했다는 거 하고, 그 다음에 또 4.2데모⁹에 참가했다는 걸로, 그 때 법령이 '특수범죄 처벌에 관한 특별법' 제6조 위반이었어요. 제6조는 뭐냐면은 반국가행위. 그때 나하고 같이 붙잡혔던 사회당 경북도당 부위원장 강대희도 7년을 받고. 그래서 2년 8개월 만에 특사가 있어서 나왔어요.

경상북도 사회당사건으로 재판받으실 당시의 경과는 어떠셨나요?

대구경찰서에서 전부 서울로 압송이 됐지요. 서대문구치소에 가 있으면서 군사혁명 검찰부에 가서 검찰조사를 받았어요. 그다음에 공소장이 날아오고, 재판에 회부되어서 재판 받고, 징역 살다가 특사돼서 나온 거지요.

복역하시는 동안에 피학살자유족회와 각종 사회단체 인사들과 옥중에서 교류를 하셨다고 알고 있습니다.

옥중에서 자연히 알게 되지요. 운동장에서 운동 할 때 서로 만났어요. 만나면 서로 인사하면서 뭐 때문에 왔는지, 어느 단체 소속이고 이름이 뭐고, 사건내용은 무엇인지, 그런 걸 얘기했어요. 통일운동, 노동운동, 학생 민자통운동, 교원노조, 유족회 관련자들이 와있는데, 같이 감방에 있던 분 중에 임시정부 국무위원을 지냈던 김성숙(金星淑) 선생이 있었어

---

9   1961년 4월 2일 대구역 광장에서 개최된 2대악법반대 대구궐기대회를 가리킴.

요. 김성숙 선생하고 한 방에 있으면서 중국의 민주혁명에 대해 여러 가지 얘기를 많이 들은 것이 인상에 남습니다. 그다음에는 류근일(柳根一)이라고 나중에 조선일보 논설위원했던 사람이 그때 서울대학교 학생이었는데 한 방에 있었고. 그다음에 나중에 경주유족회 회장을 지낸 김하종 씨. 그다음엔 교원노조 사무총장 했던 이목 선생하고, 광주에서 민자통운동을 하다가 구속된 오지호 화가. 민자통운동의 재정을 담당했던 김성달 선생. 전라도에서 왔던 김철 선생이라는 분은 일제 때부터 사회주의운동했던 어른이고, 강석봉 선생도 근로인민당 했던 분이고, 또 정우현 선생. 이렇게 호남의 인물들을 많이 알게 되었습니다. 교원노조 중앙 간부들도 많이 알게 되었지요. 그다음 피학살자유족회 관계자는 밀양유족회 사람들, 마산에서 유족회운동 했던 노현섭 선생. 그렇게 서울구치소 생활 중에 다양한 인물들을 많이 봤어요. 뭐 많이 친하다고는 말할 수는 없어도 '아, 누구는 무슨 사건 때문에 온 사람이다. 또 누구는 무슨 사건, 또 어떤 사람인지…' 그런 정도는 알게 됐어요.

9. 박정희 정권기의 정치활동① : 1960년대

· **1967년 대선 후보 단일화 운동**

1963년에 출소하신 이후에 대해서 질문을 드리겠습니다. 출소하신 이후에도 군사정부에서 요시찰 명부에 오르시고 상당히 많이 어려움을 겪으신 걸로 알고 있는데요. 자유당 시기에 비교했을 때 군사정부의 탄압 정도는 어땠다고 생각하십니까?

1961년 구속돼서 1963년에 나와 가지고 뭐 할 일이 있나요. 아무것도 못하고 그렇게 있다가 1966년부터 1967년 대통령선거를 앞두고 단일후보운동을 하게 됐어요. 대구에 진보적 혁신계는 5.16군사쿠데타 때문에 감옥살이하고 나온 사람들이 대부분인데, 이 분들이 '박정희가 두 번째 대통령 후보를 하는 선거가 다시 오는 때 우리가 그냥 있을 수 없다'고 생각했어요. 박정희를 꺾어야 되는데 그러자면은 반박세력이 후보 단일화가 돼야 된다고 하는 그런 전략을 내왔어요. 그런데 반(反)박정희 쪽에 후보가 5~6명이 난립했어요. 그래서 인제 '반독재재야세력단일후보추진위원회'라는 걸 만들었어요. 그때 나는 대변인을 맡았어요. 그 다음에 남민전[10]에서 활동하다가 사형 당했던 이재문 동지, 4.19 때 대구에서 학생으로 활발히 활동했던 정만진 등이 실무진을 짜서, 윤보선 씨 외에 전부 다 후보 사퇴하도록 운동을 했어요. 그래서 다 후보를 사퇴했습니다. 민주당 내에서 조재천, 박순천, 유진오, 김준연, 전진한 이런 사람들이 후보로 나섰어요. 그러다가 다들 사퇴를 하는데 김준연하고 전진한 이 두 사람이 끝까지 후보 사퇴를 안 해줬어요. 그런데 나중에 선거결과를 보면 형편없이, 뭐 전부 또 비참할 정도로 눈꼽만큼 표 얻어서 오히려 사회적으로, 정치적으로 매장되다시피 됐어요. 또 선거를 했는데 윤보선 선생이 1차 박정희하고 대결 때보다 훨씬 표차가 많아져버렸어요. 많거나 적거나 간에 뭐 공정선거를 했다고는 인정할 수 없었죠. 군사쿠데타 세력들이 박정희를 대통령 만들려고 어떤 부정선거를 했는지는 우리가 전부 짐작을 하니까요.

---

[10] 남조선민족해방전선준비위원회(남민전): 1976년 조직된 비밀지하단체로, 반유신체제 활동을 전개하다가 1979년 10월 박정희 정권에 적발되어 조직원 84명이 구속됨.

그럼 선거가 있었을 때 투표소 같은 데 참관하시거나 감시 같은 거 하러 나가신 적은 없으신가요?

신민당에서는 투표감시원도 있고, 투표소 활동을 했지요. 그런데 우리 진보세력에서는, 혁신세력에서는 못 했어요.

▪ 1969년 삼선개헌반대투쟁 때 활동

사실 박정희가 삼선개헌 추진한다는 게 그 이전부터 소문이 꽤 있었잖습니까? 선생님께서는 이때 어떠한 활동을 하셨습니까?

나는 그때 제1야당인 신민당에 관계는 안 하고, 민주세력의 입장에서 항상 비판적인 그런 생활을 했다고 봐야지요. 이때 다른 직장은 없었고, 1967년에 윤보선이 박정희한테 패배한 후에 그해 겨울에 정치운동은 인제 그만하고 노동운동을 해보려고 했습니다. 그래서 가족들을 데리고 서울에 올라왔어요. 공장에 취직해서 노동운동을 하려고 했어요. 그래서 조봉암 선생 진보당 대통령 후보 선거운동 할 적에 알게 됐던 성(成)모 씨란 사람을 서울 어느 다방에서 만나서 어느 공장에 취직할지 의논했어요. 그분이 하는 말이 의정부에 신한방직이라고 새로운 방직공장이 하나 건설되는데, 공장이 준공되면 말해주겠다고 그랬어요. 그런데 그 날짜까지 그냥 놀 수 없어서 임시로 일터를 구하려고 했어요. 마침 모교 건국대학 학적과장이 나하고 동기동창이라 만나서 의논을 해보니까 "아, 그래 마침 학적과에서 사람을 구하고 있는데 그럼 됐다. 여기 와서 일하면 되겠다." 그래가지고 학적과에서 일을 하게 됐어요. 이때 임시직원으로 일하면서 알게 된 사람들 중에 나중에 남조선해방전략당사건에 연루되는 사람들이 많이 있었습니다. '남조선해방전략당사건'도 중앙정보부에서 지은 이름이었어요. 그것도 나중에 재심해서 무죄가 된 사건입니다. 그게 인제 대표자가 권재혁이란 사람이 있었고, 그다음에 또 우리 대구 사람인데 잘 아는 이일재란 사람이 있었고. 또 이일재 씨가 아는 친구들 모두 이리저리, 내가 좀 아는 사람도 있고 그랬어요. 그래서 내가 소위 남조선해방전략당이라고 말하는 그룹에 가담이 돼있었어요. 그렇게 내가 권재혁 씨를 알게 돼서 1주일에 한 번씩 만나서 정세 얘기도 하고 앞으로 진로 얘기도 하고 조직에 대한 얘기도 하고 그랬는데, 통일혁명당사건이 발생했어요. 그때 그 불똥이 내가 관여하는 조직에 떨어질지 모르겠다고 염려하고 있던 참인데, 아니나 다를까 불똥이 떨어졌어요. 남조선해방전략당사건 대표자 권재혁 씨가 구속됐다고 해요. '아이고, 결국은 통혁당사건의 불똥이 우리에게 떨어졌구나' 생각했어요. 그래서 권재혁 씨가 무슨 사건으로 구속됐는지 알아보려는데 알 수도 없고, 불안한 마음에 일단 서울을 떠나야 되겠다 싶어서, 내 처하고 애들한테 말하고는 그대로 고속버스를 타고 부산으로 갔지요. 그래서 이제 부산 거제리라는 동네에 조그마한 구멍가게를 1년 반 가까이 운영했는데, 그 사이에 내가 소속되었던 그룹이 남조선해방전략당사건으로 엮어서 전부 다 구속이 됐어요. 대표자 권재혁 씨는 사형 받고 무기도 몇 명 나오고, 징역 한 10년짜리가 수두룩하고. 나는 제보 안 당하고 있다가 1년 반쯤 지내고 난 후에 주민등록제도가 그때 실시됐어요. 그때 마감을 2차 연기까지 했는데, 69년 여름에 주민등록이 마감날짜가 돼서 내 고향 하양에 면장에게 일단 신청은 해놨는데, 이제는 뭐 1년 반이나 지났는데 붙잡혀봐야 무슨 큰 문제가 있겠나 그렇게 생각하고 처하고 둘이 고향으로 왔어요.

10. 박정희 정권기의 정치활동② : 1970년대

• 민주수호경북협의회 활동

선생님, 그럼 1971년 민주수호국민협의회 운동을 하시면서 혁신계에서 김대중 신민당 대통령 후보 지지운동 하신 것에 대해 말씀해 주세요.

1971년에 김대중 선생하고 박정희 대통령이 3선에 나왔을 때 일인데, 서울에서 민주수호국민협의회가 발족이 됐어요. 우리 대구에서도 경북협의회를 만들자고 해서 민주수호경북협의회를 만들었어요. 근로인민당 대구시당 간부 출신인 유한종 선생, 당시 연세가 팔십대 후반인데 그분을 중심으로 모시고, 나하고 이재문 동지하고 정만진 동지하고, 이렇게 네 사람이 주로 대구에서 혁신계 합동운동에 많이 노력했던 분들이었어요. 그래서 서울에서 민주수호국민협의회가 발족이 되니까 우리도 대구에서 민주수호국민협의회 운동을 하자고 해서 조직을 했습니다. 대구 중앙부에 있는 대구백화점 7층에 한 20평 되는 사무실을 빌렸어요. 혁신계에서는 유한종 선생을 대표로 보내고, 학계에서는 경북대에서 6.3 때 관여했다고 해서 학교에서 쫓겨났던 박삼세 교수, 청구대학을 창립해 학장을 지냈던 최해청 선생. 법조계는 김순택 변호사님이라고 신민당 당적을 갖고 있는 분을 추대를 하고. 그다음에는 대구에 신민당 경북도당 도당위원장을 지냈던 국회의원 주병환 선생, 그렇게 5명을 공동대표로 추대했어요. 그다음에 실무진은 내가 총무위원장을 맡고, 이재문 동지가 대변인을 맡고, 정만진 동지는 청년위원회를 맡았습니다. 그래서 선거 때 민주수호경북협의회에서 부정선거감시단을 조직하고, 경산 군내, 각 투표소에 협의회 회원들을 한 사람씩 파견을 해서 부정투표 감시 역할을 하기로 했어요. 선거를 마친 후에 각 투표소에서 활동했던 감시원들이 모여 보고대회를 했는데, 깡패들이 동원돼서 투표하러 오는 사람에 대해서 강압적으로 "김대중은 사상이 나쁘다. 사상 나쁜 김대중을 대통령 시키면 안 된다" 하면서 부정행위를 많이 저지르더래요. 또 공화당 쪽 사람들하고 정보 담당 경찰관들하고 어울려서 투표소를 이탈해 나가서 밥도 먹고 술도 먹고 하면서, 투표감시라는 것은 아주 허울 좋은 이름뿐이고 실질적으로 엄격하게 부정투표를 감시하는 태도는 잘 볼 수 없더래요. 김대중 후보가 박정희 후보한테 패배하고 끝이 났지요. 선거를 끝마친 후인 1971년 10월 15일 위수령이 발동됐고 민주수호경북협의회 사무실을 폐쇄했어요.

▪ 민주수호경북협의회 해체 이후의 생활

그럼 민주수호경북협의회가 해체된 이후에는 어떠한 활동을 하셨습니까? 얼마 후에 유신이 선포되면서 정치활동은 쉽지 않으셨을 텐데요.

민주수호경북협의회 활동은 더 이상 할 수가 없게 됐고, 문 닫은 후에는 일단 위장사업을 해야 되겠다 해서 와룡산에 염소목장을 만들게 됐지요. 시내 봉덕시장에는 와룡산 염소목장 직판장이라 해가지고 염소 한 열 몇 마리씩 갖다가 매놓고 거기서 염소 장사 하면서, 유신 반대하는 동지들끼리 염소 때문에 만나는 걸로 위장해서 활동을 했어요. 그리하다가 보니까 결국 정보당국에서 염소목장이 위장사업인줄 알고는 계속 심하게 감시해서 일단 걷어치웠죠. 그 후에는 지하신문을 발행하자고 했어요. 그때도 어쨌든 감시를 피해서 하려니 전전긍긍했죠. 지하신문은 나하고 이재문, 나경일, 그리고 염소목장에도 관여했던 류근삼, 또 젊은 사람 중에 백종호가 함께했어요. 이재문 동지가 지하신문 이름을 지었는데 "참소리사라고 하자." 참소리사. 논설 타이틀은 "진실로 하자." 모든 준비 다해놓고는 유근삼이란 사람이, 자기는 지하신문 사업에 손 떼겠다고 해서 그날 저녁에 이재문 동지하고 좀 성난 논쟁이 있었죠. 그러고는 우리끼리 하자 이랬는데 점점 감시가 강화되는 것 같아서, 감시가 조금 느슨해지면 하자고 하고 있다가 인혁당재건위사건에 관련돼서 모두 구속됐어요. 그만 그걸로 끝난 거죠. 그 후에 류근삼이도 인혁당사건에 관련시키려고 남대구경찰서에서 연행해 조사했어요. 조사를 받을 적에 참소리사 발간에 참여했다가 자기는 이탈했다, 자기는 유신 반대하는 참소리사 운동에 아무런 관련이 없다, 그렇게 진술했대요. 그러니까 취조하던 남대구경찰서의 경찰관이 "강창덕이도 진술에서 그런 말 하더라. 네가 하려고 했다가 이탈했다고 하는 얘기를 하더라." 류근삼이가 참소리사 하려고 그랬다가 이탈했다고 하는 것을 내가 조사받을 때 말로 했기 때문에 그게 유일한 근거가 돼서 류근삼이는 인혁당재건위사건에서는 빠졌어요. 뭐 그게 사실이고. 또 한편으로는 '한 사람이라도 어쨌든 빠지는 게 좋다, 구속 안 당하는 게 좋다' 이렇게 생각하고 류근삼이는 참소리사 지하신문 하려고 그랬다가 안 하고 빠져나갔다고 그랬어요. 그래서 나보고 감사하다는 거예요.

11. 인혁당재건위사건

▪ **인혁당재건위사건이 조작되는 과정**

예, 이제 인혁당재건위원회사건에 대해서 질문을 드려야 될 것 같은데요. 이 당시에 선생님께서 구속되신 게 정부가 민청학련사건[11] 발표한 이후지 않습니까? 구속되실 때까지의 과정에 대해서 먼저 말씀해 주세요.

구속되기 전에는 뭐 계속해서 유신반대운동을 음으로 양으로 할 수 있는 데까지 해왔지요. 정보형사들이 항상 우리들 대구 혁신계 인사들을 감시하니까 법에 저촉되지 않는 합법적인 정치투쟁을 했지요. 그런데 느닷없이 중앙정보부에 의해 인혁당재건위사건이 만들어졌어요. 사실은 학생들의 유신반대투쟁을 지원을 해줄 수 있는 데까지는 지원을 해주고 싶었죠. 그런데 어떤 방법으로 하느냐 하는 것이 상당한 기술이 필요했어요. 우리 대구의 인혁당 관련자들은 학생들이 유신반대투쟁을 좀 더 효과적으로 하기 위해서 여러 가지 전략 전술을 과학적으로 해 나가도록 하자면은 뭔가 지도가 좀 필요하다, 그런 생각이 있었던 것 같아요. 원래 경북대 학생 여정남 동지와는 많은 접촉이 있었어요. 정진회가 경북대학교에서 유신반대운동을 하는데 주동적인 활동을 했다고 그리 보는데, 지도급에 있는 것이 여정남(呂正男)이란 학생이었어요. 그래서 경북대에서 무슨 대회를 할 적에는 구국선언문도 서도원(徐道源) 동지

---

11 1974년 4월 3일 박정희 정권이 긴급조치 제4호를 근거로 '전국민주청년총연맹(민청학련)' 관련자 180여 명을 구속, 기소한 공안사건.

사진 5 인혁당재건위사건 사형수 8인(서도원, 도예종, 송상진, 하재완, 우홍선, 김용원, 이수병, 여정남)[12]

가 초안을 해주고, 여정남도 같이 막걸리도 많이 먹고, 정진회 클럽[13] 학생들이 전부 다 대구의 혁신계 쪽하고 조금 가깝게 지냈어요. 그러던 중 1973년 10월부터 학생들 주도 하에 유신반대시위가 일어나기 시작하자, 이 운동을 보다 효과적으로 진행하는데 뭔가 도움을 주고자 경북대 학생회장 여정남을 서울로 올려 보냈다고 할 수 있어요. 그래서 유인태, 이철 등 전국 민청학련 지도부하고 여정남 간에 접촉이 있었어요. 또 여기 관련된 게 경희대 출신 이수병(李銖秉)이에요. 이들이 민청학련 지도부 학생들에게 유신반대투쟁에 대한 멘토 비슷한 역할을 한 것은 사실이에요. 그러니까 중앙정보부에서 이들을 민청학련의 배후세력이라고 규정한 것 같아요. 우리가 여정남을 서울까지 올려보내서 민청학련 지도부와 접촉하게 한 것은 사실이지만, 중앙정보부에서는 거기에 인혁당재건

---

12   (사)4.9인혁열사계승사업회.
13   1970년대 초 경북대에 있었던 학생운동단체로, 여정남이 리더로 있었음.

위라는 세력이 있고 그 세력은 북쪽의 지령을 받았다고 덧붙인 거죠. 긴급조치 4호 위반으로 인혁당재건위사건이라고 이름 붙일 때에도 그게 우연한 게 아니고, 중앙정보부에서 조작했던 1차 인혁당사건 관련자들이 몇 사람 있었어요. 그러니까 1차 인혁하고 연결을 지어서, 인혁당을 재건하려고 했다고 해서 인혁당재건위원회라는 이름을 중앙정보부에서 만들어 붙인 거예요. 그것도 처음부터 인혁당재건위사건에 관련된 사람들을 붙잡은 것이 아니라, 우선 전부 붙잡아놓고 그렇게 이름을 붙여서 엮은 겁니다. 내가 중앙정보부에서 "이름을 뭐라고 짓는 게 맞겠냐?" 자기들끼리 논의하는 걸 엿들었어요. "옛날 인혁당 관련자들 많이 있으니까 인혁당재건위로 하는 것이 안 좋겠느냐?" 그런데 아닌 게 아니라 그것이 완전 공식명칭이 되어버렸어요. 1차 인혁당은 중앙정보부에서 완전히 실패했던 사건이었어요. 당시 검찰에서 그래도 양심적인 검사들이 이것은 기소할 수 없다고 했어요. 그래서 처음에는 내란예비음모, 뭐 엄청난 큰 죄목을 붙였는데, 검찰에서는 '이거는 안 된다', 담당검사들이 우리 기소 못하겠다고 하다가 압력이 들어오니까, 검사 둘이 사표를 냈어요. 그래가지고 책 같은 것으로 반공법을 적용해서 징역 2년에 집행유예 몇 사람 받았어요. 그런데 그때 관련자들이 많이 있으니까, 인혁당재건위원회라고 자기들이 이름 붙인 거예요. 실체는 없는 거고. 인혁당재건위사건 관련자 대부분은 5.16군사재판 때 체포된 4.19 당시 통일운동, 청년운동, 노동운동하던 사람들이에요. 그들이 서울구치소에 수감되었을 때 친분을 쌓게 되어 출소 후에도 함께 어울린, 일종의 서클활동 정도였는데, 이것을 마치 지하조직이었던 것처럼 고문조작 한 겁니다. 인혁당 관련자 대부분은 내가 알기는 주로 경남북에 있는 사람이 많고, 그외 서울 거주하는 사람이 두 사람 정도가 있는데 무기징역 받은 전창일. 또 서울대에서 철학 강사했던 이창복이라는 사람이 있어요. 또 서울대에서 철학 강사했던 이창복은 징역 15년을 받았고. 그 외에는 지도부가 주

사진 6 1975년 4월 8일, 인혁당재건위사건 관련자 8명의 사형이 확정되자 울고 있는 관련자 가족들[14]

로 대구 출신들이었습니다. 사형수 서도원도 대구, 도예종도 대구, 송상진도 대구, 그다음에 우홍선, 하재완, 김용원, 이수병. 또 하나 여정남은 민청학련 케이스인데 인혁당 케이스에 함께 집어넣어가지고 사형을 시켰어요. 그래서 인제 인혁당이라고 할 수 있는 것은 일곱 사람이고, 여정남은 민청학련에서 활동한 것으로 사형을 받아서 그렇게 여덟 명이 된 거에요.

• 인혁당재건위사건으로 인한 수감생활

선생님께서는 1974년에 재판을 받으셨고, 1982년까지 수감생활을 장기간 하셨

---

14 1975년 4월 8일 인혁당재건위사건 관련자 8명의 사형이 확정되자 울고 있는 관련자 가족들(경향신문사 제공)

잖습니까? 당시에 8년간 수감생활 하시면서 어려움이 많으셨을 텐데, 그때 경험을 말씀해 주세요.

8년 8개월 동안 감옥생활을 하는데 진짜 간첩사건에 관련된 사람들보다 더 혹독한 감옥생활을 했어요. 알고 보니까 청와대에서 "인혁당 관련자들은 엄정독거(嚴整獨居)시켜라" 그런 특명이 있었다고 그래요. 인혁당 무기수들이 일곱 명, 나하고 대구의 나경일, 이태환, 서울의 전창일, 김한덕, 유진곤, 이성재였어요. 이 중에서 나하고 전창일, 김한덕, 유진곤, 이렇게 네 사람이 전주형무소로 이감이 됐는데, 청와대에서 엄정독거를 시키라고 해서 이 방보다도 더 넓은 방에 한 사람씩 수감을 했어요. 그렇게 약 7년 이상을 지냈단 말입니다. 간첩죄로 수용되어 있는 사람들보다 우리를 더 감시했습니다.

그러면 박정희 정권에서 인혁당재건위 관계자로 투옥되신 분들을 더 엄혹하게 처우한 원인은 무엇이라 생각하십니까?

인혁당재건위사건을 고문조작 한 것이 사회에 알려지는 것을 꺼려서 그런 엄정독거를 교도소에 지시한 게 아닌가 싶습니다. 내가 나중에 정리해보니까 첫째는 시노트(James Sinnott) 신부(1929~2014)[15]가 그거를 폭로했고, 그다음에 또 민청학련사건 때문에 구속되었다가 나온 김지하(金芝河) 시인이 인혁당 사형수 중에 한 사람인 하재완이 고문을 받다가 탈장(脫腸)이 됐다는 이야기를 하재완에게 직접 듣고, 밖에 나가서 그걸 『동아일보』에 기사화했어요. 그런 문제가 있으니까 중앙정보부에서 인혁당

---

15 미국 매리놀 외방전교회 소속 한국 선교사로, 1975년 제2차 인혁당사건 관련자들에 대한 사형 집행에 항의하다가 강제추방 당함.

재건위사건을 고문조작했던 내용을 감추기 위해서 엄정독거를 하도록 한 게 아니냐, 난 그렇게 해석합니다.

감옥에 계시는 동안 박정희가 암살당했는데, 이 소식을 들으셨을 때는 어떤 심정이셨습니까?

나는 그 소식을 사방 담당하는 전주교도소 교도관한테 말 들었어요. "그래 뭐, 요즘 세상이 좀 어떻게 돌아가느냐?" 그렇게 물으니까 교도관이 하는 말이, "오늘 아침에 내가 직장에 출근하다 보니까 전주교도소 국기 게양대에 국기를 반 정도 올려놨더라. 그래서 좀 이상하다고 생각했다." 그래서 왜 저 국기를 국기 게양대 중간쯤에 갖다가 올려놨느냐 알아보니까 박정희가 김재규에게 총 맞아 죽었다고. 그래서 나도 모르게 나오는 말이 "그놈은 잡았는데 내가 못 잡아서 한이로다. 남이 잡은 그놈이니 시체인들 찢어버려 언제나 그날 오면, 부관참시는 내가 하리." 그런 말이 저절로 나와 버렸어요. 그래서 '아, 내가 참 한이 맺혀놓으니까 이런 말이 나왔구나' 싶은 생각이 듭디다. 그래서 그걸 나 혼자 "성불사의 밤"이라는 노래에 곡을 맞춰서 불러봤어요. 이 노래를 혼자 앉아가지고 부르며 내 마음을 달래곤 했어요. 그리고 또 여덟 명 죽은 사람의 영혼을 달래는 의미에서 이 노래를 부르곤 했습니다. 어떤 지하조직이 있던 것도 아니고 인혁당재건위 그런 것도 없었고. 있었다고 하면 과거 5.16군사혁명재판 때 만나서 알던 사람들끼리 하나의 서클 형태로 시국을 논하고 했던 것뿐이에요. 그걸 갖고 인혁당재건위라고 하는 그런 조직이 있어가지고 민청학련의 배후세력으로 활동했다며 반국가 혐의, 내란예비음모, 긴급조치 1호 위반, 또 긴급조치 4호 위반, 그다음에 반공법, 국가보안법 위반, 우리한테 갖다 붙여서 죄없는 사람 여덟 명에게 사형을 언도한 것도 모자라서 재심 청구도 못 하도록 18시간 만에 사형을 집행해서 모두 죽였고, 나머지 일곱 명은 무기징역에 처하는 그런 악독한 짓을 했습니다.

박정희가 암살된 다음부터, 이제 인혁당 관계로 투옥되신 분들에 대한 구명운동이 시작된 걸로 알고 있는데요? 형집행정지 받으실 때까지 행해진 구명운동에 대해 말씀해 주세요.

구명운동은 종교계에서 많이 했습니다. 첫째는 천주교에서 김수환 추기경하고 정의구현사제단이 우리 억울한 사건에 대해 많은 관심을 많이 가져줬어요. 그 중에도 시노트 신부가 이 사건에 대해서 전 세계에 폭로하시고. 또 기독교에서는 박형규 목사를 중심으로 해서 한국기독교장로회 목사님들이 많은 관심을 가져줬지요. 그렇게 우리 석방운동을 하는데, 윤보선 전 대통령과 공덕귀 여사한테 우리 가족들이 직접 가서 석방운동을 해달라고 간절히 부탁을 하고 왔습니다. 그래서 윤보선 전 대통령이 전두환의 장인영감인 이모 씨, 그때 대한노인회 회장에게 부탁을 해 직접 전두환을 만나서 "인혁당 관련자들 저리 오래 고생시키면 안 된다. 나도 긴급조치에 저촉돼있는 사람인데 나는 전직 대통령이라고 집에서 따뜻한 방에서 잠자고, 그 사람들은 저렇게 감옥 방에서 살고 있는 거 내 마음이 아프다. 인제 한 7, 8년이나 됐으니까 좀 내주면 안 되겠냐" 이러니까 전두환이 그렇게 하겠다고 하더래요. 그래서 인제 우린 머지않아 풀려나간다, 집에 간다 생각했는데 안 돼요. 그래서 어떻게 된 거냐고 소식을 들어보니까, 참모회의 같은 데서 전두환이 인혁당 관련자 석방 문제를 제기했는데 참모들이 반대를 많이 해서 못했다고 하더라고요. 그래서 몇 달이 지난 후에 윤보선 씨가 전두환을 또 만나서 "약속을 왜 안 지키냐? 결단을 내리면 좋겠다." 그렇게 간곡히 부탁을 했대요. 그러니까 전두환이 입을 딱 다물면서 "예, 알았습니다." 마치 어떤 결심을 하는 것처럼 말하더래요. 그러니 이번에는 '뭐 좀 안 되겠냐, 약간 기대해 볼

만하다.' 그런 소문이 들리더라고요. 아닌 게 아니라 1982년 크리스마스 때 나가라고 하는 거예요. 그때는 우리가 전주형무소에서 대구형무소로 온 지 1년 반 정도 되는 때였어요. 그게 인제 1982년 12월 25일 밤이었는데, 만으로 계산하면 8년 8개월이 된다고 하더라고요.

▪ 석방 이후의 생활

집에 왔는데, 내가 동대구경찰서 관내였던 수성구 범어동에 살았어요. 나랑 나경일, 이태환, 이렇게 세 사람이 동대구경찰서 관내에 있는데 매일같이 형사가 찾아옵니다. 그래서 알아보니까 형집행정지로 나온 거예요. 사면이 아니라 형집행정지로 나온 거니까 언제 또 재구속 될지 모르는 거죠. 또 청와대에서 대통령이 온다고 하면 그날은 틀림없이 동대구경찰서 정보과 내 담당형사가 와서 감시를 합니다. 그러면 어떤 날에는 내가 점심 사줄 형편이 안 되고, 어떤 일로 보면 자기들 출장비 받아서 나오니까 나를 밥 사줄 때도 있어요. 그러다가 노태우 대통령 때 사면이 됐어요. 잔형 면제. 그러면서 복권(復權)은 안 됐어요. 그러니 공적인 활동은 할 수 없는 거예요. 일하러 갈 수도 없고 어디 직장도 못 구하는 거예요. 복권은 자동복권이라는 게 있는데 10년이 경과하면 자동으로 된대요. 그때 나이 50대 중반인데 뭐가 됩니까? 그러니까 제일 먼저 일자리 구한 게 미리내아파트 경비원, 자전거 한 대 구해가지고 했어요. 아파트 경비원을 한 6개월인가 7개월쯤 했어요. 우리 애 엄마가 초등학교 교사를 했기 때문에 밥을 굶지는 않았지만 그래도 나도 뭐 좀 벌어서 보태야죠. 하지만 점포를 차려놓고 장사하는 것은 도저히 할 수가 없었어요. 내 몸이 형집행정지 상태이기 때문에 언제 또 재수감될지 알 수가 없으니까요. 그래서 처음에는 경상남도 거창에 가서 토종벌 농사를 해서 내용돈이라도 벌려고 했는데 밑천이 필요해서 안 되겠어요. 또 객지에 가서 염소를 한번 키워보려고 했는데 염소도 내 힘에는 너무 버거워서 안 되겠더라구요. 금 장사를 해볼까도 싶었지만 어떻게 하면 되는지 가르쳐 주는 사람이 없어서 못 했어요. 또 소 장사를 해볼까 해서 경산 자인장이라는 5일장에 방문하기도 했지만, 그곳에서 장사하시는 분들이 경험 없으면 실패할 확률이 높다고 만류하시더라고요. 그래서 보신탕 개 키우는 걸 경험이 있는 친구를 만나서 겨우 좀 시작했는데 88올림픽이 왔어요. 88올림픽이 되니 보신탕을 전부 못하게 해요. 그래가지고 야성농장도 손해만 보고 문을 닫게 됐어요. 내 호(號)가 '야성(野星)'이에요. '들 야(野)' 자, '별 성(星)' 자. 그 후에 대구 시내 만촌동에 있는 학생 음악다방을 인수해서, 음악 틀어주며 해설해 주는 DJ를 두고 장사를 시작했어요. 그것도 1년 후 새 건물에 다른 학생 음악다방이 들어서면서 장사에 타격을 입어서, 동성로에 있는 다른 음악다방을 인수해서 옮겼습니다. 하지만 그때부터 학생 음악다방이 사양기에 접어들어서 장사가 되지 않는 거예요. 그래서 그곳을 만화가게로 바꾸었지만 관리가 힘들어서 그만 두고, 침산동에서 다방을 하다가 다시 영남대학교 입구에 있던 학생다방을 인수해서 호프집으로 개조했습니다. 2년간 호프집 장사를 하다가 폐업한 것이 1990년입니다. 그런데 이렇게 장사를 하며 생계를 이어가던 동안에 우리 가정에 불행한 일이 있었어요. 애들 엄마가 1987년에 세상을 버렸어요. 애 엄마가 교통사고가 나서 한 2년 가까이 고생하다가 1987년 6월항쟁 직후 7월에 세상을 떠났어요.

12. 1987년 6월항쟁 이후의 정치활동

• 6월항쟁 이후 행한 정치활동과 정당활동

6월항쟁 이후에 정치활동을 재개하신 것으로 알고 있습니다. 구체적으로 어떠한 활동하셨는지요?

1987년 대통령선거 당시 대구지역의 진보진영은 김대중에 대해 비판적 지지를 표명했습니다. 당시에는 통일정책과 경제정책 등을 두고 진보진영이 김영삼 지지와 김대중 지지로 분열되었습니다. 그런데 김대중 후보는 4대국 보장 하의 중립화 통일을 주장한 반면, 김영삼 후보에게는 그러한 통일정책이 없었어요. 그것이 대구뿐만 아니라 전국적으로 진보세력이 김대중에 대한 비판적 지지를 표명하게 된 요인이 아닐까 생각합니다. 나는 아직 형집행정지 중이었기 때문에 항상 정보경찰의 감시를 받고 있었습니다. 그래서 선거운동에 직접 참여하지는 못했지만 이후에 정치활동과 통일운동에 동참하게 됩니다. 먼저 6월항쟁 후에 민족자주평화통일회의(민자통)라는 단체를 부활시키는 데 참여했습니다. 그 운동을 4.19 때 처음 창시할 때도 대구에서 하자고 했어요. 그래서 재건사업도 대구에서 하게 됐어요. 나도 민자통 재건사업 한다고 시간을 많이 보냈어요. 내가 다른 민주화운동에도 많이 관여했지만, 주로 했던 것은 민족자주평화통일운동이었습니다. 그러다가 1989년 서울에서 전국민족민주운동연합이 결성됐어요. 그러니까 인제 대구에도 민족민주운동연합 대구경북협의회가 발족했고, 나도 가담했어요. 농민 쪽에 두 분이 공동대표를 하고, 나는 통일분야에서 참가해서 상임대표가 됐어요. 그러다가 1990년 초에 제도권 정당으로 들어가게 됐어요. 김대중 총재가 평화민주당을 운영할 때입니다. 그때 또 새롭게 탄생했던 것이 신민주연합당이었는데, 김대중 총재가 경영하는 평화민주당(평민당)의 우당(友黨)으로 출범을 했던 거 같아요. 그래서 동교동 김대중 쪽에서 나를 영입했는데, 나는 평민당이 아니라 신민주연합당 부위원장으로 가게 됐어요. 얼마 안 돼 평화민주당하고 신민주연합당이 합당을 하게 됐어요. 통합출범대회가 있었는데, 그때 내가 대회 임시의장을 맡았습니다. 김대중 선생은 '평화민주당'이라는 당명을 버리고, 같이 통합했던 '신민주연합당(신민당)'으로 당명을 정했어요. 그때 내가 맡은 것이 신민주연합당 중앙위원회 의장이었어요. 당내 서열이 한 3위에요. 1위는 최고위원이고, 2위가 전당대회 의장, 3위가 중앙위원회 의장, 4위가 중앙상무위원회 의장, 5위가 국회 원내총무에요. 중앙위원회 의장이다 보니까 자동적으로 당무위원이 돼서 신민주연합당 중앙위원회 의장 겸 당무위원으로 활동하게 됐어요. 그렇게 하면서 대구경북 신민당 대구경북시도당 상임고문을 맡았어요. 복권이 돼야 내가 국회에 진출할 수 있는 가능성도 열리기 때문에 사면복권을 받아보려고 노력을 해봤는데, 복권이 안 돼서 국회에 진출할 꿈을 포기했어요. 그렇게 1990년대 초에 제도권 정당에 들어가서 지금까지, 그동안에 당명이야 몇 번이나 바뀌었지만, 더불어민주당 대구시당 상임고문으로 활동하고 있습니다. 그다음에 민자통 고문, 평화통일대구시민연대 상임고문, 6.15 대구경북본부 고문, 우리민족하나되기운동 고문 등 지금 고문을 한 일곱 군데쯤 하고 있습니다. 이육사기념사업회에서는 상임대표를 맡고 있습니다. 대구 전태일기념사업회 준비위원장을 맡아서 했고요. 그 외에는 내가 일곱 분의 애국열사님을 모시고 살아보려고, 우리나라 근대사에서 일곱 분을 제가 선정을 했어요. 운명하신 연도순으로 첫째는 전봉준, 둘째는 허위, 셋째는 김구, 넷째 김창숙, 다섯째 여운형, 여섯째 조봉암, 일곱째 전태일. 그렇게 일곱 분을 선정해서 영정을 모시고 1년에 한 번 음력 9월 9일날 합동추모제를 올린 지가 한 10년 됩니다.

13. 김대중 정부 이후 시기의 과거사 청산문제

• 인혁당재건위사건 재심과 명예회복 문제

2007년에 서울중앙지법에서 인혁당재건위사건에 대해서 무죄 선고를 받고 명예회복을 하셨지 않습니까? 무죄선고 받으실 때까지의 재판과정에 대해서 말씀해 주세요.

처음에 발동은 천주교 인권위원회에서 시작했습니다. 인혁당 사형수들의 유가족, 그 관련자들에 대해 여러 가지 실태조사를 하고, 대구까지 와서 유족과 관련자를 모두 만났습니다. 우리 재심을 적극적으로 도와준 것이 천주교 인권위원회입니다. 우리는 몇 번 재판장에 나가고, 최종판결 할 때도 모두 법정에 나갔어요. 재판장이 판결문 낭독하고 과거 재판부의 무리한 재판에 대해서 사과도 하더라고요. 그때 한없이 기뻤습니다. 오랜 터널 속을 벗어난 것 같은, 그런 해방감을 느꼈어요. 이제는 자유인으로서 살 수 있겠다는 그런 희열, 기쁨, 감개무량했지요. 눈물이 날 정도였어요. 재판 승소하는 날, 특히 사형수 가족들은 재심에서 무죄가 판결나도 죽은 사람이 살아오지를 못하니 그 한(恨)을 말할 수 없어서 모두 많은 눈물을 흘렸어요. 그리고 또 명예회복을 했다는 것. 간첩이라는 오명을 나 혼자만 달고 산 게 아니고, 우리 가족 전체가 간첩의 가족이라고 눈총을 받고 살다가 이제 그 누명이 다 벗겨졌다 생각하니까, 완전히 자유인이 됐다 싶은 기쁨을 느꼈습니다.

김대중 대통령 이후에 사회적 민주화가 크게 진전되면서 과거에 혁신운동 하셨던 분들, 1960년대 피학살자유족회 관련자 분들과 다시 교류가 많아지셨지 않습니까? 과거 60년대에 같이 유족회 활동하셨던 분들과는 어떻게 연락을 재개하셨습니까?

김대중 정부 때 피학살자유족회에서 유족들이 추모제도 하고, 위령제도 하고, 내 고장에서는 경산 코발트광산 추모행사가 매년 열렸습니다. 내 경우에는 과거사 조사위원회에서 사회당경북도당사건이라고 해서, 5.16 군사재판 때 피해 본데 대해서 "부당한 피해를 봤다"라고 결정해줘서 국무총리 산하에 있는 민주화운동 관련자 명예회복 및 보상심의위원회의 조사에 응하기도 했습니다. 그런데 인혁당 관련자들은 명예회복 및 보상심의위원회에서 보상이라고, 그게 이름이 뭐 생활보조금이라고 하던가, 그런 이름으로 최고가 7천만 원인 그런 보상이 있었는데, 인혁당 관련자들은 그 보상을 거부했어요. 왜 거부했냐 하면은 재심청구를 해서 무죄가 되면 그 피해배상을 국가에 우리가 또 청구를 할 수 있는데, 명예회복 및 보상심의위원회에서 지불하는 생활보조금을 받아놓으면 국가로부터 두 번 배상받는 것이 되기 때문에 재심 무죄가 됐을 때 배상 청구가 불가능하다는 말이 있더라고요. 그래서 우리는 모두 다 거부했습니다. 그리고 명예회복 및 보상심의위원회에서 취급하는 생활보조금이, 말하자면 배상금의 성격을 띠고 있는데, 왜 배상금이라고 안 하고 생활보조금이라고 하고, 민주화유공자라 이름을 안 붙이고 민주화운동 관련자라고 이름 붙이는지, 그런 데 대해서 우리는 좀 불만스럽더라고요.

그런데 이 배상금 때문에 이명박, 박근혜 정부 때 문제가 생긴 것으로 알고 있습니다. 이것이 무슨 사건이었는지 말씀해 주세요.

인혁당 재심에서 무죄가 되고, 또 배상금 청구도 하게 되고, 1심과 2심에서 결정이 되었는데, 검찰에서 대법까지 상고를 해서 상당히 오래 시간을 끌었습니다. 그래서 우리는 일부 가집행을 해달라고 요구했고, 법원은 우리 요구를 들어줬어요. 그래서 1심과 2심에서 판결했던 배상금액의 약 3분의 2 정도 되는 금액을 정부에서 지불하도록 했지요. 그런데 이명박 때하고 박근혜 때 와서 너무 많이 지불됐다고 부당이익이라고 해서 가집행 받은 금액 중 60%를 국가에 반납하라는 거예요. 우리가 그런 일도 겪고 살고 있지요. 대다수는 반납을 못해서 압류당하고, 경매해 가지고 부동산이 없어져버린 사람도 있고, 그런 좋지 못한 일도 있었어요. 근데 그게 아직까지도 미결 상태로 있습니다. 부동산이고 동산(動産)이고 있으면 언제라도 집행을 당하게 돼 있어요. 이 문제를 해결하려고 노력하고 있습니다. 대법원에서 부당이득이라고 결정해서 국가에 반납하라는 것은 헌법 위반이라고 해서 헌법소송도 했고, 여러 가지 면에서 아직도 노력을 하고 있습니다. 다만 이번 국회 임기 내에는 특별법 제정이 불가능하다고 보고 있습니다.

• 한국 민주화운동의 산 증인으로서 남기고 싶은 말

마지막으로 질문 하나만 더 드리도록 하겠습니다. 한국 민주화운동의 산 증인으로서, 우리 후세대들에게 남기시고 싶으신 말씀이 있으시면은 한 말씀 부탁드리겠습니다.

후배들에게 내가 제일 하고 싶은 얘기는 초지일관 해달라는 겁니다. 민족자주평화통일, 반독재민주화운동, 노동자들의 권리를 회복하는 운동, 농민운동, 여권(女權)운동, 그 모든 운동에 참여했다가 중간에 이탈은 하지 말고 끝까지, 죽을 때까지 같이 가자는 거예요. 어깨동무해서 같이 가자는 거지요. 개인 사정이 있어서 중책은 못 맡더라도, 경제적인 사정에 의해서 헌신적인 노력은 할 수 없다 하더라도, 마음의 후원이라도 할 수 있어야 된다. 또 중립이라고 하면서 관여 안 하려고 하거나, 운동에 무관심하지 않았으면 합니다. 한마디로 초지일관. 학생운동은 학생운동 할 때, 노동운동은 노동할 때, 모든 운동에 참여할 때 그 마음 변하지 말자 이거지요. 그게 내 부탁입니다.

※ 구술자는 2021년 9월 3일 향년 94세의 나이로 별세하여, 경상북도 칠곡군 대구현대공원 민족민주열사묘역에 안장되었다.

참고 자료

경산코발트광산유족회, 2008, 『잃어버린 기억 : 1950년 경산 코발트 광산 사건, 그 후의 진실』, 이른아침.

김산영, 2010, 「민간인학살사건에 대한 유족의 인식과 대응 : 청도·경산지역을 중심으로」, 영남대학교 대학원 문화인류학과 석사학위논문.

대구경북민주화운동사편찬위원회 편, 2020, 『대구경북민주화운동사』, 선인.

민청학련계승사업회, 2018, 『민청학련 : 유신독재를 넘어 민주주의를 외치다』, 메디치미디어.

민청학련운동계승사업회 엮음, 2005, 『1974년 4월』(4), 학민사.

윤정원, 2020, 「1960-1975년 '대구인혁그룹' 연구」, 경북대학교 대학원 사학과 박사학위논문.

인혁당사건 진상규명 및 명예회복을 위한 대책위원회, 2000, 『잊혀진 죽음들, 인혁당 사건 그 후 25년』.

이창현, 2018, 「1960년대 초 피학살자유족회 연구」, 성균관대학교 대학원 사학과 박사학위논문.

재경대구경북민주동우회, 민청학련·인혁당진상규명위원회 편, 2005, 『인혁당 사건, 그 진실을 찾아서』.

『대구매일신문』, 1960/05/22.
『동아일보』, 1961/12/16.
『조선일보』, 1961/09/30.

Ⅱ
역사의 진실을 밝히기 위한 인생 여정

김하종
- 1960~1961년 경주유족회 회장
- 1961~1963년 5.16쿠데타 직후 유족회 활동으로 구속되어 복역
- 1964~1970년 동방고등공민학교 교장
- 1970~1975년 불국사고등공민학교 교장(직무대리)
- 1975~1978년 경주여자상업고등학교 교장직무대리
- 1978~1984년 경주여자상업고등학교 교장
- 1984년 영도고등학교 설립
- 2015년~현재 한국전쟁 전후 민간인희생자 경주유족회 회장

김하종은 1934년 경주에서 3남 1녀 중 장남으로 출생했다. 그는 2살 때 부친을 따라 포항으로 이주해 국민학교를 다니던 중 해방을 맞았다. 김하종의 가족은 해방을 맞은 뒤 다시 고향인 경주 내남면으로 돌아와 정착했다.

1949년 내남면 민보단장 이협우에 의해 친지들이 학살당한 사건은 김하종의 인생 경로를 바꾸어 놓았다. 이협우는 내남면의 대동청년단 단장으로 있던 1948년부터 사적인 이유로 학살을 시작했다. 이협우가 1949년 내남면 민보단장을 겸하게 되면서 학살의 규모는 더욱 커졌다. 1949년 7월 31일 김하종의 일가 친척인 김정도가 용장 시장에 소를 팔러 갔다가 민보단원에게 살해된 것을 시작으로 김씨 가문에 대한 학살이 시작됐다. 이협우가 이끄는 민보단은 김정도를 살해한 다음날 명계리를 습격해 30여 명을 학살했다. 이날 살해당한 일가 친척의 시신을 수습하러 간 김하종의 부친 김봉수는 민보단원들에게 폭행당해 중상을 입었다. 김하종의 가족도 이협우에게 학살당할 위기를 맞았으나 평소 친분이 있던 민보단원의 도움으로 위기를 모면하였다. 하지만 민보단에 폭행을 당한 김하종의 부친은 며칠 뒤 후유증으로 목숨을 잃었다.

이협우가 이끄는 민보단에 의해 부친을 잃은 김하종은 험난한 성장기를 보냈다. 민보단의 위협을 피해 가족과 떨어져 지내며 한동안 머슴살이를 해야 했다. 한국전쟁이 발발 이후에도 학살이 계속되어 김하종을 비롯한 피학살자 유가족들은 침묵할 수밖에 없었다. 김하종은 가족들과 다시 함께하게 된 이후에도 실질적인 가장으로 집안의 생계를 책임져야 했다. 그는 뒤늦게 공민학교에 입학한 뒤 경주고등학교를 거쳐 서울대학교 법과대학에 입학할 수 있었다. 하지만 학비와 생활비를 벌기 위해 가정교사를 해야 했기 때문에 대학에서도 학업에 집중할 수 없었다. 결국 김하종은 사법고시를 포기하고 법무부 공무원이 되었다.

김하종이 법무부 형정국에 근무하던 도중 4월혁명이 발생했다. 4

월혁명은 그의 인생에 있어서도 새로운 전환점이었다. 이승만이 실각하고 자유당 정권이 무너지자 그동안 정부의 탄압하에 숨죽이고 있던 피학살자 유족들이 움직이기 시작했다. 이승만이 하야한 직후인 1960년 4월 27일 경주 시민들이 이협우가 경영하던 도기회사와 양조장을 습격했다.[1] 이협우가 민보단을 이끌던 시기에 자행한 범죄들도 폭로되기 시작했다.[2] 이협우의 학살사건이 공론화되자 대구지검은 1960년 5월 25일 이협우 사건을 입건수사하기 시작했다.[3] 김하종은 고향으로 돌아와 월성군 유족회 회장에 추대되었다. 그는 1960년 6월 16일 이협우를 정식으로 고소하였다.[4]

그러나 1961년 5월 16일 쿠데타가 발생하면서 상황이 다시 바뀌었다. 군사정부는 피학살자유족회 회원들을 체포해 기소했다. 김하종과 그의 쌍둥이 동생 김하택(金河宅)도 구속되어 국민을 현혹했다는 죄목이 씌워졌다. 유족들은 항소하였으나 기각되었고 김하종은 7년형을 선고 받았다.[5]

김하종은 박정희 대통령 취임 기념으로 1963년 12월 14일 특별사면을 받아 출소할 수 있었다.[6] 하지만 자유의 몸이 되지는 못했다. 군사정권은 그를 비롯한 유족회 간부들을 지속적으로 감시하며 탄압하였다. 김하종은 한동안 농사를 지으며 생계를 유지했으나 경주시장을 지냈던 이채우의 도움을 받아 동방고등공민학교 교장직을 맡을 수 있었다. 그는

---

1 『조선일보』, 1960/04/28.
2 『동아일보』, 1960/05/23.
3 『동아일보』, 1960/05/26.
4 『동아일보』, 1960/06/17.
5 『조선일보』, 1962/04/27.
6 『경향신문』, 1963/12/14.

교직에 몸담은 뒤 은퇴할 때까지 과거에 대해 침묵했다.

그러나 민주화가 이루어지면서 정부 차원에서 과거사에 대한 재조명과 반성이 시작되었다. 2005년 진실화해를위한과거사정리위원회가 출범하고 경주 지역 민간인 학살에 대한 조사도 시작되었다. 하지만 1기 진실화해를위한과거사정리위원회는 경주 지역의 학살사건을 충분히 조사하지 못한 상태에서 해체되었다. 김하종은 억울함을 풀지 못한 유족들을 위해 다시 한번 경주유족회를 이끌기로 결심하였다. 그를 비롯한 많은 유가족들의 노력에 힘입어 진실화해를위한과거사정리위원회가 다시 발족할 수 있었다.

김하종의 구술은 다음과 같은 점에서 중요하다.

첫째, 김하종은 1960년 경북유족회가 출범할 당시 월성군 유족회장을 맡았다.[7] 그는 경북유족회가 처음 출범했을 당시 주요 직위에 있던 인물 중 현재까지 생존해 있는 유일한 인물이다. 그의 증언은 1960년 당시 월성군과 경주시 뿐만 아니라 전국 단위 유족회의 활동을 이해할 수 있게 해주는 중요한 사료이다.

둘째, 김하종의 증언은 박정희 정부 시기 국가폭력의 작동 양상을 이해할 수 있도록 해주는 자료이다. 그는 5.16쿠데타 직후 유족회사건으로 검거되어 1963년 12월까지 복역했다. 이 기간 중 그는 군사정부가 검거한 여러 정치범들과 교류하였으며, 재판 기간 중 다양한 경험을 하였다. 석방된 이후에도 정부의 지속적인 감시를 받았으며, 이는 교직 생활을 시작한 이후에도 계속되었다. 김하종의 증언은 국가폭력이 피해자 개인에게 작동하는 양상을 생생하게 보여준다.

셋째, 김하종의 구술은 제2기 진실화해를위한과거사정리위원회 출

---

[7] 이창현, 2018, 「1960년대 초 피학살자 유족회 연구」, 성균관대학교 사학과 박사학위 논문, 77쪽.

범 과정과 2010년대의 경주 및 전국 유족회 활동을 이해하는데 도움이 되는 내용을 담고 있다. 그는 경주유족회 회장을 다시 맡아 진실·화해를 위한 과거사정리 기본법 개정 과정에 밀접하게 관여하였다. 또한 재건된 경주유족회의 활동에 관해서도 풍부한 내용을 담고 있다.

넷째, 김하종은 1960년대부터 1980년대까지 교직에 종사하였다. 그의 증언은 경주를 포함한 경북 지역의 교육사를 연구하는데 활용할 수 있는 내용을 포함하고 있다. 이 자료를 통해 지역 유지들과 지역 학교의 관계, 공민학교로 설립된 학교들이 정규학교로 전환되는 과정 등 교육과 관련된 다양한 내용을 파악할 수 있다.

1. 유년기의 경험

• 일제 강점기 초등학교 생활과 경주 내남면 명계리로의 이주

김하종 회장님, 안녕하세요. 먼저 회장님께서 어린 시절을 어떻게 보내셨는지 말씀해 주시겠습니까?

저는 월성군 내남면 바탕골 536번지에서 출생했습니다. 그 당시는 일제 시대였습니다. 선친께서 포항도립병원 행정실에 근무하시게 돼서 두 살 때 포항으로 이사를 갔습니다. 거기서 일본 사람이 교장인 영흥국민학교에 입학하게 됐습니다. 내가 입학할 때 쌍둥이 형제가 두 팀이 있었습니다. 다행스럽게도 한 집은 떨어지고 우리 쌍둥이 형제가 1학년에 입학

사진 1   1970년대 초에 김하종이 모친과 함께 촬영한 사진

할 수 있었습니다. 그 당시에는 일제시대라 국민학교에서 표를 20장 줘서 조선말을 하면 1장 씩 빼앗았습니다. 신사참배를 하고 난 후에는 표를 뺏긴 만큼 처벌을 받았습니다. 그렇게 4학년까지 지냈습니다.

그렇게 지내던 중 오천(烏川) 근교에 있던 포항 비행장에 미군이 폭탄을 투하했어요. 폭탄이 터지지는 않아도 투하할 때 문고리가 덜썩 하면서 천둥같은 소리가 납디다. 그래서 부모님께 빨리 고향으로 돌아가자고 아우성을 쳐서 다시 경주시 월성군 바탕골로 오게 됐습니다. 아버님께서는 바탕골에서 3km 떨어진 명계리 홈실마을에 집을 사셨습니다.

2. 내남면 학살사건

· 내남면 학살사건

내남면 학살사건에 대해서 말씀해 주시겠습니까?

1947년에 박세현이라는 사람이 내남면에 이사를 왔습니다. 또 48년에는 특무상사로 제대한 손 씨 가족 8명이 이사를 왔습니다. 그런데 불행하게도 48년에 손 씨 가족이 수확한 벼 다섯 가마니를 분실했습니다. 요즘 같으면 파출소에 고발하면 파출소에서 다 처리해주는데 그때는 오지여서 치안이 못 미쳤어요. 그래서 동네 사람들이 이 집 저 집 조사를 했습니다. 그 당시에 구장을 하던 제 6촌 형님, 김하건 형님을 위시해서 동네 사람이 전부 집 조사를 했습니다. 그런데 박세현의 사랑채에서 손 씨 가족이 분실한 벼 다섯 가마니가 나왔어요. 그래서 동네 사람들이 "이거

손 씨 나락 아니냐, 벼 아니냐?" 했더니 맞다고 가져가라 했습니다. 김하건 구장이 "너 도둑놈 아니냐, 이 동네를 떠나라"고 했는데 박세현이가 안 떠났습니다. 우리 같으면 양심 상 떠났을텐데 안 떠났습니다.

　　1948년에 민보단[8]이 생겨서 민보단장으로 이협우[9]가 앉았습니다. 그리고 민보단원 중에 박세현의 동생 박도환이 있었습니다. 나중에 알았는데 그 박세현이가 자기 동생보고 "경주 김 씨 가족이 우리를 도둑놈을 만든다. 손 씨하고 김 씨 가족을 전부 없애버려라"라고 했다고 해요. 음력 8월, 그러니까 7월 31일쯤 되가지고 6촌 되시는 김정도, 김호라는 형님 둘이 용산(龍山) 장터에 소를 팔러 갔어요. 민보단원이 망을 보고 있다가 소를 팔고 나니까 두 사람을 내남지서로 끌고 가서 소 판 돈을 빼앗고 용장(茸長) 산록에서 총살해버렸어요. 민보단원이 김정도의 5촌 숙모에게 "김정도하고 둘이 4촌 간에 내남지서에 끌려갔다"고 하니까 그 말 듣고 김호 형님과 김정도 형님의 어머님 두 분, 6촌 형수님 한 분이 어린 애를 업고 이렇게 넷이 갔어요. 가서 숙모님이 "내 아들 내놔라"라고 한 모양이에요. 그래서 또 세 명이 죽었습니다. 다섯이 그 용장 산록에서 죽었습니다.

　　죽이고 난 후에 이 집안 사람들을 놔두면 안 되겠다고 해서 그런 건

8　1948년 5월 총선을 앞두고 경찰의 치안유지를 지원하기 위해서 조직된 단체. 민보단원의 전횡이 심해 비판이 거세지자 1950년 5월 총선 이후 해체되었다.

9　이협우(李協雨, 1921~1987)는 일제강점기 내남면에서 면서기를 지냈다. 해방 이후 대한청년단 내남면 단장을 지냈으며, 1948년부터 1950년까지 내남면 일대에서 다수의 민간인 학살을 자행했다. 1960년 4월혁명 직후 기소당해 유죄로 사형판결을 받았다. 1961년 5.16쿠데타 직후 무죄로 석방되었다. 이후 공화당에 입당해 국회의원으로 출마했으나 낙선했고, 1970년대에는 공화당에 반대해 반유신 운동을 했다. 이협우는 1987년 사망했으나 사망 경위에 대해서는 이협우에게 피해를 입은 유족들 마다 의견이 갈리고 있다.

지 8월 1일날, 음력 7월 7석날에 민보단원 10여 명하고 김홍렬 순경이 와서 우리 집안사람 네 세대, 또 손 씨 가족 8명 1세대, 다섯 세대를 그날 쏴죽였어요. 애, 어른 할 거 없이 30명이 총에 맞아죽었습니다. 그러고 난 후에 이협우 일당이 명계 홈실에 내려와서 정규준(丁奎俊)이란 사람에게 "야 오늘 참 기분이 나쁘다. 산사람 협조하는 놈을 30명을 죽였으니 영장[10]을 치워라", 해서 동네 사람들이 다 갔습니다. 집에 선친께서도, 김봉수 선친께서도 집안사람이 죽은 줄 모르고 영장 치우러 가셨습니다. 가니까 집안사람 네 세대 22명, 손 씨 가족 8명, 다해서 30명이 몰살당한 겁니다. 그 자리에서 "이거 이래가지고 영장을 치울 수 없잖아. 아무리 죽었더라도 옷이라도 갈아 입혀가지고 영장을 치우는 게 좋겠다"고 하니 옆에 감시하던 민보단원 한 명하고 이홍렬 순경이 그렇게 하면 여기 매장이 늦어진다 해서 아버지를 곡괭이 자루로 구타했습니다. 그날 저녁에 아버지는 이덕문이라는 사람한테 지게에 업혀왔어요. 이덕문이 집에 아버지를 지고 와서 우리 사랑방에 내려놓고 갔습니다.

그리고 일주일도 안 됐는데 이협우가 밤에 우리 집에 왔습니다. 칠월 칠석날에는 시골에 모기가 많이 나옵니다. 모닥불을 마당에 피워놓았습니다. 아버지는 맞아서 못 나오시고 사랑채에 그대로 누워계시는데 이협우가 올라왔어요. 우리 집이 좀 높았거든요. 올라오더니 "김하종" 하고 불러요. "예" 하고 갔더니 키를 이렇게 맞추더라고요. 보니까 이협우가 키가 작아요. 내가 그때 국민학교 6학년이었지만 키 하나는 컸거든요. 이협우가 키를 맞춰보고 하는 말이 "저 앞산에 뻴갱이가 80명이 와 있다. 우리가 지금 굶고 있는데 너희 소를 몰고 가야 되겠다." 이런 얘기를 해요. 그래서 "안 됩니다. 우리 소는 오늘 암새[11]를 냈습니다. 하필이

---

10 '송장'의 경상도 방언.
11 '교배하다'의 경상북도 방언.

면 암새 낸 소를 몰고 가려 합니까? 안 됩니다." 그러니까 포켓에서 권총을 쓱 꺼내면서 "죽인다" 이러더라고요. 그 찰나에 정규준이란 사람이 올라오더니 "아유 단장님. 얘 이거 바보입니다. 저 늙은 아주머니가 딸만 계속 일곱 낳다가 낳은 아들인데 바봅니다. 내려갑시다" 하고 붙들고 내려가요. 그리고 한참 오래 돼가지고 정규준이란 사람이 돌아왔어요. 돌아와 하는 말이 "내가 보증했다. 너희 집안 다섯을 내가 보증했다." 그때는 나, 여동생하고 남동생 하나, 아버지, 어머니하고 있으니까 다섯입니다. "보증했으니까 너희는 산다. 이제 절대로 바깥에 나가면 안 된다." 그래서 우리는 이제 살았는가보다 했지요. 그때 일곱 살 먹은 막내 남동생이 며칠 있다가 엄마 보고 "엄마, 엄마, 잠만 들면 괜찮지?" 하는 거예요. "잠만 들면 총을 쏴도 우리는 모르고 죽지?" 그런 식으로. 나이가 얼마 안 되는데도 눈치 챈 것 같더라고요.

• 이협우의 행적

일단 전반적인 상황을 알아야 할 것 같습니다. 이협우에 대해서 자세히 설명을 해 주시겠습니까?

예. 이협우는 농림고등학교를 졸업해서 내남면 서기로 있다가 그만뒀습니다. 그리고 경주시 월성군 일원에 반공청년단이 구성되고 있던 때에 내남면에서 경찰에 협조해서 산사람[12]을 잡는다는 명분으로 민보단을 구성했습니다. 그리고 민보단 단장이 되었습니다. 경찰 앞잡이죠. 그런데 경찰보다도 더 큰 역할을 해서 사람을 많이 죽였습니다. 내가 그때

---

12 빨치산을 말함.

듣기로는 민보단에는 군대 안 가려는 총각들이 많이 들어갔습니다. 그런 류가 한 10여 명 됐습니다. 솔직히 말하자면 병역기피자의 집합소죠.

공비 잡는다는 것을 기화(奇貨)로 해서 민보단 단장이 기세 등등하니 다녔죠. 경찰은 내남지서에 얼마 없었습니다. 내가 알기론 세 사람 내지 네 사람이 있던 걸로 알고 있습니다. 경찰이 없으니 민보단원이 큰 역할을 하면서 월권행동을 많이 했습니다. 경주 경찰서장도 민보단의 월권행위를 묵인했죠. 그 당시에는 공비를 돕는 사람을 토벌을 한다고 했기 때문에 묵인을 했죠. 그리고 경찰 서장이 일제 때 일본 앞잡이를 하던 사람이었습니다. 그래서 더 기세등등했죠. 나중에 경찰 서장은 국회의원 나와서 떨어졌습니다. 일제 앞잡이가 경찰 서장을 하니 이협우와 아주 친밀했죠. 그래서 남의 재산을 뺏는 것도 방조했습니다, 유치문 씨 문중과 우리 문중이 재산을 다 빼앗겼습니다. 그리고 주 씨 문중에도 다 빼앗겼지요. 이러는 걸 경찰서장이 모를 리가 없지요. 내남면민들이 다 알고 있는데. 오히려 이협우가 약탈하는 걸 방조하는 게 공비 토벌에 좋다고 생각한 걸로 알고 있습니다.

이협우가 공비토벌을 명목으로 학살과 약탈을 했는데, 실제로 남로당이 내남면 지역에서 활동을 했습니까?

산사람이 좀 있었어요. 우리 동네에서도 밤에 산사람이 내려와서 집에 엄마들한테 쌀 달라하는 걸 봤거든요. 쌀 안 주면 죽이니까. 밥 해달라 하면 밥 안 해줄 수 없고. 낮에 산사람이 떠나면 이장님한테 어제 저녁에 산사람이 내려왔다고 신고합니다. 그 당시에는 부지(鳧池), 박달(朴達), 내남면 홈실마을, 바탕골 등지에 산사람이 많았습니다. 감포(甘浦)도 있었고, 양남(陽南) 양북(陽北) 등지에도 상당히 많았습니다. 희생당한 사람은 부지리가 제일 많습니다.

그 당시에 이 지역에서는 경찰과 민보단 말고 군대는 안 왔습니까?

군대는 안 왔습니다. 민보단하고 경찰이 토벌하러 왔습니다. 경찰은 수가 적어서 활동이 미미하고. 민보단원이 주로 토벌을 했습니다.

- **이협우 휘하 민보단원들의 만행**

그럼 이협우의 동생 이한우는 어떻게 해서 민보단의 부단장이 됐습니까?

이한우는 이협우의 사촌 동생입니다. 처음에는 이한우가 아니라 김광세가 부단장을 했습니다. 김광세는 경주 김 가로 우리 김하근 형님, 한학자로 구장(區長)을 지낸 김정도 선생님과 자주 장기를 뒀습니다. 상당히 친밀했습니다. 그런데 김광세가 부단장을 그만두고 이한우가 부단장이 되고부터는 상황이 달라졌습니다. 내 생각에는 아마도 자기 집안 사람인 이한우와 같이 약탈을 하려고 작정하고 부단장을 시킨 게 아닌가 해요. 이한우는 주 씨 집안 사람들을 죽이고 집을 헐어서 좋은 나무는 다 가져가 자기 집을 지었어요.

당시 이홍렬 순경도 학살에 참여한 걸로 알려져 있는데요.

예. 내남면도 오고, 홈실, 바탕골도 왔습니다. 이홍렬이가 많이 참여했습니다. 이홍렬은 이협우와 딱히 가까운 관계는 아닌 걸로 알고 있습니다. 이협우는 친인척이라고 봐주는 사람이 아닙니다. 이협우의 친인척 중에 학살 당한 사람으로 내남면에 이종개라는 사람이 있습니다. 이종개는 이협우의 아재비뻘 되죠. 이종개 씨는 잘 살았습니다. 이협우 일당이 이종개의 소를 잡아먹은 일이 있습니다. 그래서 이종개 씨가 소 값 내놔라 하니까 돈이 없다며 그냥 죽여버렸습니다. 이협우가 그런 위인입니다.

박세현에 대해서 좀 여쭈려고 하는데요. 박세현은 내남면으로 이주하기 전에 어떤 일을 하던 사람이었나요?

박세현이는 1947년에 이사를 왔습니다. 내가 그때 보기는 사람이 둔해서 농사 밖에 못 지을 사람입니다. 이사 와서 논을 사가지고 농사를 짓는데 48년에 농사가 잘 안 되었으니까 손 씨네 나락을 다섯 가마니 훔쳤죠.

그 다음에 실질적으로 학살을 부추긴 게 박세현의 동생 박도환이라고 하셨지요?

그렇죠. 박도환이가 민보단에 입단함으로써 그렇게 된 겁니다. 박도환도 군대 미필자라서 이협우와 더불어 행동한 거죠. 이 놈이 자기 형님이 저 김 씨, 손 씨 없애라 하니까 그대로 한 겁니다. 그런데 사실 육촌 김정도 형님은 양심적인 분이었어요. 그래서 누가 피해라 해도 "나는 죄 지은 게 없는데 내가 왜 피하노?" 그러셨어요. 우리들은 산사람하고 사정 있거나 피해야 할 일이 있는 것 같으면 피해버렸죠. 헌데 김정도 형님은 참 순수한 분이셨죠.

아까 정규준 선생님이 이협우한테 살해당할 뻔 한 걸 구해준 걸 말씀해주셨잖습니까. 정규준 선생님은 어떤 분이셨나요?

그 시절 국민학교가 별 것 아니라도 정규준 형님은 내가 착하고 공부를 잘 한다고 칭찬하셨어요. 제 어머니 택호(宅號)가 대일(大逸)댁이세요. 정규준 선생님이 어머님께 "대일댁 아들은 공부도 잘 하고 착하다"고 하셔서 사이가 좋았어요. 사실은 그 동생도 공병대 대위로 제대했어요. 내가 고등학교 졸업하고 대학 가려고 할 때 공부는 잘 했는데 대학 갈 형편이 못 되니까, 그 정규준 선생님이 와서 "내 동생이 영천에 공병대 중대장인데 얘길해놨다. 가서 장교 시험을 쳐라. 노력이 아깝잖아" 하셨어요. 그리고 동생이 오니까 한번 만나보라고 오라고 했어요. 정규준 형님은 내 은인인데 고인이 되도록 한 번도 만나지를 못해 안타깝습니다.

• 이협우의 국회의원 출마에 대한 내남면 주민들의 반응

이협우가 1950년 5.30선거에 출마할 때 이야기를 좀 질문을 좀 드리겠습니다. 당시 내남면 주민들은 어떤 반응이었습니까?

내남면에서는 이협우가 저 길 가는 사람도 "어이!" 하고 오라고 하면 골로 간다고 합니다. 나 어릴 때 '골로 간다' 하면 골짜기에서 죽는다는 뜻이었어요. 이협우가 "어이!" 이러면 골로 간다 할 정도로 악랄했습니다. 해서 내가 경주고등학교 다닐 때 지서 앞으로 못 다녔습니다. 못 가고 길 건너 건넛길로 냇가로 건너가 피해 다녔습니다. 그때 박 씨 가운데도 명계 2구에 중학교 은사가 계셨는데 그분이 "하종아, 하종아, 아마도 이협우가 너희 형제를 자꾸 보는 것 같다. 이름을 바꿔라, 이름을 바꿔가 다녀라" 하셔서 나는 김태우란 이름을 지었습니다. 클 태(泰) 자, 도울 우(佑) 자. 김태우라고 짓고. 동생은 김하택인데 김하관이라 지었습니다. 물 하(河) 자, 벼슬 관(官) 자. 하관이라 지었습니다. 지금 호적관계를 보면 태우라는 이름은 없고 하관은 있어요. 동생 이름은 하관이 하택이 둘 다 있어요. 이름을 바꿀 정도로 이협우의 눈에 띄지 않으려고 피해다녔어요.

그러니까 좀 아이러니컬 하지만 내남면에서는 이협우가 없어야 내남면민이 희생이 덜하다 해서 어떻게든지 이협우를 내보내야 된다 하는 여론이 있었던 거죠. 그때 마침 국회의원 나간다 하니까 '어디든지 가도 좋다. 저 놈은 국회로 가든 어딜 가든 보내야 한다' 해서 찍어준 거죠. 이협우가 덕망이 있고 인기가 있어 된 건 추호도 아닙니다. 그래서 세 번 해먹었잖아요. 국회의원 하면서도 또 희생을 많이 시켰습니다. 감포 같은 데 뱃사람 있지 않습니까? 배로 다니는 사람 있으면 그걸 공비로 몰거나, 공비에게 협조했다고 몰아서 희생시키고. 그래서 감포, 양남, 양북에 희생자가 또 많습니다.

• 이협우의 국회의원 당선과 내남면 민보단 해체

이협우가 국회의원이 된 뒤에도 계속 내남면에서 활동한 겁니까?

국회 활동을 해야 하니까 민보단장으로 있을 때보단 덜했죠. 이협우가 무능하니까 국회에서 할 말이 없어서 점심 먹고 개회하자는 소리나 했다고 경주 월성 군민 사이에 그 소문이 돌았습니다. 하여튼 무능한 친구로서 내남면에서 참 떠나기를 원한 사람입니다.

그럼 이협우가 국회의원이 된 뒤에는 민보단과 청년단은 어떻게 운영이 됐습니까?

뭐 민보단은 자연적으로 도태가 되더라고요. 민보단 반장을 하던 최성기가 정보계에 경사로 특채됐어요. 다른 민보단원들도 전부 다 특채돼어 순경으로 가고. 이협우가 국회의원이 되면서 민보단은 스스로 해체가 됐습니다. 단장을 하려는 사람도 없으니까요. 단장으로 들어서가지고 그렇게 악랄하게 할 수 있는 사람이 없으니까 해체 됐어요.

그럼 아까 말씀하신 감포 같은 지역에서 학살을 자행한 거는 민보단인가요?

민보단이 아니고 이협우가 그때 국회에 들어가도 그렇게 영향이 미쳤습니다. 감포하고 양북하고 양남 쪽에 배를 가지고 있는 뱃 사람, 돈이 있어 보이는 사람은 다 착취를 했습니다. 민보단이 해체되면서 학살은 점점 줄어들었죠.

▪ 경주 지역 보도연맹사건

한국전쟁 시기에 예비검속을 해서 또 학살이 일어나지 않았습니까? 경주 지역에서 보도연맹 학살을 자행한 주체는 어떻게 되나요?

그때는 경찰이죠. 보도연맹 주체는 전부 경찰입니다. 6.25 나자마자 7월 달 부터 보도연맹원들을 다 희생을 시켰습니다. 경주유족회에서 활동하는 분 중에서 조희덕 씨 아버지는 7월에 희생됐습니다. 조희덕 씨 삼촌이 산사람하고 내통 했답니다. 삼촌을 잡으러 왔는데 피해버리고 없으니까 조희덕 씨 아버지를 대신 잡아가서 죽여버렸어. 그때 보도연맹원으로 희생된 걸 보면 일부 조작을 만들었습니다. 평동에 12명이 희생된 거는 구장이 동네 사람들 도장을 다 가지고 있었어요. 동네 사람들에게 '너 설탕 배급 줄게', 또 '비료 배급 줄게' 하면서 가입을 시켰거든요. 이때 어떤 사람은 '보도연맹 가입하면 죽는다, 하지 마라' 해서 피하기도 했어요. 보도연맹 학살이 있었을 때 정원섭이란 사람이 내동지서에 주임으로 근무하고 있었습니다. 이 사람도 이협우를 따라서 많은 약탈을 했습니다. 그래서 평동에서는 12명이나 희생을 당했습니다. 거기서 운 좋게 살아남은 사람은 그날 아침에 오라고 했는데 안 가고 경주시에 볼일 보러 갔다 늦게 간 사람이에요. 그 사람이 오후에 늦게 지서에 가니까 "너는 가거라" 했대요. 그래서 "나 보고 왜 가라 합니까" 하니 "너 운이 좋다. 오늘 아침에 여기 들어온 사람은 다 붙들려 갔다" 했다는 거예요. 이렇게 살아난 사람이 있습니다. 그때는 보도연맹원도 마음대로 조작해서 끌고 가고 했습니다. 그래서 6.25가 났을 때 경주는 함락이 안 됐지만 보도연맹 희생이 많았습니다. 현재 유해발굴을 한 내남면 용장을 비롯해서 평동 쪽이 많았습니다.

3. 학살사건 이후의 성장과정

· 내남면 사건 이후의 가족의 고난과 중학교 입학

내남면 학살사건 이후의 상황에 대해서 말씀을 해 주시겠습니까?

사건이 나고 얼마 있다가 재산을 다 압류했어요. 우리 농지를 다 빼앗아 등기도 안 하고 자기들이 농사 짓고. 그러면서 얼마 있다가 가족이 다 흩어졌어요. 막내 남동생과 여동생, 엄마는 그대로 동네에서 남았습니다. 나는 외동면 사리, 사촌 누님이 사는 동네에 머슴살이를 갔어요. 거기서 머슴살이를 한 2년 했어요. 2년쯤 지나고 나니 정규진이란 사람이 '다시 합가(合家)해도 된다' 그래서 네 식구가 모였습니다.

가족이 모이고 나서 먹고 살기 위해서 엄마는 밭을 매주고 품앗이를 하셨어요. 나는 산에 가서 지게 지고 나무를 했어요. 아침 저녁 나무를 해 모아가지고 한 구루마가 되면 경주시에 나가 팔았어요. 그렇게 생계를 유지하고 있었는데, 마침 그때 동네에서 밤에 한문을 가르친다고 박 씨 집안에서 나한테 배우러 오라는 거야. 그래서 나는 '지금 먹고 살기도 어려워 배우기가 힘들다'고 하니까, 엄마한테 얘기를 해서 한문이라도 공부하도록 하라고 권유를 해요. 그래서 "엄마, 엄마 박 씨 집안에 한문 공부를 하러 오라하는데" 하니까 "야 이놈의 자식아. 나도 공부하는 걸 좋아하지만 먹고 살기가 어려운데, 한문 공부를 하면 새끼 꼬는 일을 못 하는데, 이놈아" 하세요. 그래서 "저녁에 한문만 공부하도록 해주면 나무를 한 짐 할 거를 두 짐 할게요." 그렇게 허락을 받아서 한문 공부를 했어요.

서당에 가서 한문을 배우고 있는데 초등학교 동창인 박해련이라는 사람이 내남중학교를 다니던 중에 왔더라고요. 나한테 와서 "하종아, 너 중학교 안 다닐래?" 이러더라고. "내가 중학교 다닐 형편이 못 된다. 한문 서당에도 내가 제대로 옳게 못 갔는데.", "아 거기 가면 지금 그 중학교는 학생이 없어 가지고 입학하면 되는데, 내가 너를 넣어줄게, 내가 책임지고 말해서 넣어 줄게 가자." 그래 그 이야기 듣고 또 욕심이 생겨서 엄마한테 "저 박해련이라고 그 동네에서 잘 아는 친구랑 이야기 했는데 3km 떨어진데 중학교 넣어준다고. 중학교에 공납금 없이도 갈 수 있으니 오라고 한다"고 하니까 "죽도 못 먹고 사는데 네가 거기 가버리면 어떻게 해먹고 산단 말이고?" 이러시대. 그래서 "내가 일요일날 나무 두 짐 하는 거를 아침 두 짐, 저녁 두 짐 해서 넉 짐 할테니 나 좀 보내줘" 하니까 허락을 해 주셨어요.

그때는 11월이 방학입니다. 겨울방학을 하루 앞두고 박해련이하고 나하고 둘이 학교를 갔어요. 그때 박해춘이라는 분이 교감을 하고 있어요. 그분이 나를 보더니 "너 정신 나간 놈 아니냐?" 이러대요. "예?" 하니,

"내일이 겨울방학인데 오늘 와가지고 입한한다 하는 게 말이 되나?" 하세요. 그리고 "너 진도를 따라 갈 수 있겠나?" 하니 박해련이 "무조건 따라간다고 말하라" 그래서 "예 따라가겠습니다. 입학만 시켜주면 따라갑니다" 했습니다. 그래서 "입학시켜봐라" 해서 입학을 했어요.

  ABCD도 모르는 사람이 2학기 들어가니 아무것도 모르잖습니까? 박해련이 집이 4km 떨어져 있었어요. 내가 하루 시간을 내서 저녁에 가서 ABCDEFG 그거 다 외우고 한 일주일 있다 또 가서 외우고 그랬어요. 겨울방학이 끝나고 2월에 딱 가니까 그때 영어선생이 무서웠어요. 영어선생이 대나무 막대기 긴 거를 가지고 교실에 들어올 때 복도에서부터 끌고 오는 소리가 나더라고. 애들이 막 기겁을 해서 "아이고, 오늘도 영어시간에 사람 죽었다" 이래요. 모르면 두드려패니까. 나는 처음 입학하고 들어 왔더니 오자마자 출석을 부르더니만 "어이 김하종이, 야 임마 너 요번에 방학 때 입학했네? 영어로 3,000이 뭔지 말해봐" 그래요. ABCD 그거 외운 놈이 영어 3,000을 대답할 리가 없잖아. "아이고, 모릅니다" 이러니 "야 임마 내일도 모르면 맞는다" 합니다. 그다음에 나하고 이름이 비슷한 울산 출신 김하경이라고 키가 큰 애가 있어요. 내가 기억이 나는 게, "김하경이" 해서 "예" 하면, "너 영어로 3,000이 뭔지 대답해봐라" 하니까 "몰라요" 해요. "너는 1학년 때부터 있던 애가 영어 3,000을 배웠는데 모른단 말이가?" 그러는 걸 봤거든요. 그래서 안 맞으려고 집에서 영어고, 수학이고 뭐 할 거 없이 열심히 했어요, 열심히 하니까 되더라고요. 그래서 2학년 올라 갈 때 내가 1등을 했어요. 내남중학교는 한 반뿐이니까 1소대 1등 했어요. 나를 1소대 소대장을 시키더라고요. 요새는 반장이라고 하잖아요? 하지만 그때는 소대장이라 했어요. 하나 얘기할 거는 그때는 이름이 내남중학교가 아니고 내남고등공민학교였습니다.

  그때 김용만 교장이 내남고등공민학교를 인가낸다고 문교부에 신청을 해놓고 있었어요. 문제는 고등공민학교 학생은 검정고시 네 과목을 합격하지 못하면 고등학교를 못 가는 거예요. 이거 안 되겠다 싶어서 다른 중학교로 전학을 가야 되겠다 생각했어요. 경주는 문화중학교도 있고, 계림중학교도 있었어요. 그런데 우리 담임인 김 선생님이 "하종아, 너는 소대장인데, 소대장이 움직이면 이 학교가 안 된다. 폐교된다. 절대 2학년에 전학 가지 마라" 하면서 "우리 형님이 포항고등학교 교장이니 내가 널 책임지고 포항고등학교 갈 수 있도록 해주겠다." 이랬어요. 그런데 그것도 말하자면 김인철 선생이 거짓말을 한 거예요. 포항고등학교는 공립학교인데 고등공민학교에서 진학하게 해줍니까?

- **고등학교 진학**

그러면 고등학교는 어떻게 진학하신 건가요?

그렇게 있다가 11월 조금 넘어가서 교무실에서 날 불러서 "하종아, 내남고등공민학교는 중학교 인가가 안 난다. 그러니 니가 중학교로 가야 되겠다." 그러시는 거예요. 그때 경주에 문화중학교, 계림중학교 두 학교가 있는데 이 두 학교는 아무나 가면 들어가거든요. 요새는 11월에 들어갈 수가 없잖아요? 그런데 그때는 그렇게 들어갔어요. 그래서 이제 고등학교 가려면 고등학교 시험이나 한번 쳐봐야 되겠다 하는데, 우리 담임선생 하던 수학 선생이 계림중학교에 1월에 수학 선생으로 갔어요. 그 선생을 교촌(校村) 다리에 가다가 만났어요. 그분이 날 보고 "하종아 하종아, 니 어데 가노?" 이러시길래 "내남중학교 인가가 안 나가지고 중학교 가야 고등학교 입학시험을 칠 수 있으니 문화중학교 가는 겁니다." 이러니까, "우리 학교 오너라. 내 계림중학교에 있으니 넣어 주겠다." 그래서 계림중학교에 입학했어요. 그때도 시험을 치니까 성적이 좋았던 모양이에요.

　중학교 졸업할 무렵에 경주고등학교 진학을 생각했어요. 경주고등학교는 옛날 일제시대부터 있었습니다.[13] 여기는 성적이 중학교에서 5등 이내라야 갈 수 있었습다. 경주고등학교 입학시험을 치니까 내가 3등으로 합격이 됐어요. 그렇게 되니까 입학수속금이 5,050원인데 3,000원을 면제해주더라고요. 그래 2,050원만 내면 된다 그러더라고. 다행 아닙니까, 사실은 내가 2,050원도 낼 형편이 못 되는데. 우리 집안에 종손 되는 사람이 안용대 의원 친손인데 "그래, 내가 내주마" 하고 2,050원을 내주시더라고요.

　그래서 경주고등학교에 다니게 됐어요. 거기는 A, B, C, D반. 4개 반, 60명씩, 총 240명인데 그땐 보결이 있었더라고요. 통틀어 300명이었어요. 한 학년에 300명인데, A반은 1등에서 60등까지. 61등에서 120등까지는 B반이고. 이래서 A반에만 1등 하면 전 학년에 1등 하는 거예요. 그래서 A반 1등을 하려고 참 열심히 했어요. 쌀 두 되 가져가 자취를 하는데, 반 되를 떼가지고 중학교 학생 둘 하고 되받이 해가지고 팔아 책 사서 보고 그리 했어요. A반에서 1등을 해야 전 학년 1등이라고 해서 열심히 했는데, 한창 먹을 나이에 대강 가지고 먹으니까 그 뭐 영양가가 없었던 모양이라.

　1학기 말 시험을 하루 치고는 막 잠도 안 와요. 이 영양실조는 잠이 안 와요. 그래서 방학이라 집에 갔는데 엄마가 노란 닭을 한 마리 잡아서 주셔서 그걸 먹으니 한 3일 동안은 괜찮아요. 그런데 3일 지나고는

---

[13] 경주고등학교는 1938년 경주공립고등보통학교로 인가받았다. 교육법 개정으로 1951년 중학교와 고등학교로 분리되었다. 경주시사편찬위원회 편, 2006, 『경주시사 Ⅱ － 문화·예술|교육·언론 및 출판|종교·민속|인물』, 경주시사편찬위원회, 396쪽.

또 잠이 안와요. 그러니 나이 많은 누님이 "개를 한 마리 잡아줘라. 저 동생은 닭 먹이는 게 아니고 개를 먹여야 영양가 있다" 이러셨어요. 그런데 내가 불교를 믿어서 절대 개를 안 먹겠다고 했는데 그 누님이 이건 약이니 괜찮다고 해 누님 집에 개를 한 마리 먹고 나니까 회복이 되더라고요. 육촌 누님이 또 개 두 마리를 가져와서 이걸 먹고 나니까 회복이 돼서 학교를 무난히 다니게 됐어요.

고등학교 다닐 때 서당에서 한문 배운 게 상당히 영향이 있는 게, 한문하니까 국사하고 연결이 되잖아요. 국사시험을 치는데 무조건 100점 받고, 내가 또 독일어를 잘했습니다. 법대 가려면 독일어 해야 되니까. 독일어하고 영어하고 죽자사자 하니까 성적이 다행스럽게 좋았어요. 나는 그래서 지금도 뭐든지 노력만 하면 된다 하는 신념이 있어요.

4. 대학교 진학과 법무부 근무

- **서울대학교 입학과 가정교사 활동**

대학은 어떻게 진학하셨나요?

3학년 때 담임선생님이 손동화 선생이라고 서울 약대를 나온 분인데 약국도 하고 계셨어요. 그분이 "너는 공부도 잘 하고 머리가 좋은데 대학시험이라도 한번 쳐봐라. 형편이 안 된다 해도 시험을 쳐서 일류 대학 가면 명예라도 높일 거 아이냐" 이러시더라고. 그러면서 나한테 서울 갈 차비를 주시더라고요. 그걸 가지고 서울 내수동에 처음 가서 하숙집에 며칠

간 있으면서 시험을 쳤는데 다행스럽게 서울대학교 법대에 합격이 됐어요. 그런데 내가 갈 데가 어딨나요. 뭐 돈이 있어야 하숙을 하든지 자취를 하든지 하죠. 그때 마침 내 종질서(從姪壻)가 해군본부 인사부 상정과[14] 준위로 있었어요. 나보다 나이는 많지만 내가 손 위니까 "아재 아재, 해군본부 인사부 상정과장 아들이 있는데 거기 가정교사로 들어가라" 하대. 그래서 가정교사로 갔는데 그 상정과장이 중령이에요. 진급을 하겠다고 뇌물이 많이 들어오는 자리니까 문전성시를 이루더라고요. 그렇게 잘 나가다가 인사이동이 돼서 4개월만에 진해로 가버린 거야.

이거 가정교사 자리가 갑자기 이렇게 되니 어쩌겠어요. 그때 마침 전남방직 총무차장 하는 이종우 씨라는 사람이 자기 큰아들을 법대를 보내려는데 가정교사를 해줄 수 없느냐고 연락을 했어요. 그러니까 저 혜화동에 경신중고등학교 있잖아요? 그 집이 어떤 집이냐 하면 전남방직에서 총무차장쯤 돼요. 월급도 많이 받아요. 그때 자유당 말기에 20만 원 큰 돈을 받더라고요. 그 집에 들어가서 자녀 넷을 가르치니까 내 공부는 못 하잖아요. 내가 그래서 사법시험을 한 번도 못 쳤어요. 그래서 말이 돼 가지고 법무부 형정국에 시험을 쳤어요. 그때 형정국에 24명 선발하는데 1,000여 명이 왔더라고요. 그래서 거기 합격되어 1년 7개월 동안 근무를 하던 중에 4.19가 났습니다.

- **법무부 형정국 재직 시기의 일화**

그럼 이제 법무부 형정국에 들어가신 뒤에는 어떤 업무를 맡으셨나요?

---

14 1956년 개편된 해군본부 직제에 의하면 인사국이다.

형정국이 형무소 업무를 담당하거든요. 나는 그때 6급으로서 사무를 보고 있었습니다. 그때는 마포형무소도 있지 않습니까. 법무부에 있을 때는 서울형무소, 마포형무소가 있었어요. 나는 마포형무소를 주로 많이 다녔습니다. 마포형무소에 차관이나 장관이 간다하면 내가 수행을 하고. 마포형무소에 가보니까 장기수들이 많대요. 원래는 대전형무소에 정치범을 많이 수용했는데 나는 대전형무소는 한 번도 간 적이 없습니다. 마포형무소를 가 보니 장기수, 간첩 이런 사람들이 많이 들어가고. 심지어는 박태선 장로도 그때 구속돼 있더라고요.

마포형무소는 주로 정치범들 가는 곳입니까?

정치범들이 많대요. 내가 신언한[15] 차관을 수행해서 같이 갔습니다. 이 분은 이북(以北) 사람입니다. 그때가 여름인데 그 음식, 국 같은 거, 채소 같은 거 먹다 벌레 나오잖아요. 벌레 나오니까 이거 팻말을 꽉 칩니다. 형무소는 요새도 밖에 팻말을 꽉 치면 가서 보는데, 아마 차관이 언제 순시 온다 하는 걸 안 모양이에요. 계호과장 한 사람하고 같이 갔는데, 차관이 "왜 팻말 쳤냐" 하니까, "우리가 아무리 교도소 수인이지만 세상에 이런 처우를 하는 데가 어딨냐.", "그럼 뭐냐" 하니까 "국에다가 이거 벌레가 있는 거를 부어 준다" 그러더라고. 차관한테 항의를 하니까 계호과장이 무궁화 세 개 짜린데, "그래! 사람이 국을 끓이다보면 그럴 수 있지" 그러면서 벌레를 먹어버리더라고요. 그러니까 죄수가 입도 못 떼요.

---

15 신언한(申彦瀚, 1910~1998)은 일제강점기 검찰을 지냈으며 해방 이후에는 법무부 검찰국장, 형정국장 등을 역임했다. 장면 정부에서는 법무부 장관 서리로 잠시 재직했으나 이승만 정권 시기 부정선거 개입 혐의와 전국 형무소에 납품 부정을 자행한 혐의로 해임되어 실형을 구형 받았다. 이후 집행유예 처분을 받은 뒤 변호사로 활동했다.

그 항의했던 죄수는 간첩이라 무기징역을 받았다가 30년으로 감형 받은 사람이었어요. 입을 못 떼더라고요. 그런 것도 목격했어요.

그리고 서울형무소에 모시고 가니까 계호과장이 "조봉암 씨가 죽고 난 뒤에 조봉암새가 웁니다" 그래요. "조봉암새라는 걸 어떻게 아나" 하니까 "조봉암 씨가 사형당하고부터 계속 저렇게 지저귀니까 우리 형무소(서울형무소)에서 조봉암새라고 합니다. 조봉암 씨가 죽고 난 뒤에 우리가 눈물을 흘렸습니다"라고 해요. "왜 눈물을 흘렸습니까?" 하니까, 조봉암 씨 사형을 집행하던 날 가서 "소장 면회입니다" 하니까 "아이고, 이승만이하고 씨름하다가 내가 졌으니 가야지" 딱 두 말 그것만 하고 일어서 가더래요. 사형이 집행된다 하면 사형집행장소에 있었던 교도관들에게 특식을 줘요. 술도 주고. 사람 죽이는 교수형이니까. 그렇게 했다하는 얘기를 들었어요. 차관이 가니까 그 얘기를 하더라고.

5. 유족회 결성과 활동

• 유족회 결성 과정

1960년 4.19혁명이 난 이후에 회장님께서 유족회를 조직하셔 활동하실 때 이야기를 질문을 드리겠습니다. 4.19가 났을 때는 어떤 심정이셨습니까?

4.19 났을 때는 내가 저 중앙광장에도 가봤어요. 그때 총을 쏘고 할 때, '세상이 참 시원찮구나. 이런 문제가 있구나' 이런 느낌이 들었죠. 4.19 나자마자 승복했으니, 이승만이가 이럴 수도 있구나 느꼈지.

그때 내 쌍둥이 동생이 살아있었는데, 날보고 "형님, 아버지가 그렇게 당하셨는데 형님은 좋은 직장에 있으면서 야당스럽다[16]" 이러더만. "그럼 내가 야당이면 어쩌란 말이냐. 사표 내고 나가란 말이냐?" 그러니까 "그렇다" 그러더라고. 그래서 생각이 달라졌어. 신언한 차관한테 "사직을 해도 되겠습니까?" 하니 그러라고 해요. 그래서 6월에 사표 내고 나와서 아버지가 돌아가신 사건에 대해서 신고를 했어요. 1960년 6월에 국회에 신고를 한 거죠.

유족회가 결성되게 된 과정을 설명 해주시겠습니까?

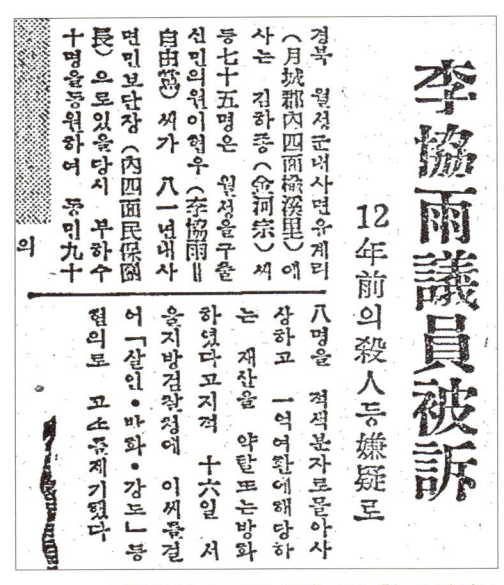

사진 2 이협우가 고발된 것을 보도한 조선일보 1960년 6월 17일자 기사[17]

고향에 내려와서 상황을 보니까, 4.19 난 후가 돼서 어수선하고 국회의원들도 전부 재선한다고 하는 상태에 있었어요. 이러던 찰나에 정부에서 양민학살된 것을 6월 한 달 내로 신고를 하라고 해서 신고했어요. 그러고 나니 노곡동(蘆谷洞)에 있는 사람들이 우리도 신고를 같이 해달라해서 우리 집안사람

---

16 보기에 약빠르고 매몰찬 데가 있다는 뜻.

17 『조선일보』, 1960/06/17, "이협우 의원 피소".

사건하고 같이 했어요. 그러다가 안 되겠다, 이번에 양민학살사건의 주범인 민보단장 이협우와 부단장인 이한우, 이홍렬 여러 사람을 살인, 방화, 약탈혐의로 고발해야 되겠다. 그래서 검찰청에 고발을 했어요. 다행스럽게도 성사가 돼서 이협우, 이한우, 이홍렬 순경 세 사람이 구속이 됐어요. 이협우가 구속되고 난 후에 860여 명의 유족들이 신고를 했어요.

그러면 이협우가 고발된 경위를 좀 자세히 질문드리려고 합니다. 6월 16일에 대구에서 경북피학살자유족회가 결성되고 다음 달에 바로 이협우를 고발하셨거든요. 고발하실 때 다른 유족분들과 협의는 거치셨습니까?

예, 몇이 공동으로 했습니다. 그때 나호진 검사라고 있었습니다. 이제 고인이 됐어요. 고발을 하면 며칠 고발장 조사를 하잖아요? 고발자를 아주 딱딱하게 다뤄요. 그래서 우리가 다투게 됐어요. "아니, 세상에 살인방화 혐의 이런 거로 고발을 했는데 증거를 보완하면 되지, 고발자를 이렇게 다루는 게 어딨냐"고 막 성을 냈어요. 그런데 나중에 이협우를 구속하고 난 뒤에 나를 부르더라고요. "사실은 나도 옛날에 고향인 경남에서 여러 가지 활동을 하는데 도움을 좀 줬다가 애를 먹은 일이 있다. 처음에 그걸 의식해 엄격하게 다뤘다, 미안하다" 이러더라고. 그래서 그 사람이 우리를 동조해서 활동을 했구나, 공이 크구나 생각했어요. 이 사람이 나중에 제주 지방검찰 지사 지검장으로 갔어요. 그리고 퇴임한 뒤에는 김천에서 변호사를 하다가 고인이 된 걸로 알아요.

　이협우가 구속되고 나니까 판도가 달라졌습니다. 유족이 860명이나 모였어요. 사실은 내가 회장을 하려 했던 게 아니에요. 56살 된 최영우 씨라고 면서기를 지냈던 분이 있는데, 이 양반은 자기 아들이 죽었어요. 이 분이 회장을 하려고 했는데 유족 중에 과부들이 '4.19도 젊은 학생들이 성공했으니 유족회도 나이 많다고 회장시킬 게 아니라 법을 좀 아는 젊은 사람을 회장시켜야 된다'고 해서 나를 회장을 시켜놨어요. 그래 내가 "아이고 어르신들, 지금 스물일곱 살 먹은 나를 그 회장 시키면 되겠습니까?" 하니 그 교촌 최가 양반이 "아이고 이 사람아, 내가 도와줄게. 내가 56살 먹었지만 모르잖아. 자네는 박력있고 하니까 자네가 회장하고 내가 부회장 할게." 그래서 내가 회장을 했어요.

4.19혁명이 난 후에 부산에 있던 교촌(校村) 최 씨 사람들이 찾아왔습니다. 그 사람들이 이협우를 피해가지고 부산에서 양조장을 했어요. 4.19가 나자마자 '아 우리도 이제 유족회를 모아 명예회복을 해야 되겠다', 그런 생각에 세 사람이 300백만 원을 모아 왔습니다. 60년대에 300백만 원은 큰 돈이거든요. 지금은 없어졌는데, 중앙동 문화여관에서 열흘 간 기거 하면서 유족회를 모집하려 하니 유족이 안 모여서 철수를 했답니다.

그리고 나한테 "860명이나 모았다 하는데. 우리는 열흘 동안 문화여관에 있으면서도 못 모았는데 어떻게 합니까?" 묻기에 "이협우가 고발되어 살인 방화로 구속이 되니까 사람이 많이 모이더라" 했어요. 그러니 "돈이 있나?" 묻더라고요. "돈이 없다. 나는 용기만 내가지고 하는거고, 사무실도 근교에 기다란 건물 하나 얻었다"고 하니까, "사실 우리는 부산서 돈 300만 원 가져왔다. 이 돈을 줄 테니까 짚차를 하나 사고, 운영비를 좀 하라." 해요. 그때 이 돈이 오늘날 같으면 한 3억쯤 될 거예요. 이 사람들이 돈을 내놓으면서 "경주는 비포장도로가 많으니까 짚차 하나를 구입을 해라" 해서 검은 짚차를 구입을 했어요. 그리고 그 돈을 가지고 사무실도 처음에는 중앙파출소 옆에 기다란 사무실을 뒀어요. 그때 경주는 오지가 되어서 산내면(山內面)이라든지 내남 평리(平里), 박달(朴達) 같으면은 하루 나오면은 저녁 내 못 들어가요. 그래서 쉼터로 쓰면서 자고 아침에 일찍이 돌아갈 수 있도록 유족회 사무실 겸해 자는 방을 했어요. 그 돈을 가지고 유족회를 운영을 했어요. 사무실하고 운영하려면 돈이 없으면 안 되거든요.

　신고 절차는 면사무소하고 시의회에 하기도 하고, 또 우리들한테 오면은 우리들이 받아서 신청하고 그랬습니다. 편리를 봐 줬습니다. 우리가 대리로 신고해줬습니다. 그렇게 한 게 860여 명이었습니다.

· **경주유족회의 조사활동**

유족회에서 조사활동은 어떤 식으로 하셨습니까?

우리는 중앙파출소 2층에 유족회 사무실을 뒀어요. 중앙파출소는 1층에 있고, 우리는 2층에 있을 땐데, 경찰서장이 젊었어요. 키가 쪼그만한 젊은 사람이 보통 일주일에 한 번씩 와요. 왜냐하면 우리 유족이 800여 명이나 되니까 유족들이 무슨 단체행동을 할까 두렵잖아요? 그래서 자주 왔어요. 중앙파출소에 순시왔다 핑계를 대고는 2층 우리 사무실에 올라와서 "아이고, 회장님, 안녕하십니까?" 하고 공손히 절을 했어요. 하루는 경찰서장이 와서 "서에서 도와줄 일이 없습니까?" 하는데, 마침 우리 지프차가 고장이 나서 수리를 하고 있었어요. 그 사정을 이야기 하니 "아, 그러면 한 3일 빌려줄테니까 그저 쓰시고 운전수는 유족 가운데 면허증 있는 사람을 쓰십시오" 해요. "지금은 면허증 있는 사람이 없다" 했더니 순경을 불러서 "오늘 하루만 같이 감포 가는 데 협조를 해주고, 그 무덤에 가는 데 가지 말고 차에만 있거라" 하고 지시했어요.

　그래서 빌린 경찰차를 타고 감포를 갔어요. 가보니까 무덤이 쭈욱 허니 피라미드처럼 있는데, 제대로 안 묻어 놓았어요. 누가 산에 나무하러 갔다가 이걸 발견하고 여기 있다고 해서 간 거죠. 우리 다섯이 갔는데, 그때 기억이 양남인지 양북인지 모르겠는데, 아주머니하고 제법 나

사진 3 대구 유족 권오규 선생(왼쪽)과 촬영한 사진

이가 든 아들하고 둘이 와있더라고. "아주머니는 여기 어떻게 왔어요?" 물으니까 "아, 그게 어제 밤에 꿈을 꾸니까 시아버지가 나타나서 내 무덤이 거기 있는데 거기 가면 내 도장이 있을기다. 도장을 한번 찾아놓으면 좋겠다" 하길래 온 거라고 하더라고요. 그래서 "여기 묻힌 사람이 이렇게 많은데, 시아버지를 알겠느냐?" 하니 이래이래 보더니만 옷을 아는 모양이야. 주머니에 손을 딱 넣더니만 도장 주머니를 꺼내드라고. 그리고 "이겁니다"라고 하더라고. 그걸 보니 다시 또 매장할 수도 없고해서 왔어요.

그리고 그때 신경시라고 상무가 있었어요. 명칭을 상무라 했는데, 우리 유족입니다. 여기 교촌 사람입니다. 그 때 이협우가 사형언도를 받고 난 뒤 풍문에 유족들 회장을 해치려 한다는 거예요. 그땐 깡패들이 쥐도새도 모르게 죽이면 되거든요. 그러니까 유족 가운데에 여자들이 "우리도 유족 중에 힘 세고 신체 용한 사람을 갖다 하나 상무로 선임을 하십시다" 해서 호위를 두게 되었어요. 불행하게도 그 양반은 한 7~8년 전에 암으로 죽었어요.

• 이원식과 경주유족회의 협력

이원식 선생님에 관해서 질문드리려고 하는데요. 이때 이원식 선생님이 연락사무소를 설치하고 다른 지역의 유족 분들한테 연락을 하셨다고 하는데 회장님께서는 언제 연락 받으셨습니까?

6월달 지나고, 9월 전에 유족회를 조직하는데 그 전에 한번 왔더라구요. 이원식 선생님이 오셔가지고. 아마 내가 생각하건데 누가 연락을 한 모양이에요. 젊은 친구가 유족회 활동에 유익하다고 느꼈는지 그 양반이 와가지고 나한테 호감을 가지더라고요. 그 분이 내 쌍둥이 동생에게 "자네 형님에게 잘 협조 하도록 하라" 하시고. 그래서 쭉 활동을 계속하는데 이원식 선생님이 도움을 많이 주셨어요. 11월 13일 계림국민학교에서 위령제 지낼 때 플래카드나 이런 걸 이원식 선생님이 다 해줬습니다. 그리고 선생님이 플래카드에 '이협우 잔당들아 이 땅에서 물러나라' 써서 주셨어요. 그 분이 손재주가 있습니다. 우리 경주유족회 위령제를 그렇게 도와주니까 미안한 마음도 들었어요.

이원식 선생을 처음 만나신 게 이제 9월 전쯤이라고 하셨는데 정확하게 그 시기는 기억을 못하시나요?

아마 8월경이지 싶습니다. 처음에 동생이 이원식 선생께서 나를 만나고 싶어하신다고 모시고 왔어요. 그래서 선생님을 뵙고 인사를 했어요 그 후에 대구도 오라고 해서 대구에도 갔어요. 대구 가니까 유족회 사무실이 있더라고요. 그래 인사를 했어요. 이원식 선생님은 참 굉장한 분이셨어요. 나중에 들어보니까 이분이 한의사와 양의사를 다 했더라구요. 고향이 영천인데, 여기서 아주 잘 사는 집안 출신이셨어요. 그런데 이승만 정권 때 논설에다 뭐 하나 썼다가, 정권을 비난한다고 해서 문제가 됐어요.

이원식 씨는 수학에도 상당히 조예가 깊고, 독립운동도 했어요. 그때 좌익 활동을 좀 했다고 지금 독립운동가로서 인정을 못받고 있죠. 그때 공산당 활동을 했으면 독립운동가로 인정을 안 해주거든요. 이분은 저 대전형무소에 가가지고 9년인가, 오래 살았어요. 이원식 씨는 감옥에서 살다가 죽다시피 했는데 아까운 분이에요.

신석균 선생은 어떤 분이셨나요?

내가 보니 신석균 씨는 상당히 간간해요. 나중에 5.16쿠데타 난 뒤 거기 검사가 나한테 신석균을 아느냐고 묻더라구요. 경주유족회 회장으로 있어서 안다 그러니까 경찰관이 그러더라구요. "신석균 씨가 월북한 걸 아느냐?"고 해서 "월북했는지 모른다" 그랬어요. 그런데 나중에 보니까 저 중부경찰서에서 고문을 받다가 죽었어요. 이 사람이 약했거든요. 고문을 해서 죽이고는 경찰 이 놈들이 서울형무소의 가매장지에 매장했어요. 그리고 1년 후 가족이 찾아가니까 거짓말로 월북했다, 간첩행위가 있어서 월북했다 그랬다고 해요. 우리는 월북을 했는지 어떻게 됐는지 모르잖아요. 5.16쿠데타 나고 다 잡아가니까 모르잖아요. 그래서 그 후에 나와서 신석균 씨 아들, 손자를 만났어요.

- **위령제 개최**

유족회가 활동할 당시에 총선이 있지 않았습니까? 당시 정치인들은 유족회에 대해서 어떤 입장이었습니까?

유족회를 결성할 무렵 민선 국회의원 선거가 있었어요. 그때는 경주시에 국회의원 한 사람, 월성군은 갑을로 나눠서 두 사람이 있었어요. 그 당시 경주시에는 18육군병원장인 오정국[18] 육군 대령이 출마해서 당선이 되고, 월성군 감포읍 쪽에는 김종해[19] 의원이 되고. 그다음에 안강에는 황한수[20] 의원, 이렇게 해서 세 사람이 당선됐어요. 그때 에피소드가 하나 있어요. 감포에 있는 김종해 의원이 나한테 와서 회장은 유족이어야 할 수 있지만은 부회장은 아니어도 할 수 있으니까 자기를 부회장을 좀 시키줄 수 없느냐고 물어요. 그래서 국회의원 나온 사람이 왜 부회장을 하나 물어보니까, 860명이나 되면 한 집에 10표를 잡아도 집안 사람들 하여 8,600표가 되니까, 그것만 하나 확보해도 당선에 상당히 유리하다고 생각을 한 거예요. 그래서 우리가 민다고 하면 부회장이 안 되더라도 할 수가 있다고 했어요. 다행스럽게도 우리가 추천한 오정국 경주시 국회의원, 김종해 의원, 황한수 의원 세 사람이 당선이 돼서 도움을 많이 받았어요.

위령제는 1960년 11월 13일 계림국민학교에서 열었어요. 그때는 계림국민학교가 경주시에서는 제일로 컸습니다. 운동장이 크고 학생들도 많고. 거기서 위령제를 지냈는데 종교단체나 법조계 단체들, 지검장

---

[18] 민주당 소속으로 출마해 당선되었다.
[19] 월성군 갑구에 무소속으로 출마해 당선되었다.
[20] 월성군 을구에 민주당 소속으로 출마해 당선되었다.

이라든지 경찰서라든지 모두 협조를 했어요. 심지어는 유지 중에서도 김철이라는 참의원이 협조를 해줬어요. 다른 유지들도 협조해서 위령제를 여니까 4,000명이 모였어요. 4,000명은 굉장한 겁니다. 요즘 유족회가 모여도 300명이 못 미친다고 보거든요. 저는 300명 오라고 했는데, 나중에 『국제일보』인가 기사가 났는 데 4,000명이 운집했다고 해요. 경찰 추산은 2,500명인데, 실제 경찰 추산 대로 2,500명이라 해도 많이 온겁니다. 지금도 유족회 활동을 하는 조희덕 선생이 그 당시 고등학교 3학년인데 유족들 앞에서 추도사를 읽었어요. 그때도 참 똑똑했어요. 그 장면이 신문에 나있습니다. 그리고 모친이 제문을 읽었어요. 그 후에 사회는 누가 봤느냐면 임유영 씨라는 경주중고등학교 교사가 봤어요. 내가 출소한 다음에 보니까 최감녕 여사, 조희덕 선생 모친하고 현정수 여사, 유두리 여사, 전부 구속이 됐어요. 4개월이나 고생을 했어요. 그 영향인지 최감녕 여사도 일찍이 세상을 떠났어요.

- **조귀분과의 만남**

유족회 활동을 하실 때 특별히 기억에 남는 일이 있으신가요?

유족회를 결성하고 나니까, 그때 김종필의 장모, 박 대통령의 형수요. 이름이 조귀분 씨에요. 몸뻬 입고 다녀서 몸뻬 아줌마라고 불렀어요. 이 분이 선산유족회 부녀부장을 했는데 경주 유족 두 분하고 왔어요. 내가 들은 게 있어가지고 "조 여사요, 조 여사는 남편이 박상희 아닌교. 박상희가 용공 활동도 했는데 선산에서 부녀부장을 해요?" 이러니까 "아 그게 어때서요" 하는 거야. "용공 활동 했잖아. 하다가 희생됐잖아," 이러니까 "그래. 함 들어보이소. 이승만이가 정부 수립을 할 때 입법, 사법, 행정세 곳을 뒀어요. 우리 남편이 잘못했으면 잡아다가 법원에서 재판을 하고 사형에 해당하는 죄가 있어서 사형을 시킨 거면 내가 달게 받지요. 하지만 무조건 잡아다가 총살시키면 그거 불법 아닌교? 그래서 내가 부녀부장해요." 그 말을 들으니까 일리가 있는 거예요. "아 조 여사 말이 일리가 있네!" 이틀간 있는데 또 와가지고 박정희 칭찬을 하더라고요. "우리 시동생이 육군 소장으로 부산군수기지사령관에 있는데, 울산유족회 차량 지원을 많이 도와줍니다" 이러더라고요. 자기 시동생 박정희 자랑을 하더라고요.

• 이협우의 재판 과정과 유족회 와해 공작

그럼 이협우의 재판과정은 어땠나요?

이협우가 구속이 되고 대구의 법정에 갔는데 유족들이 많이 왔어요. 그때도 유족회를 매수하려 했어요. 내가 그때 "아 매수하겠구나!" 하는 생각이 들었어요. 그래서 다른 유족들에게 "매수를 하러 오거든 돈을 받아라, 돈을 받으면 판사에게 매수하려고 돈을 이렇게 내주더라고 얘기를 하라" 그랬어요. 그런데 돈을 받고 나니까 그게 안 돼요. 용장에 우리 집안 일가인데 김 뭐라는 사람이 매수당했어요. 나중에 자기도 부끄러워 못 나타나더라구요. 그 후에 이협우가 사형, 이한우 무기구형 무기징역, 이홍렬 순경 무기징역, 이렇게 받고 난 후에 이 사람들이 이거 안 되겠다 싶은지 변호사를 많이 사가지고 증인을 매수하려 했어요.

하루는 모친한테 옛날 민보단 하던 사람 세 사람이 왔더라구요. 제 모친이 1순위였어요. 모친이 보시니 한 사람은 명계 2구에 사는 박두일이란 사람이에요. 이 사람은 농사를 같이 지었기 때문에 알아요. 모친 택호(宅號)가 대일(大逸)댁인데 박두일이 "대일댁이오, 대일댁이오. 아들을 회장 그만두게 하이소." 그랬다고 해요. "우리 아들이 회장하는데 뭐가 나쁘다고 회장을 그만두게 하느냐?" 했더니, "회장을 그만두면 이협우에게 6,000만 원을 받아줄게요." 그 당시에 6,000만 원이면 상당한 돈입니다. 그리고 "며칠 후에 올테니까 아들한테 얘기를 한번 해보이소"하고 돌아갔다고 모친이 얘기를 하더라구요. 그래서 "박두일이라고 민보단원 하던 사람이 와서 너 회장 그만두고 나서 서울 가든지, 외국 가든지 하면 잘 살도록 돈 6,000만 원을 받아준다 하더라." 그래서 내가 "엄마 그래서 뭐라 했습니까?" 하니까 "우리 아들이 회장 하는 게 이협우하고 관계있능교?" 했다고. 그리고 어찌어찌 하다가 나중에 "매수하기가 어렵네요" 하는 식으로 얘기를 하고 돌아가더라 그래요.

그 얼마 후에 유영태라고 내 담임선생을 했던 분이 왔어요. 이 분은 내가 포항 에이고(永興, えいこう,) 영흥국민학교에서 4학년에 전학 왔을 때 알게 된 분입니다. 내가 전학 와 가지고 하루 보니까 길이 멀어서, 여기서 25리, 왕복 50리를 다니려 하니 안 돼서 하루 가 보고는 안 갔어요. 안 가다가, 한 2년 후에 다시 국민학교를 다녀야 되겠다 싶어 가니까 복학을 시켜주더라고요. 유영태 선생님이, 그때도 아마 내가 산수를 잘 하고 하니까 "하종아 하종아, 너는 산수 머리가 좋으니까 대학을 가거든 공대를 가거라," 이러더라고요. 우리 어릴 때는 공과대학이 인기가 있었던 모양이에요. 그랬는데 우리 집안사람 30명이 몰살당하고 난 뒤에는 "너희 집안 사람이 억울하게 당했다. 그러니 네가 대학을 가거든 법대로 가거라. 법대로 가서 신사적 복수를 해라" 이러다라고요. "선생님, 신사적 복수가 뭡니까, 어떻게 합니까?" 그러니까 "이협우가 면장되면 너는 군수되고, 이협우가 군수되면 니는 도지사되는 게 신사적 복수다". 딱 그 말만 하더라고요. 나중에 보니까 이협우 보다 높은 벼슬을 하는 게 신사적 복수라고 생각했던 모양이에요.

```
                                          Vancouver, B. C.
c                                         March 15, 1961
 o
  p
   y

    Dear Mr. Wall,

        I am writing for your help and advice.

        My brother-in-law, who was in Korean politics for the past
    ten some years, has received a death sentence in a recent trial.

        Among other things he is charged with the alleged crime of
    having massacred the innocent people people of the land. I cannot
    imagine a situation in which justice can be more misplaced than
    in his case.

        The situation is so desperate that outside help is needed.
    Do you know of anyone in a position to give him help through the
    diplomatic channel if necessary?

        The first trial he has just gone through is the most
    frightening of all. The street mob is said to have made repeated
    raids on the court and dominated the atmosphere if not the actual
    proceedings.

        I earnestly hope that you can give me a concrete suggestion or
    advice.

                                    Sincerely,

                                    /s/ Key Whan Kim


    P. S.  I have just thought that it might be useful to enclose some
    personal data of him.

    Name:  Hyup Woo LEE   Age: 38
    Was born and lives in Kyungju County, Kyongsang-pukto, Korea.
    Currently under arrest in Taegu District Prison.

    Background: After his training at Taegu Agricultural School, he worked
    as an agricultural technical assistant in his home county 1944-46. In
    the early World War II postwar years he was identified as a pro-
    American by the local leftist groups. As a consequence he suffered
    innumerable damages including several raids by the communist guerrillas
    on his house and family. His native home was burned down during one
    of the raids. In the period 1947-48 he was associated with the local
    unit of the Civil Security Organization - a nation-wide self-protective
    group organized to maintain order and security in the then guerrilla
                                                              ridden
```

사진 4   이협우의 처남 김기환이 이협우의 구명을 위해 미국 그리넬 대학 사학과의 월(Joseph F. Wall) 교수에게 보낸 편지[20]

---

[20]   Kim to Wall, March 15, 1961, 350 Elections/1961, 1953-63 General Records, RG84, USNA

그 사람이 유족회 사무실에 와서 "하종아 네가 좋은 자리 있다가 왜 나오노? 너 또 이협우한테 죽는다. 왜 죽으려 하나?"고 했어요. 그래서 "이거 이협우 이제 힘 없습니다. 국회의원은 재선이 돼야 하는 거라서 힘 없습니다"라고 하니까 "아이고 야야 이협우 모르나? 너 죽는데이. 조심하지 왜 왔노?" 하면서 원망을 하더라고요. 그래서 "선생님 괜찮습니다. 모른 체 하지 마세요" 했습니다. 그러니까 유영태 선생이 나한테 "돈 6,000만 원 받고, 서울로 가든지 외국으로 떠나면 된다" 그러는 거예요. 그래서 내가 "선생님이 너는 집안사람이 억울하게 당했다. 법을 공부해서 신사적 복수를 해라 그러셨는데, 그런 선생님이 지금 와서는 그런 말씀합니까. 그러면 내가 그저 돌아가신 분들 유골을 팔아 먹는 거 밖에 더 됩니까. 그럼 안 되지요." 내가 그랬더니 얼마 있다가 또 와서 돈 6,000만 원이 적으면은 포항 가는 인왕동에 이협우 과수원이 있는데 과수원 등기를 해주겠다고 해요. 그래 내가 하도 어이가 없어 "선생님, 내가 돈 6,000만 원이 적어서 안 받는 거 같습니까? 과수원에 등기해달라고 했습니까?" 그랬어요.

그러던 중에 중학교도 겨우 나온 서명수라는 사람이 우리 유족회 사무실에 사무원을 하고 있었습니다. 사무원이 뭐 별 게 있습니까. "너는 신고가 들어오면 받아놔라." 하루에 몇 차 들어오니까 신고를 받아놓아라 했습니다. 나중에 알고보니 서명수가 경찰 정보과의 앞잡이를 한 거예요. 아마 경찰이 협박을 했던 모양이에요. '오늘 신고 들어온 거, 회장이 무슨 얘기를 하는지, 그거 알려주지 않으면 너 앞으로 안 좋다', 협박을 하니까 그날 신고받은 내용, 뭐 그 월성군에서 얼마 들어왔다, 경주 시내에서 얼마 들어왔다, 하는 걸 전부 복사를 해서 경찰에 대주는 걸 회장하면서 전혀 몰랐어요.

이때 이협우 측에서는 재판정에서 어떻게 변호를 했습니까?

이협우를 변호한 변호사들은 처음에 유족회가 발족할 때 우리 고문변호사였습니다. 나중에 매수 당해서 전부 그쪽으로 갔어요. 그래서 유족들이 항의도 했지요. "아이구, 아무리 세상이 돈이 좋지만 저 변호사들 저 따위가 어딨노!" 이협우가 변호사 비용을 많이 썼습니다. 그래서 망했죠. 이협우는 재판정에서 무조건 사람 안 죽였다고 모르쇠로 나갔죠. 이홍렬도, 이한우도 전부 모르쇠로 나갔어요.

그럼 그 당시 변호인들도 이협우의 논리를 이용해서 그대로 변호를 했습니까?

예. 그래서 우리 유족들이 변호사들한테 항의시위도 많이 했습니다. 돈을 먹어도 더럽게 먹는다고, 항의하는데 이원식 선생이랑 경북지구, 대구지구 유족회 회원들이 많은 도움을 주었어요. 심지어는 평동에 장 씨라는 노인은 초를 가져와서 "아이고 어두워! 이거 법정 어두워 촛불을 켜야 된다"고 하면서 불을 켰어요 기자 중 한 명이 물어보니까 "법원에서 사필귀정이 되어야 되는데, 변호사가 작당해서 무죄를 주장하니 어둡다고 불을 켰다"고 했습니다. 그래서 장 씨라고 하는 노인 사진이 저 『매일신문』에도 나와 있습니다.

60년 11월 2일에 이협우 측근들이랑 민보단원 등이 유족회 사무실을 습격한 일이 있잖습니까?

반공청년단이 왔다고 거짓말을 했는데 나중에 확인해보니까 이협우의 모친하고 민보단원들, 그 옛날 구 민보단 30여 명이 작당했다 하더라구요. 이때 서류를 빼앗겼습니다. 나중에 일부는 돌려받고 했습니다. 이협우가 구속되니까 민보단으로 범죄를 저질렀던 박세형이는 논을 팔고 행적을 감췄더라구요. 박동환이 하고 그 동생하고 해먹었나 그래요. 행방불명된 후에는 어찌됐는지 모르죠.

6. 5.16쿠데타 이후 군사정부의 유족회 탄압

• 구속과 수감 생활

5.16쿠데타가 발발하고 유족회가 해체된 경위에 대해서 말씀을 해 주시겠습니까?

나는 5.16 군사쿠데타 났을 때, 부산 인쇄공창(工廠)에서 현역군인으로 근무를 하고 있는데 휴가를 주더라구요. 휴가를 나와가지고 내가 이협우와 그 일당을 구속시켜야겠다 해서 고발하려고 먼저 서병수 집에 갔어요. 서병수랑 면장이랑 몇 사람 만나고 4일 만에 인쇄공창을 갔는데, 그때 딱 정보과 배종식 경위하고, 특무대 중령하고 둘이 왔더라구요. 그때 인쇄공창장이 대령이야. 이 두 사람이 대령 사무실에 와서 나를 부르더라고. 그래서 부산 중부경찰서 지하실에 40일을 잡혀있었어요. 40일간 독방에 있다가 서울로 압송됐어요. 서울로 간다 해서 중령 하나하고 배종식 경위하고 둘이 또 와요.

　내 기억에 통일호를 타고 서울형무소에 딱 들어 가니까, 다섯 명인가 여섯 명인가 있더라고. 나중에 조용수 그 『민족일보』 사건 관련된 그 사람이 있었고, 박병배[22] 국방부 차관이 그 방에 있더라고. 또 이건호[23] 박사가 5년을 받고 있었어요. 그래서 "아니, 박사님 뭐 때문에 5년이나 받으셨어요?" 하니까 『민족일보』 논설위원을 한번 했다고 해서 5년 형을 받고 있더라구요. 그래서 나보고 "김 동지 나는 다시는 법 공부 하지 않아. 나는 법학박사학위 효시인데 혁명재판소에서 내 제자가 심판관과 조사관을 하면서 거기 부화뇌동해서 나한테 죄를 준다. 『민족일보』 논설 한 번 썼다고 죄를 준다. 이제 나는 앞으로 법 공부도 안 할 것이고 제자도 안 가르친다" 하더라고. 그리고 훈련소장을 했던 백남권[24] 소장도 있어요. 그래서 "아니, 소장님은 죄목이 뭡니까?" 그러니까 "김종필이 중령일 때 날 찾아 왔는데 하는 말이 '각하 혁명합시다' 이러더라고. 그래서 쓸 데 없는 소리하지 마라 하고 쫓아버렸는데, 그 앙심으로 나를 부정축재자로 몰아 넣었다." 그런 얘기를 하더라고요. 그리고 그 분이 "젊은이는 뭐 하다가 들어왔어요?" 하더만. 그래서 "죄라곤 유족회 한 죄밖에 없는데" 하니까 "걱정하지마. 박정희 저거 곧 사면 한다. 우리 정치범은 곧 나갈 것 같아" 해요. 또 백인엽[25] 중장도 부정축재로 들어왔더라고요. 그

---

[22] 박병배(朴炳培)는 1960년 9월 2일부터 1961년 1월 30일까지 국방부 정무차관을 지냈다.

[23] 이건호(李建鎬)는 일본 도호쿠제국대학에서 법학을 전공한 저명한 형법학자였다. 해방 이후 고려대학교 법대 법률학 교수로 재직했다. 『국제법개설』, 『형법강의총론』 등을 저술했다. 『민족일보』에 사설을 기고한 혐의로 징역 5년형을 선고 받았다. 한국혁명재판사편찬위원회 편, 1962, 『한국혁명재판사 제3집』, 한국혁명재판사편찬위원회, 209~217쪽.

[24] 백남권(白南權)은 5.16쿠데타 직후 백인엽과 함께 부정축재 혐의로 구속됐다. 그는 논산훈련소장 등을 역임하면서 지역 상인들로부터 뇌물을 받아 885만 환을 축재한 것으로 알려졌다. 한국혁명재판사편찬위원회 편, 1962, 『한국혁명재판사 제5집』, 한국혁명재판사편찬위원회, 62~71쪽.

[25] 백인엽(白仁燁, 1923~2013)은 백인엽은 이승만 정권기 제1군단, 제6군단장을

래서 "중장님 부정축재가 뭡니까?" 물어보니까 중앙정보부에서 까만 지프차를 타고 세 명이 왔다는 거예요. 와서 "각하, 오늘 박정희 각하님이 모셔오라 하십니다." 그래서 벼슬을 큰 자리 하나 주는가 싶어서 목욕을 하고 나갔대요. 그랬더니 서울형무소에 집어넣어 버리더라고 합니다.

얼마 있다가는 자꾸 방이 바뀝니다. 그때 조용수『민족일보』사장이 서른세 살이었어요. 조용수 사장하고 사회대중당 당수한 김달호 회장. 또 다른 사람 몇이 있었어요. 자유당 부의장 하는 이재학[26] 부의장하고 한희석[27] 부의장. 이렇게 같이 있었어요. 조용수 사장이 하루는 법정에 갔다오더니, 방에 들어오면서 "내 뭐 받았게?" 그러더라고. 우리는 보통 10년 이상을 생각하고 "10년", "20년", "무기징역", 이러는데 사형 구형을 받았다 이러더라고. 그리고 "내가 아마도 서른세 살을 넘기기 힘들지 싶으다" 해요. "그 무슨 소리고" 하고 물으니까, 조용수 사장이 일본에 살 때 점을 치니까 "당신은 서른세 살을 넘기기가 힘들다" 하면서 "서른세 살을 넘겨야 장수 하는데 서른세 살을 넘기기가 힘들다" 했대요. 그래서 그게 걱정이다 하니 우리는 "걱정하지 마라. 실제 선고할 때는 뭐 20년이나 무기징역을 주겠지. 진짜 사형선고까지 할라고. 걱정하지 마라"

역임하면서 부정축재를 자행했다는 비난을 받았다. 5.16쿠데타 직후 부정축재 혐의로 구속되었다. 군사정부는 백인엽이 장성으로 재직하면서 부하 장교들의 진급 청탁을 받은 댓가로 6055만 환이라는 거액을 축재했다고 발표했다. 무기징역을 선고받았으나 징역 15년 형과 7,247만 환의 추징으로 감형되었다. 박정희가 대통령에 취임한 뒤 사면을 받았다. 그는 박정희 정권기 선인학원을 운영하면서 학원 비리를 자행하여 많은 비판을 받았다. 한국혁명재판사편찬위원회 편, 위의 책. 5~19쪽.

[26] 이재학(李在鶴, 1904~1973)은 자유당 원내총무로 제3, 4대 국회에서 민의원 부의장을 지냈다.

[27] 한희석(韓熙錫, 1909~1983)은 자유당 소속으로 제3, 4대 국회의원에 당선되었으며 민의원에서 부의장을 지냈다.

사진 4 민족일보 사건 재판 장면[28]

그랬어요. 그런데 얼마 안 있다가 선고 날 갔다 오더니 낯색이 변했어요. 그래 우리가 "뭐 받았노?" 하고 물으니까. "아이고, 내가 극형을 받았다. 사형 선고를 받았다" 하면서 "내가 아무래도 올해 죽지 싶으다" 했어요. 그리고 사형 집행을 당했어요. 그때 조용수 『민족일보』 사장하고, 자유당 최인규, 깡패출신 이정재, 이런 사람들이 사형을 당했어요.

그러고 지내다가 김동복(金東馥) 대령[29]이라고 뭐 명색이 정치범이

---

28 국가기록원, 성남 나라기록관, 민족일보사건혁명재판광경2, 1961(https://theme.archives.go.kr/viewer/common/archWebViewer.do?bsid=200200032946&dsid=000000000001&gubun=search).

29 육군사관학교 7기 출신으로 4.19혁명 직후 정군운동을 주도하였다. 1960년 11월 24일 최영희 연합참모총장의 사퇴를 촉구한 사건으로 징역 3개월의 유죄 판결을 받았다. 5.16쿠데타 직후 박정희에 반대하는 쿠데타를 계획했다는 혐의로 무기징역을 선고받았다. 1963년 대통령 특사로 석방되었으나 잇따라 사업에 실패한

라고 있었어요. 그 때에 구속된 사람이 480명인가 그리 알고 있어요. 하루는 일주일 만에 목욕을 시키는데 김동복 대령한테 일반 죄수, 살인, 강도 이런 사람들이 목욕하고 난 뒤 시커먼 물에 목욕을 하라고 하니까 간수들을 보고 "야 이 새끼야. 명색이 우리가 정치범인데 이 사기꾼들 하고 잡범들 목욕한 이 꺼먼 물에 목욕하라고 하나? 목욕 못한다!" 그리고 돌아와가지고 단식 투쟁을 했어요. 교도소는 밥 안 먹으면 제일 겁을 내요. 그때 단식 투쟁 하는데 1옥사, 2옥사 합쳐가지고 아침부터 저녁까지 단식을 했어요. 감옥에는 창구가 있어요. 거기로 보면 밥 들어가는 걸 알죠. 양쪽에서 보니까. 어느 자리에 밥 들어오면 자꾸 밀어내면서 하고 있는데. 이틀 째 될 무렵에 이건호 박사가 부실하게 자라서 그런지 배가 고파 죽겠다고 도저히 못 하겠다고 하니, 형무소 오래 지낸 사람이 "이 박사님은 드세요" 하니까 "하이구, 내가 개보다도 못하답니까. 내가 먹어도 되겠습니까" 하더니만 막 먹더라니까. 허겁지겁 땀을 뻘뻘 흘리며 먹더라고. 그러더니 이틀 만에 단식을 중단했어요. 단식을 하니까 정보부에서 낮에 오고 저녁에도 와서 보고를 해요. 형무소에 정보부 사람이 몇 파견이 돼있어요. 얼마 있다가 정치범들을 흩어버더리군요.

　우리는 경상북도 출신이라 대구형무소로 왔어요. 그것도 한꺼번에 오는 게 아니고 10년 미만의 형을 받은 사람을 이감하는데 대구형무소에는 아마 10여 명이 왔을 거예요. 거기에 얼마 더 있는데 민정이양이 다 될 무렵에 10년, 7년 미만의 정치범은 석방시키더라고요. 민복기 법무부장관 시절에 특사로 석방시켰어요. 그리고 다른 데는 가지 말고 고향으로 돌아가라고 해요. 나도 갈 곳이 없고 하니 고향인 내남 명계리로 갔어요.

뒤 실의에 빠져 1966년 8월 15일 자살했다. 한국혁명재판사편찬위원회 편, 1962, 『한국혁명재판사 제4집』, 한국혁명재판사편찬위원회, 693~697쪽;『중앙일보』, 1966/08/17

7. 석방 이후의 생활

- **경찰의 사찰로 인한 어려움과 생활고**

고향으로 돌아오신 뒤에는 어떻게 지내셨습니까? 경찰의 사찰을 받지는 않으셨나요?

나중에 들어 보니까 전국 요시찰 인물 가운데 내가 포함돼 있다고 해요. 나는 조그만한 유족회 회장한 게 전부인데 그게 뭐라고 요시찰 인물을 만들었나 싶대요. 10시만 되면 경찰서에서 경사가 찾아와요. 나중에 2년 후에는 이협우가 경사로 특채시킨 최성기가 왔어요. 이 사람은 노곡동 사람이거든요. 이 사람이 동네에 소문을 냈어요. "김하종 씨는 요시찰 인물에다가 연좌제에 걸려있는 중죄인이다. 그래서 왔다" 하면서 앞으로 저 사람은 공직생활도 못하고, 장가도 못 간다고 했어요. 모친이 그걸 듣고 와가지고 대성통곡을 해, "아이, 개천에서 용이 난다했는데 너는 어째서 장가도 못가고 공직생활도 못하고 그러냐." 그래서 "어머니, 그 탄식을 그렇게 하지 마이소. 하늘이 무너져도 솟아날 구멍이 있다고 하니 걱정 하지 마이소"했어요.

그러고 있다가 박정희 때는 개간 붐이 일어났어요. 그때 내가 개간을 시작했어요. 어렵게 사니까 2,000평을 개간했어요. 산에는 돌이 많으니까, 돌을 하루에 100짐 이상을 졌어요. 그러고 있으니까 그 신동 어른이라고 우리 동네 사람이 일주일 쯤 뒤에 찾아

사진 5   1966년의 김하종

왔어요. "아이고, 이 사람아. 자네는 일도 안 해본 사람이라 며칠만 하면 안 할 줄 알았는데, 대단하다." 하시더라고요. 그땐 장갑이 있을 수 없지. "손에도 피가 나고 어깨에도 피가 나는데 이렇게 일을 하나? 돌을 가까운데 치웠다가 나중에 다시 옮기면 안 되나" 하시더라고요. 그래서 "신동 어른요. 그러면 이중으로 일이 되지 않나요. 한 번에 멀리 갖다놔야지. 짐승이 안 들어오도록 산같이 쌓아놔야죠", 하니까 "그 말은 맞지만" 하고 가는 일도 있었어요. 2,000평을 개간해 가지고 수박도 심고, 참외도 심고, 다른 채소도 가꿨어요. 그래서 팔기도 하고, 우리 먹기도 하고 그랬어요.

▪ 불국사고등공민학교 운영과 교장 자격 취득

그러면 어떻게 해서 교직 생활을 하게 되신 겁니까?

농사를 짓다 보니까 이채우(李埰雨)[30]씨가 찾아왔습니다. 경주 시장을 했던 분 입니다. 바로 경주중고등학교 재단 설립자의 아들입니다. 우리 유족회가 밀어줘서 경주 시장에 당선 됐습니다. 이분이 젊은 사람이 내남면에 개간을 2,000평이나 하고 있다 하니 누구인지 한번 보자 해서 왔어요. 와서 보더니만 "젊은 사람이 한다 하더니 김 선생이구나. 아, 김 선생이 일도 안 해본 사람이 어찌 이렇게 합니까" 해요. "아유, 시장님, 아무

---

30   이채우(李埰雨, 1906~1971) 니혼대학 경제학과 2년을 수료한 뒤 귀국하여 경주고등보통학교를 설립했다. 해방 이후에는 경주예술대학 설립에도 참여했다. 1960년 7월 13일부터 1960년 12월 1일까지 경주시장으로 재직했다. 경주시사편찬위원회 편, 2006, 『경주시사 II – 문화·예술|교육·언론 및 출판|종교·민속|인물』, 경주시사편찬위원회, 874쪽.

것도 못 하게 하니까 개간이라도 해야죠. 고등공민학교가 하나 설립된다고 해서 나한테 맡아달라는데 그것도 못하게 하니 이렇게 개간을 하고 있습니다." 그리고 이채우 씨에게 경찰서랑 정보부에 내가 고등공민학교 교장을 할 수 있도록 얘기를 좀 해달라고 부탁했어요. "내가 학교 선생을 하면 나중에 학생들을 선동해서 데모한다고 하는데, 내가 데모할 게 뭐 있습니까? 시장님, 이런 일은 특무대나 조정관이랑 잘 얘기를 해 주세요." 그때 정보부가 교육청 4층에 있었어요. 후배가 정보부 조정관으로 와 있더라고요.

그래서 이채우 씨가 약속을 잡아줬어요. 조정관을 만나는 자리에서 이채우 씨가 하는 말이 "이분이 자네 선밴데, 아무 죄도 없는데 유족회 활동 했다고 이런다. 활동을 할 수 있도록 해달라"고 부탁을 했어요. 그래서 나중에 고등공민학교를 맡아 해도 된다고 해서 구 동방고등공민학교를 인수해서 교장 자격은 없지만 설립자 겸 교장을 했어요. 그때 학생이 1, 2, 3학년 다 합쳐서 180명이었나 그래요. 그러다가 학교명을 불국사고등공민학교로 바꿨어요.

그 당시 경상북도 고등공민학교연합회가 있었습니다. 거기서 교장이 된 지 얼마되지 않는 나에게 감사를 시켰어요. 고등공민학교연합회에 권희태 교장이 있었습니다. 이분이 경상북도 고등공민학교연합회 부회장, 그리고 나중에 국회의원 하는 박재우(朴載雨) 씨[31]가 경신고등공민학교 교장으로 있으면서 회장을 했습니다. 나는 감사를 맡아 활동했습니다. 학생도 모으고 이리 활동하니까 교육감 표창을 받았어요. 표창을 받고 유족회 활동도 안 하니까 경찰들이 보기에도 나쁠 거 없잖아요. 그래서 민관식 문교부장관 상패도 받고 상금도 받았어요. 나중에는 교장 자

---

[31] 박재우는 1967년 제7대 국회의원 선거에서 신민당 소속으로 전국구 국회의원이 되었다(『조선일보』, 1967/06/11).

격을 취득하게 됐어요. 원래 평교사가 3년 있으면 중교사 되고, 중교사에서 한 3년 있으면 교감 자격 연수받고, 이렇게 단계적으로 나가야 되는데 나는 바로 자칭 교장을 하다가 나중에 교장 자격을 받았어요. 그러니 교장 자격이 조건부로 나오는 거예요. 조건이 뭐냐면 '불국사실업학교에 6년간 근무하라, 다른 덴 못 간다'는 거예요. 또 고등학교는 못 가요. '중학교에 한함', 이렇게 괄호 안에 넣어 놓은 거예요.

나중에 불국사실업학교가 외동(外東)으로 가면서 공립화가 됐습니다. 나는 이제 외동중학교로 바뀌어서 준비를 하고 있던 찰나에 경주여자상업고등학교를 운영할 사람을 구한다고 해서 내가 그 학교 교장을 맡기로 했습니다. 그래서 경주여상의 초대 교장으로 발령받았는데 직무대리라고 되어 있었습니다. '중학교에 한함'이라는 조건이 있으니까요. 그런데 직무대리기간이 있습니다. 그래서 신림동 서울대학에서 3개월동

사진 6 **1970년대 초 동료 교사들과 함께 촬영한 사진(오른쪽 끝이 김하종)**

안 교장자격 연수를 받았습니다. 연수를 받은 뒤 7월에 임용신청을 했습니다. 그때는 사립학교라 해도 대통령령으로 허가해야 되는데, 문교부장관이 대리로 해서 교육감에 내려줘 승인을 받게 돼있었어요. 그런데 신청을 해도 소식이 없어요. 내가 기억하기로는 백 계장이라는 사람이 나보고 오라고 해서 갔어요. 갔더니 "아유, 교장 선생님. 정보부, 치안국 날인과, 지문날인과, 또 경찰국, 여기는 다 통과됐는데 특무대에서 신원특이자로 나와서 지금 그래 있습니다" 하는 거야. "그래, 백 계장, 봐라. 내가 군인도 아니고 민간인인데 왜 특무대에서 나를 신원특이자라 해서 승인을 안 내주나? 승인 안 내주면 나도 소송을 한다. 나도 법적으로 할란다." 말은 그렇게 해놓고 법적으로 안 하고 가만 있었는데 교장 자리에서는 쫓아내지 않길래 그냥 쭉 했어요. 그러다가 12월 29일, 연말이 되니까 안 내주면 안 되겠다 해서 승인이 나더라고요.

8. 유족회 재건

· 유족회 재건 과정

유족회 활동을 다시 하시게 된 계기는 어떻게 되시나요?

자식들이 다 장성하고 난 후에 나는 교직에서 나왔습니다. 내가 87년도에 정년퇴임할 무렵에 대구로 이사 왔어요. 고향 땅은 보기 싫고 해서 잘 안 갔습니다. 퇴임하고는 여기에 있는 교직원을 했던 사람들 하고 등산만 자주 다녔어요. 유족회는 집에 모친이 유언으로 "내 평생에는 후회될

일 하지 마라. 내가 죽고 난 후로도 하지 말라"고 하셨어요. 내 와이프한테도 그 얘기를 하셨어요. 아이들한테도 "너희 아버지가 절대 유족회는 하지 못하게 해라"라고 하셨고요. 그래서 애들이 어디 전화 오면 "아빠 어디 전화해요?" 물어요. "교육계 후배가 등산 가자고 전화온다"고 해도 "그거 받지 마라"고 해요. 그러면 "전화 안 받으면 아빠는 가만히 앉아 지옥살이할까? 등산도 가야 되지" 했죠. 유족회를 안 한 동기가 그렇습니다.

그런데 이정수 부회장이라고, 지금의 부회장을 하는 분이 있었습니다. 그분 어머니가 유족회 활동을 하셨거든요. 경주 효현동 분인데 이 분 아버지가 27살에 희생됐습니다. 남자 이름 같지만 여자분입니다. 진실화해위원회가 거의 재판과정이 다 끝나갈 무렵인데 어떻게 알았는지 경주 시청에 전화를 했던 모양입니다. 전화를 해가지고 옛날 60년대에 활동한 김하종 씨를 찾는다고 해서 전화가 왔어요. 이정수라 하니 나는 모르는 이름이라서 전화를 일체 안 받았어요. 안 받으니까 메시지를 보냈어요. "회장님. 60년대에 제 어머니 김경옥 여사가 유족회 활동을 했고 저도 국민학교 3학년 때 회장님을 뵙고 잘 알고 있습니다. 제 언니도 활동을 했습니다" 하는 내용이었어요. 그래서 내가 전화를 했어요. "너는 지금 어디 사니" 하니까 "서울 압구정동 현대아파트에 살고 있습니다" 해요. "선생님. 최혜복 회장을 통해 신고를 하려고 하는데 미신고라고 해서 안 받아줍니다" 그럽디다. 이야기를 들어보니까 진실화해위원회가 활동을 하면서 그동안 신고를 안 했던 피해자들이 계속 신고를 하는데, 먼저 보상받은 사람들은 자기 보상만 받고 다른 사람들을 신경쓰지 않는 거예요. 이수정 씨 이야기를 들어보니 김경옥 여사가 오십일 세에 암으로 가시면서 "김하종 회장님이 옛날에 그렇게 활동을 많이 했는데 감옥에 계실 때 내가 그분 면회 한 번 못 간 게 한이다" 이러셨대요.

그래서 이정수 씨를 처음 만났어요. 이정수 씨가 "오빠요. 우리는 아직 명예회복도 못 했는데 도움을 받을 데가 없어요. 오빠가 유족회 회장을 맡아서 좀 도와 주이소" 해요. 처음에는 거절했어요. "야야, 내 어머님께서 유언을 하셨다. 내가 평생 고생하고 요시찰 인물로 있었다. 겨우 교사 생활 근근이 하다가 은퇴해서 쉬고 싶다. 나는 안 한다" 이랬어요. 그래도 이정수 씨가 계속 설득을 해요. "지금 신고도 못 한 유족이 많아요. 이 사람들을 위해서라도 회장을 맡아서 명예회복을 해 주이소." 이렇게까지 부탁을 하니까 고민이 됐어요. 돌아가신 어머님 말씀을 어기자니 그렇지만 다른 유족들을 놔두고 나 혼자 편할 수도 없잖아요. 그래서 경주유족회 회장을 다시 맡아서 활동하게 됐어요.

그런데 막상 유족회 활동을 하려고 하니 자료들은 5.16쿠데타가 난 뒤에 다 뺏기고 아무것도 없었어요. 정말 막막한 거예요. 그런데 그때 이창현 박사가 경주 양민학살을 연구하는 논문을 준비하고 있었어요. 그래서 모아 온 자료를 내게 줬습니다. 이걸 가지고 경주에 가서 양남, 양북, 감포 돌아다니면서 경로당에 노인들에게 줬습니다. 그러니까 연락이 된

사진 7 위령탑 제막식에서 연설하는 김하종

사람들이 87명이에요. 이렇게 모은 사람들과 유족회 창립총회를 열었습니다. 이때 내가 500만 원, 이정수가 200만 원, 조희덕씨가 200만 원을 내서 기금을 마련했습니다.

유족회를 재건하고 처음 위령제를 지낼 때가 생각나요. 그때는 국회의원 정수성[32]씨도 참석을 했어요. 이분이 "제 지역구인 안강에서 이렇게 많은 희생자가 있었다는 걸 처음 알게 됐습니다. 그동안 너무 무관심했는데 앞으로는 열과 성을 다해서 도와드리겠습니다" 이래요. 그래서 내가 정말 크게 감명받았습니다. 경주 시장도 앞으로 위령비 건립에 앞장서고 시청 차원에서 적극적으로 도와드리겠다 하셨고요. 정말 뜻깊은 행사였습니다.

유족회 활동을 하다가 『진실·화해를 위한 과거사정리 기본법』 개정을 위한 추진위원장으로 추천을 받았습니다. 그래서 국회에 가서 정세균 국회의장 면담도 하고 정의당의 심상정 상임대표도 만났습니다. 정수성 의원도 많은 도움을 주셨습니다.

오늘 이렇게 좋은 말씀을 해 주셔서 감사합니다. 회장님께서 비극적인 역사를 경험하신 당사자로서 오늘날을 살아가는 젊은 세대들에게 남기시고 싶으신 말씀은 없으신가요?

유족회 활동을 하면서 생각해 보니 젊은 분들이 과거의 일들을 잘 모르는 게 안타까웠습니다. 앞으로 우리 나이 많은 세대가 물러가더라도 일을 할 만한 젊은 분들이 나와서 정도를 걷고 바르게 활동을 해줬으면 좋겠다는 것이 바람이고 소망입니다. 감사합니다.

---

32 육군 장성 출신으로 제1군사령관을 지내고 2005년 전역했다. 18, 19대 국회의원을 역임했다.

참고 자료

경주시사편찬위원회 편, 2006, 『경주시사 II - 문화·예술|교육·언론 및 출판|종교·민속|인물』, 경주시사편찬위원회.

이창현, 2018, 「1960년대 초 피학살자 유족회 연구」, 성균관대학교 사학과 박사학위 논문.

진실·화해를위한과거사정리위원회 편, 2010, 『2010년 상반기 조사보고서』 6권, 진실·화해를위한과거사정리위원회.

한국혁명재판사편찬위원회 편, 1962, 『한국혁명재판사』 3, 4, 5집, 한국혁명재판사편찬위원회.

성남 나라기록관, 1961, 민족일보사건혁명재판광경2, 국가기록원.

USNA, 1961, "Kim to Wall, March 15, 350 Elections/1961, 1953-63 General Records, RG84", USNA.

『경향신문』, 1964/12/14.
『동아일보』, 1960/05/23, 1960/05/26, 1960/06/17.
『조선일보』, 1960/04/28, 1962/04/27, 1967/06/11, 1967/06/17.
『중앙일보』, 1966/08/17.

III
민족자주를 위한 한 길에서

배다지
- 1934년 부산 출생
- 1953년 동래고등학교 졸업
- 1954년 부산대학교 정치학과 입학(3학년 중퇴)
- 1956~1961년 부산 국제신보사 기자
- 1960~1961년 민주민족청년동맹 경남맹부 간사장
- 1961년 2대악법반대공동투쟁위원회 기획위원
- 1965~1968년 『마산일보』 기자
- 1968~1971년 통혁당사건으로 복역
- 1988~1990년 부산민족민주운동연합 상임의장
- 1989~1990년 조국통일범민족연합준비위원회 실행위원, 제2차 8.15범민족대회
  남측 대표
- 1989년 6월 국가보안법, 집시법 위반 혐의 구속 기소. 징역 1년, 집행유예 2년
- 1990~1998년 민주주의민족통일전국연합 부산연합 상임의장
- 1995년 8월 '부산땅하야리아되찾기시민대책회의' 상임대표
- 1998~2010년 자주평화통일민족회의 상임의장
- 1999년 3월 '존경받는 인물상' 수상(부산 흥사단)
- 2000년 8월 민족통일평양대축전 참석(민족회의 상임의장)
- 2001~2003년 부산교통공단 감사
- 2008~현재 민족광장 상임의장
- 2010년 김대중 부산기념사업회 창립(이사장)

2021년 6월 25일 부산의 민주통일운동 원로들은 한미합동군사훈련 중단을 요구하며 "전 국민적 저항운동"의 전개, 전쟁 "훈련을 저지하는 운동을 일상화"할 것을 제안했다. 이를 주도한 배다지 민족광장 상임의장은 "전국 각 시민사회단체·학계·종교계에 한미합동군사훈련 저지 운동 동참의 뜻을 모을 것이다. … 국민도 한미합동군사훈련 저지 운동에 함께 해주기를 바란다"고 호소했다.[1] 그의 나이 87세였다.

배다지는 1934년 부산에서 2남 2녀 중 둘째로 태어났다. 국민학교 5학년 때 해방이 됐고, 동래중학교에 입학했다. 중학과정에서 사회주의 사상을 접했다. 선배가 소개한 사회주의 관련 서적을 읽고 무엇이라도 해야 된다는 생각에 일곱 명의 동료를 규합해 삐라를 만들어 살포하려다 발각되어 동래경찰서에서 한 달간 구류를 살았다. 중학교 3학년이 되면서는 다양한 사회과학 책을 읽고 생각의 폭을 넓혀갔다. 중학교 4학년 때 한국전쟁이 발발했다. 중학교 5학년이 되는 해에는 학제가 변경돼 고등학교 2학년으로 편재됐는데 그때부터 부산대학교의 강의를 도강하며 평생의 스승인 산수 이종률 선생을 만났다.

1954년 부산대학교 정치학과에 입학했고, 이종률 선생의 영향 하에 민족혁명, 민족운동의 방향에 대한 생각을 바로세울 수 있었다. 대학 3학년 재학 중 부산 국제신보사 기자가 됐고, 1956~1961년까지 5년여를 일했다. 사세청(국세청) 출입기자로 시작해 정당 출입기자로 활동했다. 4.19혁명 직후에는 민주민족청년동맹, 민족자주통일중앙협의회 조직에 참여했다. 1년여를 이어가던 활동은 5.16쿠데타로 막을 내렸다.

전국 지명수배로 1962년 초까지 도피생활을 하다가, 과거를 일체 불문에 붙인다는 방침에 따라 복권된 후에는 호구지책을 마련하기 위해 노력했다. 생활이 힘들어 마산으로 갔다가 『마산일보』에 취직이 되어

---

1 『한겨레』, 2021/06/25.

1965~1968년까지 다시 기자로 활동했다. 『마산일보』에서의 생활은 언론인으로서 제2의 기회였지만 인생 질곡의 시작이기도 했다. 1968년 김질락과의 만남으로 인해 '통혁당' 사건에 연루되어 1968~1971년까지 수감생활을 하게 된 것이다. 3년간의 억울한 옥살이는 사회안전법의 굴레로 이어졌고, 1980년대까지 배다지의 삶을 옥죄는 사슬이 됐다.

1987년 민주화의 물결은 배다지를 다시 민족·민주운동의 한복판으로 이끌었다. 1988~1990년 부산민족민주운동연합 상임의장, 1989~1990년 조국통일범민족연합준비위원회 실행위원으로 활동했다. 1991년 6월 29일~30일 제2차 8.15범민족대회 남측 대표로 베를린에 파견될 예정이었으나 당국의 불허로 가지 못했고, 7월 8일에는 '집회 및 시위에 관한 법률 위반'으로 다시 구속되기도 했다. 1990~1998년까지 민주주의민족통일전국연합 부산연합 상임의장으로 활동했다. 1995년에는 부산의 미군부대 하야리아의 땅을 반환받기 위한 '부산땅하야리아되찾기시민대책위원회'의 상임대표(배다지, 송기인 등 8인)를 맡았다. 이는 '반미'가 아닌 '우리 권리 찾기' 운동을 통한 민족 자주의 길의 모색이기도 했다. 배다지의 민족·민주를 향한 운동의 삶은 현재까지도 이어지고 있다.

배다지의 구술은 개인의 생애사·운동사를 토대로 한 것으로 다음과 같은 점에 주목할 필요가 있다.

첫째, 동래중학교의 동맹휴업과 남한 단정 수립 반대투쟁을 통해 해방정국, 그 이후 한국전쟁으로 가는 과정에서 부산지역에 나타난 좌·우대립, 정치·사회적 상황의 급진적 일면을 살펴볼 수 있다.

둘째, 산수 이종률 선생의 사상에 대한 논의와 1960년 초 혁신계의 조직화 과정은 4.19혁명 이후 부산지역을 중심으로 전개된 민족·민주운동의 역동성을 보여주며, 지역을 기반으로 한 혁신운동의 형성·전개·확장 과정을 검토할 수 있는 단초를 제공한다.

셋째, 1968년 8월 중앙정보부는 '대규모 지하간첩단'으로 통혁당사건을 발표했다. 이 사건으로 158명이 검거됐고, 73명이 송치(구속 50명, 불구속 23명)됐다. 배다지가 통혁당사건으로 조사를 받고 옥살이를 하게 된 것은 사건 발표 후 3~4개월이 지난 후였다. 이는 당시 사건이 얼마나 광범위하게 관련자를 엮어갔는지를 짐작케 한다. 또한 이후 사회안전법으로 인한 삶의 제약은 1970~1980년대로 이어지는 국가폭력의 연계성과 지속성을 보여준다.

넷째, 1987년 이후 배다지의 활동은 통일과 민족자주운동으로 집약해 말할 수 있다. 전체적인 구술에서 드러나는 민족 자주의 관점은 그의 운동의 방향과 특성을 관통하는 열쇠말이라 할 수 있다. 또한 1990년 범민족대회, 부산 하야리아 미군부대 부지 반환투쟁 등에 대한 구술은 '통일과 자주'의 문제를 풀어가는 배다지의 시각을 보여주는 사례로 주목할 만하다.

배다지는 "자주가 없으면 통일도 없다"고 말했다. 식민지배, 분단과 전쟁, 권위주의 통치, 주한미군 주둔과 전시작전권의 부재, 지속되는 남·북 적대와 전쟁 위기, 남남갈등 등 21세기 한국은 여전히 20세기 냉전의 실제와 문화 속에 살고 있고, 민족 자주와 통일의 과제는 현재도 진행 중이다. 언론인, 사회·민족운동가로서 살아온 배다지의 구술은 우리 사회가 경험했던 고통과 저항의 역사를 개인의 삶의 역정(歷程)을 통해 읽어갈 기회를 제공한다.

1. 해방과 한국전쟁

· 일제 강점기 국민학교 시절과 해방

선생님 먼저 어린 시절 가정환경과 성장과정에서 기억에 남는 이야기를 부탁드립니다.

해방되기 전 아버지가 돌아가셨어요. 부친이 살아계실 때는 유복한 어린 시절을 보냈어요. 어린 기억으로 내가 네 살, 다섯 살 때 시골에서 양복을 입고, 세발자전거를 타고 다닐 정도로 귀여움을 받았어요.

아버지는 교육에 관심이 많으셨어요. 국민학교 일학년 때 성적표를 받아 집에 돌아오니, 당시 병중이던 아버님이 내 성적표를 보고 야단이 났어요. "이놈 절대 밥도 주지 말고 쫓아내라." 쫓겨 나와 바닷가를 서성거리는데 고모님이 와서 "잘못했다, 열심히 하겠다" 그러라 해서 아버지께 빌고, 열심히 하겠다고 다짐하고 집에 들어왔어요. 1학년 2학기는 1학기에 비해 괄목할만한 성적이 나왔어요. 아버지가 상당히 좋아하셨어요. '저놈은 하면 되는구나' 하는 확신을 가지셨던가 봐요. 그래서 병중에 계시면서도 어머니께 "내가 죽더라도 쟤

사진 1 어린 시절 형과 함께

는 반드시 도회지 학교로 보내"라고 유언을 하셨다고 해요. 아버님은 내가 국민학교 2학년 때 돌아가셨어요. 그 후 내 형님과 바로 밑에 여동생은 시골 학교를 다녔지만 나는 도회지 학교, 내성국민학교를 다녔어요. 아홉 살 때부터 새벽밥 먹고 기차로 통학했어요. 그 때 6촌 형들이 중학교급의 학교를 다녔기 때문에 형들과 함께 기차를 탔고, 차 안에서 늘 중학생들 이야기하는 틈에 끼어 학교를 다녔어요. 통학시간 형들로부터 들었던 이야기들이 내가 조금 빨리 사물을 터득하는 힘이 됐던 것 같기도 해요. 2학년부터 내성학교로 전학해서 학교를 다니다가 5학년 되던 해에 해방이 됐어요.

해방이 되던 날 사람들이 조선 독립 만세를 부르고 다니는 광경을 봤어요. 우리는 그때 어린 애들이니까 어른들이 몰려 지나가면 그 뒤를 쫓아다니곤 했어요. 내가 살던 기장 월내라는 곳은 어촌인데 일본인들이 많이 살지 않았어요. 일본 사람이라곤 국민학교 선생님 몇 사람하고, 어장주인 정도였어요. 해방된 후 이들은 큰 해를 입지 않고 돌아갔던 것 같아요.

해방이 되면서 가세는 더 어려워졌어요. 기차 통학을 할 수 없는 처지가 됐어요. 그래서 1학년 때 다니던 장안국민학교로 다시 돌아왔어요. 그때 동네에는 남로당이 주도하는 농민조합운동이 상당히 번성했어요. 그래서 이런저런 대회를 많이 열었는데 대회 구경을 가서 '옳소'하고 이러는 걸 의미도 모르면서 재밌게 봤어요. 그런 영향인지 비교적 빨리 사회문제에 신경을 쓰게 됐어요. 국민학교를 졸업하자 울산농업중학교에서 교편을 잡고 계시던 고모부님은 가정형편이 어려우니 농업중학교에 진학하라 하셨어요. 그런데 6학년 담임선생님이 "이 학생은 농촌 학교에 가서는 안 됩니다. 어떡하더라도 다른 데 도시 학교, 부산에 있는 학교를 보내야 합니다" 해서 다행히 동래중학교 시험을 치르고 입학할 수 있었어요.

• 동래중학교 동맹휴교 참여와 삐라제작사건

어려운 환경에서 동래중학교에 입학하셨군요. 해방되고 얼마 안 된 시기인데 당시 중학교 분위기는 어땠나요? 학교생활에 대해 말씀해 주세요.

동래중학교 들어가서 기차 통학을 계속하는데 상급학생 중에는 울산에서부터 기차를 타고 오는 사람도 있었어요. 그 가운데 한 사람이 히틀러라는 별명을 가진 김영규 선배였어요. 그 선배가 학기 초에 나를 부르더니 상급생이 교실에 들어와서 "강당으로 모여라" 하면 제일 먼저 나가자고 해서 데리고 나와야 한다고 했어요. 그래서 "뭐하는데요?" 했더니, "5월 달에 남쪽이 단독선거를 하는데 우리나라는 우리나라대로 북쪽은 북쪽대로 선거를 하면 나라가 두 동강 나잖아. 우리가 그걸 반대하기 위한 스트라이크를 해야" 한다고 했어요.[2] 동래중학교가 일제 강점기부터 스트라이크가 유명했어요. 그래 알았다고 했어요. 그 후에 3월 4일인지 5일인지, 아침 수업 직전에 상급생 한 사람이 교실로 들어와서 "여러분 우리는 단독정부 수립 반대를 위해 강당에서 동맹휴학을 결의하려고 합니다. 전부 다 강당으로 모여주시기 바랍니다." 그렇게 말했어요. 그래서 '아, 히틀러 형님이 말하는 게 바로 이거구나' 싶어서 내가 "야 가자. 다 가자" 하고 나갔어요. 그때는 공부 안 한다고 하니 얼마나 좋아요. 강당에 다 모이니까 어느 선배 하나가 올라와 "남의 단독정부를 반대하기 위해서 우리의 결연한 의지를 담아 동맹휴학을 하니 내일부터 다음 연락 올 때까지 학교에 오지 마세요. 다 동의하십니까?" 그래서 "예" 하고 박수 치고 헤어졌거든요. 그때 사실 뭐 단독정부 이런 문제에 대해 구체적으로는 몰랐죠. 그냥 좋은 상급생이 시키는 일이고, 학교 안 온다고 하

---

2 1948년 5월 10일 남한 단독정부 수립을 위한 제헌의회 선거를 말한다.

사진 2　동래중학교 2학년 시절

니 그게 좋아서 한 거죠. 열흘이 지나니까 학교에서 오라는 연락이 왔어요. 학교를 가니까 김영규 선배가 "다지 이번에 참 잘했다", 이러는 거예요. "네가 1학년 3반에서 제일 먼저 주도하고 나가니까, 학생들이 순조롭게 모여 잘 됐다"고 했어요. 그렇게 학교 다니면서 며칠 안 있어서 봄방학이 됐어요. 중학교 1학년인 내가 남한 단독정부 수립 반대투쟁에 작은 기여를 했구나 하고 생각하면 지금도 뿌듯합니다.

　다시 학교를 다니다가 2학년이 됐는데 5월에 들어서 김영규 선배가 "이 책 한번 읽어봐라" 그러면서 『사회주의 강화』라는 책을 줬어요. 듣도 보도 못한 책이었는데 막상 읽어보니 학교에서 배우는 것과는 완전히 다른 데다가 재미도 있었어요.

　8.15 직후여서 종이도 시커먼 똥 종이였고, 문답식으로 된 얇은 책이었어요. 남로당 계열에서 쓴 책이었던 것 같아요. 책을 읽고 또 읽고 하면서 '책에 쓰여 있는 내용을 실현하려면 모임을 해야 하지 않겠나' 해서 동래중학교 학생 다섯 명, 그 외에 다른 중학교 다니는 학생 두 명, 모두 일곱 명을 모았어요. 그래서 책에 있는 문구를 기반으로 8.15에 사람들이 볼 수 있도록 삐라를 만들어 8월 14일 저녁에 뿌릴 계획을 세웠어요. 그리고 만들어놓은 삐라를 기장 월내에 공원 같은 뜸박골이라는 데 소나무 밑에 숨겼어요. 그런데 8월 13일 날 저녁에 자다가 기장 월내 파출소로 연행됐어요. 가니까 같이 했던 친구들이 줄줄이 다 잡혀와 있었어요. 그날 저녁 파출소 경찰들은 추달하지 않고, 다음날 본서 동래경찰

서 형사들이 나와 우리를 추달했어요.

조사과정에서 고문 등으로 크게 힘들지는 않으셨나요?

모임 주동이 나인 걸 알아서 내가 집중적으로 조사를 받았어요. 삐라 내용이 무슨 내용인지를 물어 책에 있는 것을 그대로 쓴 것뿐이라고 하자 책의 출처를 캐물었어요. 김영규 선배한테 받았다고 하면 문제가 될 것 같아 엿장수한테 샀다고 둘러댔어요. 그때는 엿장수들이 종이나 책 이런 것을 받고 엿을 주곤 했거든요. 그러자 거짓말하지 말라면서 물고문까지 했어요. 그렇지만 나는 끝까지 이야기하지 않았어요. 그때 고문에 굴복하지 않았던 것은 지금 생각해도 '내가 일생을 통해 잘한 일 중 하나'인 것 같아요. 동래중학교는 민주학생동맹이라는 좌익단체가 있었는데 내가 말하면 이게 줄줄이 엮여 나올 수 있었던 상황이었어요. 그걸 잘 넘긴 거죠.

그런데 월내 지서에서 끝나지 않고 그 다음 기장서로 넘어갔어요. 기장서는 동래지구 공비토벌대사령부였어요. 거기 끌려가서도 떡이 되도록 맞았어요. 서에 도착해서 바로 영창으로 안 들어가고 뒤뜰에 엎드려 있었는데 공비토벌 나갔던 사람들이 허탕을 치고 들어와서 그 화풀이를 우리에게 했어요. 몽둥이를 가지고 막 때리는데 차라리 죽여줬으면 하는 생각까지 들었어요. 여러 사람이 교대로 때려서 그때 골병이 다 들었어요. 그런데 여기서 끝난 게 아니에요. 기장지서를 경유해서 또 동래 경찰서 본서로 넘어갔어요. 거기서 한 달 동안 구류를 살았어요. 이후 알게 된 이야기지만 그만하게 끝난 것도 친구 자형이 힘을 써서 그랬다고 해요. 우리 멤버 가운데 김재명이라는 친구가 있었는데, 그 친구 자형이 아주 갑부였대요. 자형이 '제발 때리지만 말아달라'면서 배를 한 척 팔아 그 돈을 줬다고 해요. 그 자형 덕으로 우리는 소년심리원에 넘어가지 않고 동래경찰서에서 한 달 구류만 살고 나올 수 있었던 거예요.

• **한국전쟁의 경험과 사회과학에 대한 관심**

기장의 빨치산을 언급하셨는데요. 기장 월내의 좌우대립 양상은 어땠나요? 전쟁 피해는 없었는지요?

기장 일광에 달음산이라는 큰 산이 있어요. 여기를 중심으로 빨치산이 출몰하곤 했어요. 장안면 월내 쪽은 해방 직후부터 좌익활동이 많았고, 우리는 어릴 적부터 농민대회 같은 걸 보고 자랐어요. 한국전쟁이 났을 때 내가 중학교 4학년이니까 열일곱 살인가 그랬어요. 전쟁이 나고 보도연맹을[3] 잡아 죽인다는 이야기가 있고, 월내에서 좀 떨어진 곳에서 총소리까지 나자 어머니가 '우리집은 보도연맹에 가입 안 했지만 혹시 모르니 고모집에 가있으라'고 말씀하셨어요. 기장 죽성에 고모댁이 있었는데 아주 잘 사셨어요. 고모댁 창고에 내 키만 한 큰 단지에 들어가 거기서 먹고 자고 지냈어요. 단지 속에서도 밥은 잘 먹었어요. 중학교 2학년

---

3 국민보도연맹을 말한다. 1948년 12월 국가보안법이 시행됐고, 이에 기반해 '좌익인사 전향 및 교화'를 목적으로 1949년 6월 결성된 단체다. 대한민국 정부 절대 지지, 북한 정권 절대 반대, 인류의 자유와 민족성을 무시하는 공산주의 사상 배격 분쇄 등을 주요 강령으로 했다(『경향신문』, 1949/05/17). 1949년 말에는 전국적으로 30만, 서울에만 2만여 명의 연맹원을 조직했다. 당시 농민들은 보도연맹이 무엇인지도 모르고 가입한 경우도 많았다. 한국전쟁이 발발하자 이승만 정권은 이들에 대한 예비검속과 집단학살을 자행했다. 7~8월 집중적으로 발생한 학살로 인해 전국에서 20만 명까지 목숨을 잃은 것으로 추산된다. 이른바 '예방학살'로 국가가 조직한 전향단체를 '미래의 적'으로 간주해 학살한 사건이었다(『한겨레21』, 「60년 만에 만나는 한국의 신들러들」, 제816호).

때 경찰서 유치장 밥을 먹던 경력이 있어서 그런가 단지 안에서도 잘 견 뎠어요. 거기서 근 한 달 정도 지내니 좀 잠잠해졌어요. 전쟁 나고 학교도 경비학교로 뺏겼기 때문에 가교사를 구해야 했는데 이게 한 두 달 걸린 거 같아요. 가교사는 학교 앞 기와 굽는 자리에 땅을 빌려 지었대요.

당시 군에서 중학생들도 자원입대 형식으로 징집하지 않았나요? 학교로 돌아가신 이후에 군대에 가실 번 한 적은 없으세요?

전쟁이 나자마자 학교에서 징집이 있었어요. 군대 자원입대 케이스가 있는데 군대에 갈려느냐는 거예요. 각 학년별 담임이 와서 전부 다 체크했어요. 학생 가운데 나이가 좀 있는 사람들은 "자원입대 하겠습니다" 하는 경우도 있었고, "안 갈랍니다" 하기도 했고. 내 차례가 돼서 나는 "안 갈랍니다!"라고 했지요. 그랬더니 선생님이 "그럴 줄 알았다" 그러세요.

조금 시간을 거슬러 올라가 질문 드리겠는데요. 구류를 마치고 나오셔서 생각의 변화, 생활의 변화가 있으셨는지요?

어린 시절이었지만 이때 우리나라가 사상적으로 대립하고 있는 것을 체감하기 시작했어요. 나와서는 다 없었던 일처럼 잘 지냈어요. 그렇지만 그런 경험이 없어지는 것은 아니지요. 시간이 지나면서 책을 읽는 폭이 넓어지기 시작했어요. 중학교 3학년이 돼서부터는 『사적유물론』, 『대중철학』, 『전환기의 이론』 같은, 중학생이 접할 수 없는 책들을 서서히 읽기 시작했어요. 또 중학교 4학년에 올라가서는 『레닌주의의 기초』, 『모순론』 같은 대학생들이 읽는 서적들을 많아 읽었어요. 헌책방 같은 데서 그런 책들을 팔았어요.

고모댁에 있는 동안 잠깐 시간을 내 이웃에 있는 아는 형 집에 갈 기회가 있었어요. 그때 형은 서울대학교 박극채 교수가[4] 쓴 『민족과 인민의 이론』이라는 책을 읽고 있었어요. 책이 5mm 정도 될까 말까 한 얇은 책이었는데 형한테 그 책을 빌려 수십 번도 더 읽었어요. 그 책을 통해 민족과 인민의 개념에 대해 이해할 수 있었어요. 중학교 4학년 나이로 머리가 상당히 예민할 때였는데 그 책을 읽으면서 내 나름대로 민족이론, 민족개념에 대해 깨친 거죠.

한국전쟁이 나고 학제가 변경돼 중학 5학년은 고등학교 2학년에 편입됐어요. 동래중학교와 고등학교가 분리됐어요. 그 무렵 부산대학에 다니는 윤원태라는 형을 만났어요. 그 형이 이종률 교수의 강의가 재미있다며 함께 가서 듣자고 했어요. 평소에 사회과학 서적을 많이 읽어서인지 강의가 내 수준에 맞았어요. 고등학교 때는 대학 강의를 도강하고 살았어요.

사진 3 동래고등학교 2학년 친우들과(앞줄 가운데가 구술자)

---

4 조선과학자동맹 위원장이자 조선공산당 이론가로 활동했다.

2. 대학생활과 『국제신보』 기자활동

• 대학진학과 이종률 선생과의 인연

선생님 휴전협정이 체결되고 전쟁이 끝났을 때는 어떤 심정이셨습니까?

정말 다행이라고 생각했어요. 군대 안 가도 되겠다고 생각하고. 나는 대학교 들어가자마자 등록하는 날 병역연기원을 냈어요. 처음부터 군대갈 생각이 없었어요. 군복도 미군이 주는 군복, 총도 미군이 주는 총, 작전지휘권도 우리나라가 갖지 않은 군대를 왜 가야 해요? '나는 군대 안 가' 이렇게 결심을 했어요. 사회적 인식이 좀 빨리 깼던 거 같아요.

본격적으로 대학생활을 말씀하시기 전에 1953년 휴전된 이후에는 어떻게 생활하셨는지 먼저 말씀해 주세요.

1953년 고등학교를 졸업하고는 가정형편으로 대학에 진학을 못했어요. 집에서 놀고 있었는데 마침 298보충대 실업팀에 선수로 있던 친구가 축구부에 들어오라고 권했어요. 그때 298보충대는 동래의 동래여중·고등학교를 점거하고 있었어요. 내가 축구를 잘했어요. 동래중학교 축구부 주장이었고, 고등학교 다니면서도 동래중학교 코치를 했거든요. 거기서 공을 차면서 시간을 보냈는데 고모님이 오셔서 대학에 합격하면 학비를 대줄테니 대학시험을 쳐보라 하셨어요. 그래 대학입시 1개월을 앞두고 공부를 시작해서 1954년에 부산대학교 정치학과에 합격했습니다.

대학에 들어가셨을 때 선생님이 느끼신 대학 분위기는 어땠나요?

나는 고등학교 때 대학 강의를 많이 도강했고, 그게 아니더라도 사회과학 도서에 상당히 익숙했기 때문에 일반 대학 친구들에 비해 많이 깨있었다고 할 수 있었어요. 그래서 함께 토론을 하면 친구들이 선생님한테 듣는 이야기를 나한테 듣는다고 이야기하곤 했어요.

대학에 입학하신 후 선생님의 삶의 변화에 영향을 미친 은사님을 말씀하신다면 어떤 분이신가요?

이종률 선생님의 영향을 참 많이 받았어요.[5] 선생님이 내가 대학 1학년 때 학과 주임교수였어요. 2학년 올라가면서 학비도 너무 어렵고 해서 선생님을 찾아갔어요. 선생님을 만나 "도저히 여기서 공부하기 힘들어 안 되겠습니다. 듣자하니 평양에서는 돈이 없어도 공부를 할 수 있다고 하는데 가는 건 내가 어떻게 하던 갈테니 소개장을 한 장 써주십시오" 그랬어요. 선생님은 엄청 놀래서 "참 이상하네. 지금 북에서는 돈을 들여서라도 사람을 내보내려고 하는데 너는 왜 그리 갈라고 그러노" 이러는 거야. 한 방 맞은 느낌이었어요. 선생님은 내일 수업을 마치면 동래 수곡이

---

[5] 1902년 경상북도 포항시 죽장면에서 태어났다. 일제 강점기 학생운동, 신간회 활동 등 적극적으로 독립운동에 참여했다. 해방 직후 1945년 8월 조선학술원 창립에 참여했고, 1947년 조봉암 등과 민주주의독립전선 결성, 단정 수립 반대투쟁 등, 활발한 활동을 벌였다. 1953년 부산대학교 정치학과 교수로 부임했고, 동아대학교, 숙명여자대학교 등에서 강의했다. 『국제신보』 편집고문, 『부산일보』 논설위원을 역임했고, 1960년 6월 부산에서 민주민족청년동맹을 결성했다. 1961년 2월 『민족일보』 창간, 민족자주통일중앙협의회 창립을 주도했으나, 5.16쿠데타 이후 쿠데타 세력에 의해 체포·수감된 후 1965년 12월 안양교도소에서 출감했다. 1970년 양산 개운중학교에서 교장으로 다시 교직생활을 시작했으나 1974년 뇌졸중으로 와병, 1989년 별세했다. 민주화운동기념사업회, 이종률 선생 약력 참조(https://kdemo.or.kr/notification/calendar/all/post/3309).

라는데 과수원이 하나 있으니 가보라고 하셨어요. 거기 김상찬이라는 학생이 있었는데 거기서 같이 일하면서 밥 먹고 학교를 다니게 됐어요. 1년 동안 매일 통학을 하다가 이제 학교 근처에서 다니게 된 거지요.

거기 있으면서 선생님과 개인적으로 이야기를 나누곤 했는데, 말하자면 개인적으로 사사한 거예요. 선생님이 하시는 이야기 중에 우리가 평생 가슴에 담고 살아야 할 말씀이 많았어요. 공식적으로 강의를 하는 식으로 앉아 이야기하는 것이 아니고 밭을 매면서, 때로는 나무 그늘에 앉아 슬쩍슬쩍 한마디 하시는 말씀이 우리에게는 전부 피가 되고 살이 되는 그런 이야기였어요. 하루는 못 통을 가져오다 못을 하나 흘렸는데 이렇게 보니 못이 구부러져 안 줍고 그냥 갈라고 하니 "배 군, 그 못 주워라" 하시면서 '석여금 용여수 (惜如金 用如水)'라는 말씀을 하세요. 금쪽 같이 아끼고, 쓸 때는 물같이 쓰라는 말인데요. 정치투쟁을 할라치면 재정을 금쪽 같이 아껴야 되고, 써야 할 자리면 물같이 써야 한다고 하셨죠. 지금도 그 말을 안 잊고 있어요.

사진 4 산수 이종률 선생[6]

---

6   산수 이종률기념사업회 제공.

· **국제신보사 기자가 되어**

선생님은 대학재학 중에 국제신보사[7]에 입사하셨는데요? 그 동기나 과정에 대해 말씀해 주세요.

이종률 선생님이 대학에 계시면서 『국제신보』 논설고문으로 계셨어요. 하루는 선생님이 "국제신보사에서 견습기자를 모집하니 너희들도 시험을 쳐봐라" 하셔서 시험을 보게 됐어요. 대학교 3학년 말경이었어요. 그 당시에 견습기자 시험이 상당히 어려웠어요. 일반 사회 시험 중에서 신문사 시험이 제일 어렵다고 했거든요. 1차를 합격하고 2차 구두시험을 보는데 논설주필이나 다른 면접관들과 면접을 잘 마치고 사장 앞에 갔어요. 사장이 서류를 보더니 "조금만 더 공부하면 졸업하고 올 건데, 왜 벌써 왔나" 그래요. 그때 나는 "돈 줘 가면서 부산대학에서 별로 배울 게 없데요"라고 답을 했어요. 사장이 "배울 게 없어? 됐다. 가라", 그래서 나는 좋게 생각하고 왔어요. 물론 구두시험에도 합격했고요. 합격을 해서 신문사를 한참 다니는데 이종률 선생님이 오시더니 "이 사람아 자네는 내 덕에 신문사에 들어왔데이" 그러셔요. 그래 내가 "왜요?" 하고 물었어요. 선생님 말씀이 구두시험 사정위원으로 들어갔는데 내 번호가 나오니까 사장이 "이놈아는 안 돼" 그랬대요. 그래 선생님이 왜 안 되냐고 물었더니 사장이 "돈 주고 부산대학에서 배울 게 없다"고 건방진 소리를 하는데 "그런 놈을 들여놓으면 신문사 팔아먹지 인간 되겠나" 그러면서 안 된다고 했대요. 그 말을 듣고 선생님이 "신문기자는 때로 건방스러워야 할 때도 있다. 그러니 한번 뽑아보자"고 했대요. 그때 사장이 신문사 출

---

[7] 1947년 9월 『산업신문』으로 창간하여 1950년 8월 『국제신보』, 1977년 6월 『국제신문』으로 제호를 바꿨다.

신 김형두 사장이었는데, "지가 건방지면 얼마나 건방진데 학과 점수를 한번 보자", 그래서 서류를 보니 학과 점수가 탑(top)이라서 뭐가 있는가 보다 하고 결국은 통과시켰다는 거예요.

입사하시고 처음에 어느 부서에서 일하셨어요?

정경부 사세청 출입기자로 일했어요. 정치학 커리큘럼에는 조세론이 없습니다. 그래서 조세론에 관한 책을 사서 읽기도 했어요. 사세청을 출입하다가 정당 출입을 했거든요. 그때 자유당사에 가보면 지역언론 동향보고라고 해서 중앙에 신문사 동태를 보고하는 게 있었어요. 거기 보면 『부산일보』, 『민중신보』, 『자유민보』, 이 신문들은 '협조적', 『국제신보』 여기는 '비협조적' 이렇게 평가하고 있었어요. 그때 『민중신보』 사장하던 김철수 씨가 자유당 경남도당 위원장을 했습니다. 그래 내가 일주일에 한 번씩 하는 기자회견 때 그 문제를 따졌습니다. "위원장님 내가 경남도당에서 중앙당으로 보내는 '월례 언론 동향보고서'를 보니까 『국제신보』는 비협조적이고, 『민중신보』, 『자유민보』, 『부산일보』는 협조적이라고 해놨는데 이런 법이 어디있습니까? 객관적인 사실을 그대로 보도하는 것이 언론이지 어느 건 협조적이고, 어느 건 비협조적이라고 하는 건 언론을 모독하는 것이 아닙니까" 라고 하니까, 김 위원장이 "그리 해석하면 안 되고. 우리 입장에서 볼 때 그렇다는 거지. 오해하지 마세요" 라면서 웃고 넘어간 적이 있어요. 그때 『국제신보』를 야당지라 했어요. 당시 『국제신보』 사장은 자유당 중앙위원으로 들어가 있었지만 자기가 신문기자 출신이다 보니 신문편집에는 관여하지 않았고 사실대로 쓰라고 했어요. 신문제작은 늘 정부에 비협조적인 방향으로 됐던 거 같아요. 자유당 말기에 정당 출입을 하면서 정부에 비판적인 기사를 써도 이것을 체크한다던지 이런 거는 거의 없었어요. 비교적 자유롭게 정부를 비판하는 역할을 할 수 있었어요. 신문기자를 실질적으로 구박한다던지 이런 건 보이지 않았어요. 그러나 편집상에 도를 넘지 않는다던가 이런 암시적 지시는 있었다고 봐야 합니다.

그러면 당시 부산에서는 언론이 탄압받은 일은 없었나요? 조직폭력배를 동원해서 기자들을 겁박하거나, 습격한 사건은 없었나요?

부산 언론의 경우 그런 일은 없었어요. 자유당 말기에는 『국제신보』도 언론노조를 구성하자는 이야기가 진행됐는데 4.19혁명이 터지면서 제대로 논의를 이어가지 못했어요. 다른 지역은 모르겠지만 부산에서는 신문사 기자를 직접적으로 탄압한다던지 하는 일은 없었던 것으로 알아요.

3. 4.19혁명과 민주민족청년동맹 활동

▪ 4.19혁명과 자유당 부산 당사의 파괴

선생님 그러면 이제 4.19혁명에서 기억에 남는 사건은 어떤 것이 있으세요?

4월혁명 직전 대구에서 2.28투쟁이 있지 않았어요?[8] 3.15부정선거가 치

---

[8]   1960년 2월 28일은 대구학생의거가 벌어진 날이다. 자유당 정권은 3월 15일 정·부통령 선거를 앞두고 일요일인 2월 28일 대구 수성천변에서 있을 장면 부통령 후보의 유세에 청중의 숫자를 줄이기 위해 공휴일 학생 등교를 지시했다. 이에 대구

러지고 4월 11일 마산 앞바다에서 눈에 최루탄이 박힌 김주열 군의 시신이 떠올랐어요. 4월 18일에는 동래중학교, 고등학교 학생들 데모가 있었어요. 그 당시 시위를 보면 시위대가 무기라고는 아무것도 없고 돌밖에 없었어요. 돌을 주워 던지며 시위를 했어요. 남포동 거리를 쭉 들어가면 자유당 남포동 당사가 있었어요. 시위가 한참 절정에 이르렀을 때 시위대가 자유당 당사에 돌을 던지고 들어가서 서류, 문서, 전부다 창밖으로 던지고 사무실을 난장판으로 만들었어요. 그리고 부산 사세청에 들어가 서류를 불태우자는 주장을 했다고도 해요. 그렇지만 이건 불태우면 안 된다 해서 자제하고, 돌을 던져 유리창을 깨는 정도로 그만뒀다고 합니다. 자유당 사무실을 난장판으로 만드는 건 모두 잘했다고 환영하고 잘못했다는 소리를 안 했지만, 사세청은 달랐던 거예요. 그만큼 분별이 있었어요. 시위대가 돌아오면서 국제신보사 앞에 있는 남양파출소를 향해서 젊은 사람들이 돌을 던지고 유리창을 깨니까, 신문사 사장이 마이크를 설치하고 "데모하시는 청년 여러분, 그것도 우리 민족의 자산입니다. 그거 한 장 더 부순다고 무슨 효과가 있겠습니까" 하면서 방송을 하더라고요. 내가 듣고 있다가 그냥 있을 수 없어서 "사장님 항쟁의 물결이 커져서 새로운 시대가 오는데 까짓 파출소 하나 부서지는 게 무엇이 아깝습니까? 그런 말씀 하시면 안 됩니다. 그만 두십시오" 그리 말했어요. 사장이 내 말을 받아들여 마이크 방송을 중단했어요. 자유당 사무실이나 파출소에 돌을 던지고 파괴하는 게 처음이었으니.

시내 경북고, 대구고, 경북대사대부고, 대구상고, 경북여고, 대구여고 등 6개 공립고등학교 학생들이 "학원에 자유를 달라"며 시위를 벌였다. 이는 3.15마산학생시위, 나아가 4.19혁명의 기폭제가 됐다(『연합뉴스』, 1990/04/17).

▪ **민주민족청년동맹의 조직**

4.19혁명 직후 선생님께서는 민주민족청년동맹[9] 조직에 참여하시게 되는데요. 이 과정에 대해 말씀해 주세요.

4.19혁명이 나고 통일운동 단체를 비롯해 이런저런 조직들이 우후죽순처럼 생겨났어요. 나도 신문사에 있으면서 민주민족청년동맹이라는 걸 산수 이종률 선생님과 더불어 조직했어요. '민주민족'은 상당히 정치적 의미를 지닌 거예요. 해방은 됐지만 아직 완전한 의미의 해방이 아닌 현실에 대한 청년들의 민족적 각성을 촉구하고, 젊은이들의 역량을 가지고 민족자주를 쟁취해야 된다는 의미를 민주민족청년동맹이라는 이름에 담았어요.

선생님 그러면 민민청은 사무실 같은 것을 따로 두었나요?

대청동에 사무실이 있었어요. 그건 옛날에 조봉암 농림부장관의 비서실장을 했던 이영근 씨가 얻어 준 거예요. 이영근 선생이 부산에서 제일 친한 친구가 이종률 선생님이셨어요. 이종률 선생님이 지도선생으로 있는 민민청이 사무실을 못 얻어 힘들어 한다는 소식을 듣고 이영근 선생이

---

[9] 1960년 6월 민주민족청년동지회를 기반으로 부산지역에서 결성됐다. 처음 조직됐을 때는 이종률이 관여하고 있었던 부산대학교와 『국제신보』 관련 인사들이 주축을 이뤘다. 대구지역에서는 서도원, 도예종 등을 중심으로 경북맹부가 결성됐으며, 이로써 부산 경남과 대구 경북의 진보진영이 연계하게 되었다. 부산에 있는 중앙맹부가 서울로 이전하면서 그 지역에서 활동하던 이수병, 김금수 등이 서울로 이주해 조직을 확장했다. 이는 전국적인 통일운동 단체인 민자통중앙협의회를 결성하는 과정이기도 했다(김선미, 2010, 「4.19 민주항쟁시기 부산지역의 통일운동」, 『항도부산』 26).

내게 와서 "사무실이 필요하다지?" 그래 "예, 그렇습니다" 하니까 며칠 뒤 사무실을 얻어놨으니 쓰라고 하는 거예요. 대청동 쪽으로 쭉 올라가다 보면 남항국민학교 바로 뒤 가로변에 하꼬방 같은 사무실을 얻어서 5.16이 날 때까지 썼어요.

민민청에는 주로 어떤 분들이 가입하셨나요?

후배들도 좀 있었지만 내 또래가 중심이었는데 부산대학교 정치학과 졸업생, 재학생이 많았어요. 청년단체들은 지역에 국한되는 것이 보통인데, 민민청은 부산에서 활동하면서 본부를 서울로 옮기고, 대구와 광주에도 지부를 건설하고, 부산 안에서도 부산 진구, 동래지부를 건설해서 지역적으로 뻗어나갔어요. 조직세가 세고 활발했다고 볼 수 있죠. 민민청의 활동 영역을 대구로 넓힐 때 나하고 김상찬 동지가 가서 서도원, 도예종 씨를 만났어요. 강령을 보더니 좋다 같이하자고 해서 대구지역도 참여하게 됐어요. 그때 대구만 하더라도 사회주의 계열 조직이 상당히 활발했거든요. 지금도 잊혀지지 않는 게 도예종 선생님은 아주 열렬한 맑스주의자였어요. 건실한 맑스주의자였지만 교조주의자는 아니었어요. 당시 대구에서 세가 강했던 사회당이나, 사회대중당과는 거리를 두고 있었고, 우리 쪽과 합류했어요. 대구는 민민청의 세가 아주 강했어요.

• 민민청, 짧았던 1년여의 활동

그럼 민민청은 주로 어떤 활동을 했습니까?

몇 가지로 나누어 말할 수 있을 거예요. 먼저 민민청에서는 '민족문화인의 밤'이라고 해서 통일강연회를 개최했어요. 이종률 선생님을 연고로 강연 취지에 맞는 강의를 해줄 수 있는 선생들을 섭외했어요. 고려대의 최홍모 교수, 부산에 김정한, 이주홍 교수, 청십자병원 장기려 선생 등을 모셔서 강연회를 했어요. 이 분들 강연의 초점은 민족자주였어요. 예를 들어 보건의료 영역의 장기려 박사는 민족보건을 위해서라도 자주적인 나라가 건설되어야 한다고 했고, 김정한 선생 같은 경우도 우리 문학의 기본 방향을 민족자주에 맞춰야 한다고 했어요. 강연이 인기가 좋았어요. 미화당백화점 강당이 꽉 찰 정도였으니까요. 또 1960년 송년의 밤 행사 같은 경우는 미공보관을 빌려서 '추사 김정희, 하이네(Heinrich Heine), 슈만(Robert Schumann) 백년제의 밤'이라고 해서 민족자주 의식을 고취시키는 내용으로 강연회를 개최했어요. 부산 시청 옆 부산공보관이라고 영화관에서 강연회를 하기도 했고, 영남극장에서는 통일을 위한 친선의 밤을 열기도 했어요.

강연 외에 초창기부터 활발히 했던 것이 교원노조 합법성 쟁취투쟁 지원이었습니다. 그 당시 사회적 과제 중 하나가 '전국교직원노동조합이 합법성을 쟁취하느냐 마느냐 하는 싸움'이었어요. 그래서 '교원노조 합법성 쟁취투쟁' 이래가지고 지프차에 마이크를 달고 "교원노조는 어떻게든지 합법으로 인정해야 됩니다"라고 방송을 하면서 온 시내를 돌아다니기도 했어요. 다른 정치적 목표가 아닌 교원노조 합법화를 목표로 운동을 하니 순수성이 더 인정돼서 청년단원들이 불어나기도 했어요. 그때 투쟁은 대중집회와 가두행진이 중심이었어요. 대중집회를 해서 사람들을 모아 열변을 토하고 가두행진에 나서는 거예요. 부산에서는 투쟁방식을 유연하게 하려고 노력했어요. '대열에 끼어도 별로 무섭지 않겠다' 하는 인상을 주려고 했어요.

다음으로 말할 수 있는 것이 2대 악법, 소위 반공법하고 데모규제법 반대투쟁이예요.[10] 이를 위해 여러 단체가 연합해서 '2대 악법 반대투쟁위원회'를 구성하고 내가 민민청 대표로 참여했어요. 3월 25일 부산역에서 열린 시민성토대회에서는 내가 사회를 봤어요. 아직도 기억에 남는 게 그 당시 교원노조 위원장으로 있던 이종석 교수가 "이러다 슈샤인(Shoeshine) 값까지도 미국의 승인을 받아야 할 것인가?"라는 말을 했어요. 그때는 그런 말하기 참 힘든 때였거든요. 아직도 잊히질 않아요. 2대 악법 반대투쟁이 잦아들 때 서울지역 학생들이 '통일방안토론대회'를 개최하려고 했어요. 대회 깃발 표어가 '가자 북으로, 오라 남으로, 만나자 판문점에서'였어요. 그런데 5.16쿠데타가 일어나버렸어요. 그때 '가자 북으로, 오라 남으로' 하는 통일운동이 결과적으로 5.16쿠데타를 불러들인 구실이 되지 않았나 하는 느낌을 받았어요.

2대 악법 반대투쟁을 전개하실 때 당시 정국에 대해 어떻게 판단하셨던 건가요?

신구파가 갈라지고 장면 정부가 들어서면서 오히려 이승만 정권을 닮아가는 모습이 나타났어요. 4.19의 기세가 죽지 않은 상황이었기 때문에 여기저기서 산발적으로 저항이 이어졌지요. 항쟁이 이어지니 이를 규제

---

10   1961년 3월 장면 정권이 데모규제법안과 반공임시특례법 제정을 추진하고 있는 것이 알려지면서 부산지역에서는 이에 맞서 3월 13일 '반민주악법반대경남공동투쟁위원회'(약칭 경남공투위), 3월 15일 '반민주악법반대경남학생공동투쟁위원회'(약칭 경남학생공투위)가 결성됐다. 반대 시민궐기대회, 2대 악법 반대 성토대회 등이 이어졌고 청년, 학생, 시민들의 적극적인 참여가 있었다. 전국적인 저항운동으로 결국 장면 정권은 법 제정을 포기했으나, 5.16쿠데타 이후 소위 '혁명재판소'에 의해 2대 악법 반대투쟁은 '특수 범죄'로 단죄되어, 선두에서 반대투쟁을 주도한 학생층이 기소되어 처벌받기도 했다(부산역사문화대전, 2대 악법 반대투쟁, http://busan.grandculture.net/Contents?local=busan&dataType=01&contents_id=GC04205012).

하기 위해 반공법을 개정하고 데모규제법을 내놓은 거예요. 그 법을 없애면 없앴지 새로 강화한다는 것은 이승만 시기로 회귀하는 거나 마찬가지라는 인식 때문에 반대운동이 불꽃처럼 일어난 거예요. '장면 정부가 어떻게 이럴 수가 있나', 이래서 투쟁위원회가 꾸려지고 사람들이 막 모여

자료 1 반공특별법 관련 〈경향만평〉[11]

들어 반대데모가 벌어진 거죠.

당시 학생들이 시위의 주역이었을 텐데요. 학생들과 민민청의 관계랄까요? 학생들에 대한 민민청의 영향력은 어떻게 이야기할 수 있나요?

4월혁명 이후 시위를 계속했던 것도 대학생과 고등학생들이었어요. 당시 우리 민민청은 고등학생의 지도단체가 돼서 강의를 했어요. 어느 날은 역전에서 규탄대회를 마치고 시가행진을 하려는데 덕명여중 학생대표 한 사람이 "선생님 우리는 왜 자꾸 뒤로 가라 합니까? 다른 학생들처럼 앞으로 가면 안 됩니까?" 하고 물어요. 그래서 내가 "우리가 지금 올

---

[11] 『경향신문』, 1961/03/12, "—反共特別法(반공특별법)— 여보세요! 나보다 더 한 놈을 만드시나요?".

바른 싸움을 하는데 우리 학교, 너네 학교가 어디 있나. 전부가 하나라고 생각해라. 조금도 불평할 거 없다" 하니 "알겠습니다" 하고 별말이 없어요. 당시에는 나를 학생대장이라고 했어요. 경찰들도 "당신이 이야기하면 다 듣는다"고 말할 정도였어요. 당시 내가 민민청 청년단체 대표였으니까 학생들도 내 말을 잘 따랐다고 봐야지요.

4월혁명 직후 한국전쟁 전후 민간인 학살 피해자 유가족 분들이 유족회를 결성하고 진상규명을 요구하고, 장면 정부에서 조사활동도 진행됐는데요. 민민청이 유족회 활동을 지원한 것은 없는지요?

유족협의회가 결성돼서 제일 첫 번째 한 사업이 유골을 모아 합장하는 사업이었습니다. 거제리 뒷동산에 합장을 하고 제사를 크게 지냈어요.[12] 그 다음에 '거창양민학살 추모제', 여기에는 우리가 대거 참여해서 같이 일을 돕고 조사도 읽고 했어요. 거창양민학살유족회는 유족들이 두려워서 추모제를 꺼렸어요. 행사가 정당하다는 확신을 유족들이 갖고 힘을 내려면 사람들이 많이 가야 할 것 아닙니까? 그래서 우리도 버스를 대절해 가서 함께 일을 치렀어요. 경남맹부의 책임자로서 내가 그런 것을 가장 앞장서서 협력했어요. 추모비 행사도 지원했고요.

· 민족자주통일중앙협의회 참여

선생님 혁신계 여러 정당들은 정당을 떠나서 개인 자격으로 통일추진을 위한 일

---

[12] 부산 동래구 거제리(현재 연제구 거제동)에서 보도연맹원으로 학살된 사람들이었다.

대 국민운동 단체를 구성하기 위하여 1960년 9월 3일 민족자주통일중앙협의회를 발기했는데요. 민자통 결성과정에 대해 선생님이 경험하신 것을 말씀해 주세요.

민자통 결성을 위한 논의는 먼저 부산에서 있었습니다. 밀양에는 독립운동가였던 백민 황산규 선생이 계셨습니다. 선생님 기일에 사람들이 모인 자리에서 이종률 선생이 "아무래도 자주통일을 이루려면 조직적으로 세를 규합해야겠다. 개인적으로 산발적인 의견만 내서 언제 결실을 볼 수 있겠나? 무언가 의견을 말하자면 조직된 단체가 필요하다"라고 제안을 하셨어요. 그래 서울로 올라가서 이종률 선생님의 동료들과 협의해서 민자통추진위원회를 구성했어요.

민자통에 오십 몇 개 단체가 참여했는데 우리는 민민청이라는 청년단체 이름으로 참여했어요. 그 속에서 사회당이 가장 진보적인 정당이었는데 그들은 조직을 자신들이 장악하기 위해 상당한 노력을 기울였어요. 사회당은 일종의 전위당임을 자임하면서 민자통을 자신들이 끌어가야 한다고 생각했어요. 통일민주청년동맹과도 연계를 가지면서 민민청을 견제하기도 했습니다. 1961년 2월에 민족자주통일중앙협의회 결성대회가 천도교회관에서 열리고 협의회가 결성됐어요.[13] 협의회 안에서 민민청 의안하고 사회당 계통의 의안이 늘 충돌하곤 했는데 표결에 붙여지면 민민청 안이 다 통과됐어요. 우리는 민자통에서 다수결로 결정하는 모든 것에서 이겼어요. 통민청과 조직상 알력이 있었지만 민자통에 참여한 정당사회단체들은 우리 쪽이 정치적 배경이 없고 순수하고 지도이념이 옳다고 봐서 우리를 지지해줬던 것 같아요. '통민청은 사회당을 배경으로 안고 있다', 이렇게 생각하니까 그들의 말이 안 먹혀들어 간 거예요.

---

13 당시 참여한 주요 단체로는 사회당(최근우), 혁신당(장건상), 시대당(김달호), 유도회(김창숙), 천도교 일부(주옥경) 등이었다(『동아일보』, 1961/02/25).

일개 청년단체가 중앙협의회의 실권을 장악하는 조직이 됐다는 건 보통 힘이 아니거든요. 산수 이종률 선생의 힘이라고 할 수 있지만 우리의 원칙과 행동 요령이 모두 정연했다는 걸 말해주는 거라고 할 수 있어요. 이러면서 나중에는 민민청과 통민청 통합 논의가 나왔어요. 청년단체니까 통합하는 게 좋지 않겠느냐 해서요. '언제든지 통합하는 것이 좋다'고 정리했는데 5.16쿠데타가 났어요. 모든 게 중단됐지요.

민민청은 부산지역이 중심이지 않습니까? 사실 한국사회가 중앙집권적이고 서울 중심적인 사회인데요. 부산에서 오히려 역으로 중앙에 양향을 미치는 것이 정치적으로는 특이한 경우인 것 같습니다. 부산의 민민청이 진보운동에 크게 세를 떨치고 영향력을 발휘할 수 있었던 요인은 무엇이라 생각하시나요?

뭐니 뭐니 해도 이종률 선생님의 가르침이 크지요. 선생님의 이론적 배경이 중요했습니다. 당시 서울대학은 관변이론 쪽에서는 앞서갔지만 혁신계나 혁명적 이론에서는 크게 앞서간다 하는 경향이 없었어요. 조직이론도 마찬가지였어요. 이종률 선생은 고리타분한, 교조적인 맑스주의자가 아니었어요. 철두철미하게 우리 민족의 사정에 입각해서 맑스·레닌주의를 정립하고 전개해 나갈 것을 늘 고민했어요. 그래서 우리한테도 "절대로 맑스주의 주의자가 돼서는 안 된다", 늘 이런 말씀을 하셨어요. "주의에 얽매이지 마라, 주의자가 되지 마라", 좋은 이야기지요. 한 교수가 문하에 제자들을 많이 두어도 이종률 선생만큼 둔 사람은 별로 없을 거예요. 이번에 선생의 묘를 대전 국립현충원으로 이장했는데 추모사에 '주의자가 되지 말라'는 그 말씀을 써넣었어요.[14]

---

14 산수 이종률은 1989년 3월 13일 부산 명륜동 자택에서 영면에 들었다. 부산 기장군 백운공원 묘지에 안장되었다가 2021년 4월 10일 대전 현충원으로 이장했다.

앞서 이종률 선생님의 자주통일론을 잠깐 언급하셨는데요. 이종률 선생님의 자주, 민족에 대한 사상은 어떤 것이었나요?

나는 오래 전부터 '민족자주'라는 말을 자주 썼어요. 이종률 선생님의 영향이에요. 우리가 어떤 나무를 심던 나무를 심으려면 터부터 골라야 할 것 아니에요? 이것과 비슷하게 어떤 주의·주장을 하던 우리 힘으로 그 터를 만들어놓고 거기다 우리 사정에 맞는 새로운 집을 지어야 한다는 게 선생님의 지론이었어요. 선생님은 민족주의라는 용어를 사용하지 않았어요. '민족혁명'이라는 용어를 썼지요. 그 구체적인 내용을 말한다면 이래요. '외세가 들어와 있고, 산업이 외국자본에 예속된 매판자본 중심으로 형성되어 있는 국가는 후진성 지역 예속국가다.[15] 직설적으로 표현하면 식민지다. 우리의 당면 혁명은 민족혁명이다. 일제 강점기 우리의 가장 중요한 목적이 민족독립이듯이 일제 퇴각 후[16] 후진성 지역인 우리의 당면 정치적 투쟁 목표는 민족혁명이다'. 이렇게 표현했어요. 거슬러 올라가면 레닌(Vladimir Ilyich Lenin)이 코민테른 2차 당대회에서 극동지역, 조선이나 중국 같은 이런 지역에서의 당면 혁명은 '사회주의혁명이 아니고 민족혁명이다', 이렇게 표현했듯이 산수 선생님은 후진성 지역에서의 당면 정치투쟁을 '민족혁명'이라고 명명했습니다.

---

15 이종률은 후진성 지역을 "봉건제를 주체적으로 극복하지 못한 단계에서 제국주의 침략을 받아 형성된 것"으로 보았다. 이러한 사회는 "한편으로는 봉건제가 유지되고 있음에도 자본제적 제 관계가 확대되고 있다는 점에서 전근대사회와 다르고, 다른 한편으로는 자본제적 제 관계의 확대에도 불구하고 봉건제가 온존하고 있다는 점에서 근대사회와도 다른 성격의 사회"이다(김선미, 2008, 「이종률의 민족운동과 정치사상」, 부산대학교 대학원 사학과 박사학위논문, 99쪽).

16 이종률은 1945년 8월 해방을 '일제 퇴각'이라 칭했다고 한다. 이는 미국의 재진주로 민족의 자주권이 제대로 확보되지 않은 상황을 설명하기 위한 것이었다.

산수 선생님은 민족혁명론을 '민족혁명 삼민론'으로 정리하셨어요. 이는 '민족건양 주체노선',[17] '민족자주 외세영어(外勢領御)', '민족대아(民族大我) 동승전술(同勝戰術)'로 그 특징을 말할 수 있어요. 여기서 자주의 문제는 매우 중요합니다. 외세영어는 다른 말로 하면 민족자주 반제국주의 전략입니다. 그렇지만 선생님은 한국은 양키의 서양풍조가 강하기 때문에 외세 배격, '양키 고 홈'과 같은 용어로는 대중성이 없다고 봤어요. 천하없이 옳은 이론이라고 하더라도 대중이 이해하고 따라오지 않으면 그건 다 허구라고 했습니다. 그렇기 때문에 민족자주 역량으로 외세를 오히려 영도하고 제어해야 한다고 주장했습니다. 또한 민족대아 동승전술은 민족대아의 큰 장에서 누구도 패망이 없는, 남과 북이 동시에 같이 이기는 전술을 말합니다.[18] 산수 선생님은 민족혁명에 관련된 논의에서 어긋나는 행동을 하지 않았고, 민족을 과학적·학문적 용어로 사용했어요. 일반적으로 민족을 혈연적 개념으로 이해하는데 산수 선생은 혈연이 아닌 역사적·사회적 개념으로 파악하고 중요시했어요.

---

[17] 이는 민족을 '건설'하며 '지양'한다는 의미이다. 민족혁명은 '인민적 부르주아 민주주의체제'를 건설하는 첫 번째 단계와 이를 지양하고 '과학적 사회주의사회를 지향'하는 두 번째 단계로 나뉜다. 그리고 이를 실현하는 과정은 '민족건양노선'을 통해 수행된다(김선미, 위의 논문, 122쪽).

[18] 외세영어는 "일정 외국세력에 의존하지도 않고, 가볍게 배격하지도 않는" 것으로 설명한다. 통일론은 '대아남북동경통일론 大我南北同慶統一論'으로 집약된다. 이는 "전체 겨레가 함께 기뻐하고 번영하는 통일을 말한다. 요즘 식으로 표현하면, Win-Win전략이라고 할 수 있을 것이다"(김선미, 위의 논문, 186, 191쪽).

4. 5.16쿠데타 이후, 도피와 생계활동

• 예기치 않았던 5.16쿠데타와 도피

5.16쿠데타 당시 혁신계에 계신 분들은 쿠데타를 예상 못했기 때문에 쿠데타 직후 군사정권의 대량검거에 속수무책으로 당했다는 말씀을 많이 하세요. 선생님께서는 쿠데타 소식을 들었을 때 어떻게 생각하고 대처하셨는지요?

쿠데타가 발발할 때 나는 민민청 경남맹부 간사장이었어요. 서울의 민민청동맹을 통해 사람들을 잡아들인다는 소식을 듣게 됐어요. 민민청 활동이 특수범죄처벌에 관한 임시특례법에 저촉된다고 전부 다 피신하라고 했어요. 내가 제일 먼저 한 일은 경남맹부 사무실로 가서 거기 서류를 한 보따리 국제신보사로 가져가 화장실에 버린 거예요. 신문사에서 나와서는 사람들이 여럿이 타는 택시, 승합차를 탔어요. 그런데 그 자리에 우연하게도 사귀던 여자 친구가 있는 거예요. 의심받지 않고 피하려면 잘됐다 싶어 함께 범일동으로 가서 극장으로 들어갔어요. 낮에 들어가서 어두워질 때까지 영화를 보고 또 봤습니다. 어두워지고 나서 5.16이 나서 내가 지금 수배 중이라고 이야기하고 여자 친구를 집으로 보냈어요. 내가 중학교 2학년 때 감옥에 갔던 경험이 있어서 아는 사람 집에 가면 반드시 잡힌다는 생각을 하고, 그런 곳은 피해서 숨으려고 했어요. 그때 정치학과 친구가 부산대학교 밑 장전동에서 하숙을 하고 있었는데 그리로 갔어요. 학생과 같이 하숙을 하는가보다 해서 별 의심을 받지 않았어요. 그때 경찰들은 동생을 앞세워서 친척집을 다 뒤지고 나를 지명 수배했습니다. 하숙집에 숨어 있으면서도 잡혀간 동료들의 소식을 알 만한 사람을 불러 "잡혀간 동지들의 안부가 궁금해서 그러는데 당신이 슬쩍 가

볼 수 있겠나?"하니 "동부서에 많이 있다" 그러면서 모두 건강하다는 소식을 전해줬어요. 계속 피해 있었는데 그 다음해 1962년 2월이 되니 잡혀갈 사람은 거의 다 잡혀가고 군사정권이 안정됐다 싶으니까, 군정은 '과거의 일은 일체 불문에 부친다'는 발표를 했어요.[19] 그래서 밖으로 나왔어요. 집에 돌아와 한 번은 경찰서에 가서 진술을 해야 한다고 해서 경찰서를 다녀와 피신을 안 하고 살 수 있게 됐어요.

· **사업의 번창과 실패**

도피 생활이 끝났다고 하더라도 기자로 계시다가 직장을 잃으신 거잖아요? 직장을 새로 구하셔야 했을 텐데요.

살려면 직장을 구해야 하는데 내가 편하게 직장을 구하기는 힘든 상황이 됐잖아요. 그런데 다행히 부산진 구청에 아는 분이 있어 그분 알선으로 올림픽 카바레라는 곳에 들어가 일을 할 수 있었어요. 이후에 기자직을 알아보다 잘 안 됐어요. 그러고 있는데 어떤 친구가 와서 "달력 한번 해봐라" 그러는 거예요. 8월, 9월경이고, 연말도 다가오니 내년 달력 이거 한 철 잘하면 1년은 먹고 살 수 있다고 하대요. 그래서 무역진흥공사

---

[19] 1962년 2월 14일 법무·국방 양 장관은 '복권 절차를 권장하는 담화'를 발표했다. 담화는 일반법원이나 군법회의에서 형이 선고되었거나 자격상실 또는 정지되었던 자가 소정의 복권 수속을 않음으로써 전과자라는 오명을 씻지 못하고 있다며, 빨리 수속을 밟아 공공생활에 제한을 받지 말라고 했다. 이 담화문은 반독재투쟁자를 위한 '복권에 관한 임시특례법'이 3월 15일로 끝나기 때문에 해당자는 2월 20일까지 서류를 제출해달라는 내용을 포함하고 있었다. 정권 차원에서 도피자들의 '공공생활' 복귀를 종용하던 상황이었다(『동아일보』, 1962/02/15).

를 찾아갔어요. 거기 총무이사가 부산대학교 시절 은사였던 김철구 교수였어요. 가서 "선생님 무역진흥공사에서 해마다 달력을 크게 한다던데 이번 달력 일거리는 저에게 주세요" 했더니 "아이고 이 촌놈아. 무역진흥공사 달력은 2월이나 3월이면 다 결정된다. 워낙 경쟁이 센 일인데 지금이 10월인데 이때까지 남아 있겠나?" 그러셔요. 도움을 주지 못해 미안하다 하시면서 큰 데 말고 작은 데부터 해보라고 말씀해 주셨어요.

그래서 찾아 간 곳이 인천에 있는 연합화학이라는 유산공장이었어요. 친구가 공장장 겸 상무로 있었거든요. 찾아가 사정 얘기를 하니 그 회사는 달력을 해도 많이 하지 않아 돈이 안 될 거라 하면서 유산 장사를 해보라고 권했어요. 유산은 녹을 씻어내고 다른 화학작용을 하는데 쓰이는 건데 톤당 다른 사람들보다 5천 원을 싸게 줄 테니 한번 해보라고 했어요. 거래처 명단까지 챙겨줬어요. 처음 유산을 받아 팔아서 유산 값을 회사에 납입하니 5만 원이 남았어요. '장사라는 게 이렇게 하는 거구나' 싶어 이제 열심히 이 회사, 저 회사 다니면서 유산을 팔았고 나름 자리도 잡았어요. 그 사이에 결혼도 하고, 처도 서울로 올라와서 잘 지냈어요. 그러다가 문제가 생겼어요. 부산 해운대 출신 친구가 염색 공장에서 경리를 담당하고 있었는데 유산 30톤을 구입하겠다고 해서 주게 됐어요. 30톤이면 나로서는 꽤 큰 돈이었는데 친구를 믿고 외상으로 현물을 넘겼어요. 그런데 그걸 모두 사기를 당했어요. 물건은 물건대로 납품받고, 회사에다가는 내게 돈을 준 것으로 영수증을 제출하고 개인적으로 돈을 챙겨서 도망가버린 거예요. 그래서 그동안 벌어놨던 돈을 거의 다 까먹어버리고 말았어요. 그런 상황에서 서울에는 더 못 있겠어서 다시 마산으로 내려왔어요.

• 『마산일보』 기자가 되다

그러면 다시 마산으로 내려오셔서는 어떻게 생활하셨나요?

마산은 우리 처가가 있는 곳이나 마찬가지입니다. 처삼촌이 마산에 계셨는데 장인어른이 4.19 때 사두신 집이 있었어요. 그 집에서 처삼촌이 사셨어요. 서울에서 사업에 실패하고 나서 처가 옛날 고향으로 가자고 해서 처삼촌 집으로 갔어요. 마침 거기 빈방이 하나 있어서 그리로 들어가서 살게 됐어요.

마산에 내려가 한 이틀인가 있다가 『마산일보』 편집국장에게 인사를 갔어요. 내 소식을 알고 있었고, 바로 내일부터 나오라고 해서 취직이 됐어요. 그건 일종의 행운이라고 봐야지요. 경제담당 기자로 발령이 났어요. 부산에 있을 때도 경제부서에 있었기 때문에 경제담당 기자로서 부두노조라든지 일반경제라든지 하는 것을 다루는 솜씨가 좋았지요. 그래서 들어가자마자

사진 5 『마산일보』 기자 시절, 신문사 정문 앞에서

톱기사를 쓰고 마산에서 상당히 센세이셔널한 기자가 됐어요. '부산『국제신문』의 배 기자가 와서『마산일보』의 지면이 강화됐다'는 말도 있었어요.

5. 통혁당사건에 연루되어 옥고를 치르다

• 김질락과의 만남

선생님께서『마산일보』에 계실 때 김질락 씨를 만나셨던 것으로 아는데요. 김질락 씨와의 만남, 인상은 어떠셨어요?

그렇게『마산일보』기자로 2년을 생활했어요. 그런데 1968년 몇 월인지는 모르겠는데 신문사 노조하고 경영진 간에 갈등이 있어서 일시 파업이 있었어요. 파업 후에 새로운 임원으로 김질락[20] 씨가 왔는데 상무 겸 논설위원이었어요. 위치가 그러니까 회사운영에 대해 경륜이 있고, 논설위원을 하니 상당히 실력을 갖췄나보다 생각했어요. 후에 알고 보니 서울대학교 정치학과 출신이더군요. 그 전에는 그 사람에 대해 전혀 몰

---

20 1968년 8월 24일 통일혁명당 간첩단이 세상에 알려졌다. 김질락은『청맥』지 주간으로 김종태, 이문규와 더불어 통일혁명당의 중심 인물이었다. 중앙정보부는 김질락이 김종태의 안내로 1967년 5월 5일 이문규와 더불어 월북하여 평양에서 교육받았으며, 북괴의 무력 적화통일 노선을 지원하려 했다고 발표했다(『경향신문』, 1968/08/24). 이 사건으로 158명이 검거, 50명이 구속됐으며, 6명에게 사형이 구형됐다. 김질락은 1972년 7월 15일 사형이 집행됐다.

랐습니다. 임원으로 들어왔으니 신문기자들 자질을 보기 위해 리스트를 쭉 봤을 거 같아요. 내가 부산대학교 정치학과, 『국제신보』 기자 출신이고, 톱기사도 많이 쓰는 기자였으니, 나에게 관심이 있었을 거예요. 논설위원들 안에서도 '배 기자가 쓴 기사를 가지고 사설을 쓰기 참 편하다'는 이야기가 돈다는 걸 나도 알고 있었으니까요. 어느 날인가 "나는 서울대학 정치학과를 나왔는데 부산대학교 정치학과 나오셨냐"고 하면서 "다 같은 정치학을 공부했던 사람들끼리 한번 만나서 이야기 좀 합시다". 이렇게 이야기가 됐어요. 서로 정치학을 전공했으니까 말하기 쉬웠던 거죠.

"저녁 먹고 우리 산보나 합시다" 해서 해변가를 산책하는데 나한테 문득 김배영이라는[21] 사람을 아느냐고 물어요. 김배영하고 나는 아주 친한 친구였어요. 나는 민민청이고, 김배영은 통일민주청년동맹에서 활동했어요. 그는 옛날 사회당 산하 통민청 부산 대표였고, 나는 민민청 부산 대표였어요. 조직은 달라도 우린 같이 일했던 동지였어요. 그 친구가 활동을 하다가 수배를 받게 됐는데 일본으로 피신했어요. 그런데 거기서 끝난 게 아니고 다시 북으로, 월북을 했어요. 가서 또 무슨 마음을 먹었는지 북에서 교육을 받고 다시 남파됐어요. 들자하니 "절대로 당신 내려가지 말라" 하는 걸 자원해서 내려왔다고 해요. 남쪽에 와서 얼마 활동하지 못하고 잡혔어요.

"김배영을 아느냐?" 물어서 "아주 잘 안다. 친했다"고 답했어요. 그랬더니 김배영에 대해서 어떻게 생각하느냐고 다시 물어요. 나는 김배영의 행적에 대해 아주 잘못됐다고 생각한다고 말했어요. 왜 그러냐고 해

---

21 중앙정보부는 1967년 11월 21일 대통령과 중앙정보부장 등 정부 요인 암살, 국가 전복 등 북괴의 지령을 받고 남파된 전 인혁당 창당위원 김배영 등 간첩단 6명을 일망타진했다고 발표했다. 당시 중앙정보부가 발표한 김배영 관련 사건 내용은 『조선일보』(1967/11/22) 참조.

서 "활동을 하다가 죽어도 자기 바닥에서 죽고, 징역을 살아도 자기 바닥에서 살아야 나와서 또 활동을 할 수 있지, 외국으로 도망가고, 특히 이북으로 도망을 가면 인제 죽어도 이남에서는 합법적으로 활동하지 못하는 것 아니냐. 혁명가는 그리 살면 안 된다. 더군다나 남쪽에서 적대국으로 생각하는 북한으로 간 건, 정치행동 요령으로는 빵점이다. 우리는 통일이 되지 않으면 죽을 때까지 투쟁을 해야 하는데 북에 가지고 아까운 재주를 영원히 썩히게 됐다"고 말했어요. 그랬더니 김질락이 "사람이 경우에 따라서는 그럴 수도 있지 않겠습니까?" 그래요. 그래서 내가 재차 "어떤 경우에도 혁명적 관점에서 이야기하면 그럴 수 없다. 죽든지 살든지 국내에서 활동해야 한다"고 말했어요. 이런 문제와 관련해서 나는 김질락에게 "어떤 경우에도 북과 제휴해서 정치적 활동을 하는 것은 절대로 반대한다"고 했어요.

김질락 씨가 통혁당과 연관이 있는 것은 통혁당사건이 터지고 난 뒤에 아시게 된 건가요?

그 사람과 대화하고 만났을 때는 그 사람이 이북에 왔다 갔다 한 사실에 대해서는 조금도 느낄 수 없었어요. 만약 알았다면 "지금이라도 당장 자수하시오" 이렇게 권했을 거예요. 그런 걸 전혀 알지 못했으니 일체 이야기를 못했지요. 김배영 이야기로 나를 떠보고, 여기에 대해 부정적으로 이야기하니까 자신이 북에 다녀온 이야기를 하지 않았을 거예요. 만나고 얼마 안 있다가 통혁당사건이 터졌어요. 그리고 며칠 지나자 자신이 그 사건에 연루됐다는 말은 안 하고 사정이 있다면서 회사를 그만뒀어요. 그 후로는 볼 일이 없었지요.

김배영 씨와 관련해 질문을 하나 드리고 싶은데요. 김배영 씨가 북한에 갔다 와

서 다시 만나신 적이 있으신지요?

자기 연고지가 부산이니까, 부산에 와서 동지를 규합하려다가 얼마 활동 못하고 잡혔어요. 그리고 내가 체포된 후에 만났어요. 검찰이 증인 심문한다고 하면서 김배영더러 "너 이 사람 아느냐"고 물었어요. 그러니까 상당히 친한 사이인데도 "전에 신문사에 있던 사람…" 그 정도로 답하더라고요. 나에게 피해를 주지 않으려고 그랬겠지요. 그래서 오히려 내가 "나 배다지다"라고 이랬더니 그러냐고, 하고 말더라고요. 그렇게 잠깐 만나고 그 후로는 못 만났고, 사형이 집행됐다는 이야기를 들었어요.[22]

- **3년의 억울한 옥살이**

선생님께서는 통혁당사건에 연루되어 옥고까지 치르시게 되는데요. 그 과정은 어땠나요?

김질락과 그렇게 헤어지고 나서 통혁당사건이 터졌어요. 사건 후 석달인가, 넉달인가 지난 후 서울에서 나를 잡으러 왔어요. 그것도 그냥 잡으러 온 게 아니라 "외양선원인데 선원 인권에 관해 호소할 일이 있으니 이야기를 들어달라"고 하면서 나에게 접근했어요. 그래서 회사에서 녹음기까지 준비해서 나갔어요. 취재할 사람을 만날 때는 반드시 녹음기를 준비해서 가거든요. 그래서 만나기로 한 다방으로 나갔는데 신분증을 보여주면서 "김질락이 아냐?"고 해요. 그래서 "안다"고 했더니 김질락에 관련해 알아볼 게 있으니 같이 가자하더라고요. 그래도 기자 곤조가 있잖아요.

---

22 1972년 5월 31일 김배영의 사형이 집행됐다(『경향신문』, 1975/03/13).

"여보시오. 그런 일이 있으면 처음부터 당신 김질락이 알고 있어? 물어보고 사무실로 오라고 하던가 해야지, 왜 이런 식으로 사람을 부르느냐"고 뻗댔어요. 그러니까 "새끼 왜 이리 지랄이야. 잔소리 말아" 하면서 발로 걷어차고 끌고 내려와 지프차에 억지로 태웠어요.

마산에서는 조사를 하지 않고 부산으로 갔어요. 그런데 부산에서도 조사를 하지 않고 그대로 자고 다음날 새벽 첫차로 남산 중앙정보부로 끌려갔어요. 끌려가자마자 시작 전에 옷부터 벗겨놓고 물고문을 시작했어요. 손에 수갑을 채우고 팔을 묶고 다리 사이에 봉을 넣어서 봉을 책상 사이에 딱 걸어요. 그러면 머리를 움직이기 편하거든. 그런 상태에서 거꾸로 돌려서 물에 담그고 고문을 하는 거예요. 그런데 나는 고문을 해도 내가 조직적으로 더 무엇을 했다 이야기할 건더기가 없단 말이에요. 아무리 고문을 해도 나올 게 없고, 나로 인해서 엮여 들어간 사람이 없었어요. 고문을 하면서 "김질락이 하고 어떤 이야기했나?" 물어, 나는 내 생각을 그대로 이야기했어요. "나는 어떤 일이 있어도 북과 제휴해서 정치활동하는 것을 반대하는 사람이다. 그건 옳은 정치활동이 아니다" 하면서 김질락과 했던 이야기를 그대로 했어요. 그러면서 김배영이 북한으로 간 것에 대해 나는 반대한다는 것까지 논리적으로 이야기했어요.

나는 통혁당 사람들이 다 잡혀간 후 나중에 따로 잡혀갔기 때문에 별도로 재판을 받았어요. 보통은 사건을 병합하는데 우리 변호사가 병합하지 말라고 해서 병합하지 않았어요. 통혁당 1차 재판이 다 끝나갈 무렵 다시 병합 이야기가 나왔는데 나를 담당한 김종길 변호사가 "병합하지 마라. 별도로 해야 한다" 주장해서 병합하지 않고 진행했어요. 재판 결과 김질락과 만난 것으로 인해 나도 1심에서 징역 5년을 선고받았어요. 그때 통혁당사건은 아주 큰 사건이었습니다. 거기에 연루되어 5년을 선고받고 나니까 막막했어요. 2심 재판을 진행하면서 김질락을 증인으로 불렀어요. 내가 김질락에게 "그때 부두에서 당신하고 나하고 김배영이를 아느냐 하는 이런 이야기를 했을 때 나는 어떤 일이 있어도 북과 연계해서 정치활동을 하는 것을 반대한다는 이야기를 당신에게 했냐, 안 했냐?" 물으니 "했다", 그렇게 시인했어요. 재판정에서 내 입장을 확인했으니 나는 무죄가 될 줄 알았어요. 그런데 고작 2년 깎이고 징역 3년으로 판결이 났어요. 그래서 또 상고를 했지만 기각당하고 3년형을 살고 나왔어요.

6. 출소 이후 생계활동과 지속되는 감시와 통제

· 언론인의 삶을 접고 생계를 위해 장사에 뛰어들다

선생님께서 통혁당사건에 연루되어 많은 고초를 겪으셨는데요. 사건 이후에는 사실 언론계에서 활동하시는 데 어려움이 있으셨을 것 같습니다. 출소하신 이후 생계는 어떻게 꾸려 가셨는지요?

통혁당사건으로 3년 징역살이를 하고 내려와서 다시 언론계에 들어가는 건 생각지도 못했지요. 그래도 내가 가장인데 어떻게든 먹고 살아야 하지 않겠나 해서 궁리 끝에 국제시장에서 침구 커버, 커튼 장사를 하는 사돈을 찾아갔어요. 한일침구상사라고, 가서 보니 상점을 거창하게 해놓고 있기에 나도 장사든 뭐든 해서 돈을 벌어먹고 살아야 할텐데 하고 이야기를 하니, 점포만 하나 구하라는 거예요. 점포만 구하면 자기가 물건은 얼마든지 대주겠다고 해요. 지금 무일푼인데 천군만마를 얻은 것 같더라고요. 그런데 내가 모아놓은 돈이 있는 것도 아니고 해서 고심 끝에 옛날 우리 민민청 멤버였던 임현규 동지에게 "내가 장사를 해야 하는데 집세로 돈이 필요하니 빌려달라"고 했어요. 그 사람이 책장사를 해서 돈을 많이 벌었어요. 한때 박정희가 고전읽기운동을 했는데 그때 고전 책을 만들어 각 학교에 대량으로 팔아 돈을 많이 벌어 여유가 있는 편이었어요. 나하고 친한 사이기도 해서 점포를 얻으려고 그때 돈으로 20만 원 정도를 빌렸어요.

사돈에게 가게자리 감정을 부탁해서 양정동 쪽에 점포를 얻었어요. 점포 내부 장식을 하고 물건을 들여놓았어요. 장사를 시작하니까 주변에 있는 가게보다 상품감각이 좋고 진열도 좋아 우리 집 손님이 많았어요. 나는 장사를 정직하게 하려고 했어요. '모든 고객이 장사하는 사람의 말을 안 믿는다. 장사하는 사람은 모두 거짓말을 한다. 고객들이 믿건 말건 나는 무조건 정직하게 한다.' 한 1~2년 지나면 손님은 반드시 돌아온다는 확신을 가지고 정찰제를 적용해서 정직하게 장사를 했어요. '저 가게 믿음직하다' 해서 장사를 참 잘했어요. 장사가 잘 돼서 가게를 옮겨 커튼, 카페트를 같이 취급했어요. 주변에 아파트가 하나 둘 늘어나면서 양정에 신흥부자가 났다고 소문이 날 정도로 장사가 잘 됐어요.

· 사회안전법의 굴레

언제까지 장사를 하신 거예요?

내가 1968년 감옥에 들어가서 징역 3년 살고 1971년에 출소했거든요. 그리고 1972년 4월에 개업을 해서 한 16년 장사를 한 것 같아요. 그동안 나는 사회안전법이 묶여서 제대로 사회활동을 못하고 있었어요. 석 달에 한 번씩 경찰에 신고를 해야 했기 때문에 조직활동에는 참여할 수 없었지요.

3개월마다 경찰에 신고를 하셔야 했다고 하셨는데 어떤 것들이었나요? 그리고 신고하시는 것 이외에 특별히 어려운 일은 없으셨나요?

전담 경찰은 한 사람이 아니고 담당이 계속 바뀌는데 써내야 하는 기본적인 문틀이 있어요. 거기에 내가 언제 무엇을 했는지 써놓거든요. '이것 한 일 없다', '한 일 없다', 전부 이렇게 써내면 그쪽도 형식적으로 그걸 받아들이는 거죠.

    장사를 그만둘 쯤에는 서서히 대중적인 저항운동이 일어나고 있었어요. 내가 본래 사회활동을 하던 기질이 있다 보니 활동을 하지 못하는 데서 오는 답답함, 고민이 컸어요. 속이 부글부글 끓어올랐죠. 더 이상 참기가 힘들었어요. 당시 부산민주시민협의회라는[23] 단체가 있었어요. 나는 단체에 가담하면 안 되는데 '죽으면 죽고, 살면 살지. 도리가 없다' 생각하고 민주시민협의회에 자문으로 참여했어요.

협의회 활동을 하시면서 경찰에게 따로 제재를 받거나 하신 적은 없었나요?

제재를 받죠. "그동안 활동한 것은 뭐가 있느냐" 묻고. 그러면 무조건 활동한 거 없다 말하죠. 그래야 그들도 편해요. 매번 회의에 참여하고도 "그런 것 없습니다", 이렇게 넘어간 거죠. 그러면서 1987년 6월항쟁이 나고 시위가 상당히 격해졌어요. 장사는 집사람에게 맡겨두고 6.10항쟁에 참여했어요. 거기에 온통 신경이 가 있으니 장사가 부진할 수밖에 없었죠. 그러면서 장사를 그만두게 됐어. 이제 무슨 일이든 본격적으로 해본다고.

---

23   전두환 정권 하에서 민주화운동 역량을 결집하기 위해 1985년 5월 3일 창립된 단체로 부산지역에서 1987년 6월항쟁을 주도했다.

7. 1980년대 사회운동 참여와 정치지형에 대한 이해

- **부산민주시민협의회 참여**

선생님 장사를 하시면서 부산민주시민협의회에서 사회운동에 다시 참여하셨다고 말씀하셨는데요. 민주시민협의회 활동에 대해 말씀해 주세요.

부산민주시민협의회는 부림사건[24] 멤버들이 주로 활동하던 곳이었어요. 김상찬, 조현종, 이런 분들하고 가까웠어요. 민민청 맹우고 여기도 같이 들어갔으니까요. 초기에는 사회안전법으로 서로 토의하고 비판하는 활동은 하기 힘들었어요. 그러다가 6.10항쟁 말기에 가서는 이런 분들하고 '오늘 활동은 잘 됐니, 못 됐니, 어떤 점이 잘못됐니' 이런 자기반성, 자기비판을 하기도 했어요. 김상찬 씨는 돌아가셨고, 조현종 씨는 지금 몸이 불편하세요.

　거기 민주시민협의회에 참여한 사람들은 연령대가 우리보다 상당히 낮았어요. 그래서 개별적으로 친하기는 힘들었죠. 그렇지만 조직적 결정에 따라서 행동하고, 더 많은 걸 빠짐없이 이행하려고 노력했어요. 가령 세미나를 한다 할 때도 한 번도 빠지지 않았어요. 울산이라든지 남창이라든지, 이런 데로 피해 다니면서 세미나를 하고 이런 일도 있었어요. 세미나의 내용은 전두환 독재정권의 사회적 성격, 외국 군사정권의 사례, 정권이 얼마나 더 지탱할 것인가, 이런 것들이었고 어떤 때는 시위에 필요한 기술을 논의하기도 했어요.

---

[24] 1981년 9월 부산지검 공안당국이 사회과학 독서모임을 하던 학생과 교사 등 22명을 불법 감금한 후 기소한 사건.

선생님보다 연배가 낮은, 당시 청년분들이 많이 활동하셨을 텐데요. 그들과의 관계는 어떤 식으로 생각하셨어요?

나는 이미 어릴 적에 경찰에서 고문도 당했고, 통혁당사건으로 징역도 살고 나왔잖아요. 그래서 상당히 나름대로 프라이드도 있었고, 점잖게 묵묵히 지내는 편이었어요. 그렇지만 결정적으로 이야기해야 할 것이 있으면 "그건 그렇지 않다"고 명확히 이야기하고. 내 딴에는 선배로서 무게 있는 행동을 하려고 상당히 애를 썼어요.

- **6월항쟁과 1987년 대선**

부산지역 6월항쟁 경험에서 인상적으로 남아 있는 기억에 대해 말씀해 주세요.

6월항쟁 과정에서 지금도 잊히지 않는 게 있어요. 그때는 정말로 전부가 약이 올라 피가 머리 위까지 솟아오르는 그런 형국이었고, 조금이라도 뭔가 걸리면 큰 사단이 날 것 같은 분위기였어요. 그래서 경찰도 상당히 조심해가면서 우리를 다뤘죠. 시내 부산역전에서 시작해서 서면까지 행진을 해오면 한밤중이 되기도 했어요. 서면에 와서 마무리 집회를 하고 해산을 하는데 서면 지하철역 입구가 평평했어요. 그걸 연단으로 활용해서 사람들이 올라가서 수만 명을 앞에 놓고 마이크를 잡고 이야기를 하고 했어요. 그 광경이 잊히지 않아요. 그때는 정말로 신명이 나는 것이 야간에 큰 행렬을 지어가지고 데모를 하면 시민들이 물을 떠와서 중간에 먹게 해주고, 어떤 사람은 빵을 내오고, 야쿠르트를 가져오고. 시민들이 그렇게 호응하는 가운데 행진을 했으니 얼마나 신났겠어요. 또 특징적인 것이 처음에는 대열이 불과 몇백 명이었던 것이 마지막에는 몇천

명으로 불어나는 거예요. 그만큼 대중의 지지를 받았다는 것이죠. 그러니까 결국은 전두환이 항복할 수밖에 없었겠지요.

선생님 당시 노태우 전 대통령은 6.29선언을 발표하는데요. 선생님은 그에 대해 어떻게 생각하셨어요?

'6.29선언은 기만이다. 그건 근본적으로 말하면 항복이 아니다. 항복이라면 자기들이 물러나야 항복인데 그게 아니지 않느냐', 난 이렇게 주장했어요. 그런데 안 통하더라고요. 선거를 승리로 인식했는데 결국은 노태우가 당선됐지요. 그때 정세를 파악하는 게 상당히 어려웠어요. 노태우가 6.29선언을 할 때 이걸 6월항쟁의 승리, 성공이라고만 해석했지,

사진 6 최루탄 추방의 날 행사, 부산 대현지하상가 도로를 가득 메운 시위대[25]

---

25 『동아일보』, 1987/06/20, "빗속의 부산시위".

그게 그 기세등등했던 6월항쟁을 진압하는데 활용되리라고 누가 생각했겠어요? 결과적으로 6.29선언을 통해 노태우를 대통령으로 옹립하고, 정권을 연장할 수 있었으니 군사정권으로서는 완전히 성공한 것이죠.

1987년 대선 당시 김대중과 김영삼 전 대통령이 후보단일화를 이루지 못해 정권 창출에 실패했고, 사실 민주진영 자체를 분열시킨 측면이 있지 않습니까? 선생님은 대선 후보 통합 문제에 대해 어떤 입장을 가지고 계셨습니까?

난 김대중을 지지했지만 당시 분열이 '미국의 정치기술이다', 이렇게 생각했어요. 민주진영 후보를 양립시켜놓고 노태우를 당선시키게끔 하는 것, 이것이 '미국의 기술'이라고 봤어요. 일부에서는 김대중이 양보를 하지 않은 데 대한 원망도 있고, 또 일부에서는 김영삼이 부족하다는 시비도 있고 했는데 선거결과에서는 김영삼이 김대중을 조금 앞섰지요.[26] 단일화를 하지 않았기 때문에 졌다는 평이 일반적인 생각이었어요. 그런데 나는 이것이 '미국의 장난이다' 이렇게 봤어요. 말하자면 미국이 김영삼, 김대중 양쪽 모두에게 '우린 널 지지하니까 무조건 물러나지 말아라' 이런 신호를 줬다는 거죠. 그래서 결국 단일화를 이루지 못한 상태에서 선거를 치렀고 노태우의 당선으로 끝나고 말았죠.

당시 선생님은 노태우가 당선된 이후의 정세를 어떻게 예측하셨나요?

갈수록 압박은 더욱 심해질 것으로 봤어요. 노태우가 들어서서 정치적으로는 '물태우'니 뭐니 하는 이야기가 있었지만 재야운동단체에 대한 자

---

[26] 1987년 13대 대선 결과는 민주정의당 노태우 36.6%, 통일민주당 김영삼 28%, 평화민주당 김대중 27%, 신민주공화당 김종필 8.1%였다.

세는 갈수록 더 혹독해지고 탄압이 셌거든요. 걸핏하면 잡아가고, 국가보안법 걸어 교도소에 보내고, 모든 역사과정이 그렇듯이 독재정권이라고 하는 것은 시간이 갈수록 독재가 심화됐으면 심화됐지 절대 차차 물러지지는 않거든요.

선생님 그러면 부산민주시민협의회를 시작으로 다시 시작하신 사회운동을 대선 후에는 어떻게 확장해 가셨나요?

앞에서도 말했지만 4.19혁명 이후에 민족자주통일중앙협의회라는 단체가 있었어요. 1987년 이것을 복원시켰는데 거기서 부의장을 하다가 상임대표를 하게 됐어요. 그리고 1989년 1월 전국민족민주운동연합이 만들어지면서 부산민족민주운동연합을 대표해서 집행위원으로 참여했습니다. 그렇게 재야활동을 하면서 많은 사회운동가들을 만나게 됐어요.

8. 1980~1990년대 통일운동과 민족운동

1980년대 말이면 조국통일투쟁이 뜨거워지게 됩니다. 그리고 1990년 11월 20일 남·북·해외인사들이 베를린에 모여 범민련 결성에 합의하는데요. 선생님께서는 조국통일범민족연합(범민련)에서도 활동을 하신 바 있습니다. 범민련 결성 이전 국내에서는 8.15범민족대회가 조직되기도 했습니다. 당시 8.15행사에서 선생님의 역할이나 입장에 대해 말씀해 주세요.

1990년 전국민족민주운동연합에서 제1차 범민족대회를 개최했어요. 갈라진 이후 처음으로 남과 북이 함께, 우리 민족이 한자리에, 판문점에서 모이자는 범민족대회를 열려고 했어요. 범민족대회라는 사업계획을 발표하고, 이것을 조직하는 방식에 대한 논의가 이루어졌어요. 당시 범민족대회에는 반공·우익 단체들도 분담금을 내고 참가하겠다고 신청을 했어요.[27] 그때 나는 "반공단체나 우익단체 사람들을 참여시켜도 아무런 문제없이 우리가 얼마든지 주도권을 가지고 할 수 있다"고 했어요. 그들도 참여시켜야 한다고 주장했지요. 반공단체, 보수세력도 참여해 큰 덩어리로 판문점에 들어가면 민족적으로 큰 경사가 되고, 실질적으로 판문점으로 가는 기회가 열릴 것이라고 봤어요. 그렇지만 그들은 절대 참여시켜서는 안 된다는 반대가 있었어요.[28] 그래 결국 참여가 무산됐어요. 그런 사람들 다 배제하고 운동권만 모여 할려고 하니 판문점 근처에도 못 갔지요. 연세대학에서 8월 13일 제1차 범민족대회가 개최됐는데 막상 8월 15일에는 학교에서 외부로 진출할 수 없었어요. 제1차 범민족대회를 보수세력을 참여시켜 같이 했다면 행사도 성공하고 역사적으로 큰 의미를 지닌 행사가 됐을 거예요. 아쉽고 후회스런 기억으로 남아 있어요.

선생님은 범민련 결성에 대해 어떻게 생각하셨나요?

나는 처음에 연합에 대해 반대했어요. 협의체를 해야지 연합은 안 된다고 주장한 거예요. 연합이라고 하는 것은 성격상 말하자면 구성된 조직에 대해서 서로가 귀속되는 것이고, 그 결정은 강제성을 갖게 됩니다. 그

---

27 한국자유총연맹, 민족통일협의회 등 보수성향의 58개 사회단체 대표들은 1990년 7월 25일 서울 타워호텔 조찬 모임에서 범민족대회에 민족대표의 일원으로 적극 참가할 것을 결의했다(『동아일보』, 1990/07/25).

28 전대협 의장 송갑석은 8월 1일 기자회견을 통해 "58개 보수·우익단체의 범민족대회 참가는 대회의 취지와 성격으로 볼 때 결코 있을 수 없다"고 밝혔다(『한겨레』, 1990/08/02).

런데 협의체는 뜻이 맞지 않으면 '우리는 그거 못한다' 하고 빠질 수 있어요. 그런 면에서 보면 협의체 구성이 참여자의 주체성을 살리는 방법이에요. 나는 정치체계가 다른 남과 북이 연합체로 꾸리는 건 맞지 않고 협의체가 되어야 한다고 봤어요. 그렇지만 이런 내 의견은 받아들여지지 않았고, 1990년 11월 20일 범민련 결성에 합의하게 됩니다. 남측 대표들은 들어오자마자 공항에서 연행되어 구속 수감됐죠.[29]

남측에서는 초기에 범민련 결성 준비를 어떻게 진행하셨는지요?

일단 범민련 해외본부가 결성됐으니 국내도 조직을 해야 했어요. 난 반대 입장이었지만 범민련 실행위원으로 참여했습니다. 범민련 회의는 학생들의 알선으로 대학에서 많이 이루어졌는데 회의를 해도 느긋하게 앉아서 못하고 조금 하다가 다른 장소로 옮겨가며 회의를 진행해야 할 정도로 외부 압박이 심했어요. 그러다가 베를린에서 열리는 '제2차 서울범민족대회준비회의'에 내가 대표 중 한 사람으로 가게 됐어요.[30] 그런데 이건 정부의 불허로 갈 수 없게 됐고, 나는 7월 8일 집회 및 시위에 관한 법률 위반,[31] 범민련 결성 등 국가보안법 위반 혐의로 구속됐어요.

---

29 남측 추진본부 공동본부장 조용술, 집행위원장 이해학, 사무처장 조성우, 3명은 11월 30일 김포공항에 도착하자마자 경찰에 연행되어 구속 수감됐다(『한겨레』, 1990/12/01).

30 범민련 남측 본부결성준비위는 1991년 6월 29일~30일 이틀간 독일 베를린에서 열리는 준비회의에 전민련 고문 강희남(단장), 배다지, 문정현, 한철수, 4명을 남측 대표로 파견하고자 했다(『조선일보』, 1991/06/20).

31 부산진 경찰서는 1991년 7월 8일 하오 8시 배다지를 구속한다. 경찰은 배다지가 1990년 4월부터 부산민족민주운동연합 의장직을 맡아오면서 지난 6월까지 명지대생 강경대 군 치사사건을 규탄하는 '공안통치 종식과 노 정권 퇴진을 위한 시

구속되어 재판받는 과정에서 기억에 남는 것은 "피고는 왜 집회 때마다 미국을 반대하자는 연설을 했느냐?"고 하는 판사의 질문이에요. 그래서 내가 "재판장님 나는 집회 때마다 미국을 이야기하기는 했습니다만, 미국을 반대하자는 말은 한 번도 안 했습니다. 천 번이고, 만 번이고 미 제국주의를 물리치자고 그랬지, 미국을 반대하자는 말은 안 했습니다." 이렇게 말했어요. 내 주장이 그랬어요. 간단히 말하면 '미국에도 우리를 지원하는 사람들이 많이 있고, 미국 시민들도 미국의 제국주의적 정치에 반대하는 양심적인 민주 인사들이 많이 있다. 무조건 미국을 반대하는 것은 옳은 노선이 아니다', 이런 거예요. 그런 게 참작됐는지 징역 1년에 집행유예 2년이 선고됐어요. 여기에 대해서는 항소를 하지 않았어요. 활동을 할 수 있으면 되지 무죄선고를 받기 위해 아웅다웅할 필요는 없다고 봤어요.

선생님 앞의 이야기와는 결이 좀 다른 이야기일 수 있는데요. 1980~1990년대는 반미주의 또한 맹위를 떨쳤는데요. 부산에는 미군부대 하야리아가 있었는데 이 문제는 어떻게 접근하셨나요?

부산에는 전국민족민주운동연합 부산본부가 있고, 산하에 통일위원회가 있습니다. 통일위원회는 해마다 자체 토론을 통해 통일운동 과제를 집행위원회에 제출하고, 심의를 해서 통과되면 시행에 들어가요. 내가 부산연합 상임의장으로 있을 땐데 8.15를 앞두고 '하야리아 미군기지 축출을 위한 통일선봉대 진격안'이 올라왔어요. 내가 그건 반대했습니다. 이전에 미군기지 하야리아 축출투쟁이라는 슬로건을 가지고는 그 근처에도

민대회' 등 각종 불법집회를 14차례에 걸쳐 주동한 혐의를 적용했다(『경향신문』, 1991/07/09).

못 갔어요. 관념적 과격함이 앞서고 대중성이 떨어졌기 때문이었다고 생각합니다. 과거의 경험에서 내가 느낀 것은 대중이 따르지 않는 깃발은 무의미하다는 것이었어요. 그래서 제안한 것이 '부산땅하야리아되찾기시민대책위원회'로32 하자는 것이었습니다.

　부산 땅 하야리아를 되돌려 달라고 하는 시민단체를 만들자고 하니까 반대하는 사람이 없었어요. 시의원들도 "나도 거기 들어갈 수 있다"고 하고 구의원들도 좋다고 했습니다. 여론조사를 하면 백이면 백 '부산 땅을 되찾아야 한다'는 데 찬성했어요. 미군부대를 축출하는 거나, 미군부대가 있는 땅을 되찾는 거나, 결과는 동일한 거예요. 땅 찾기로 운동을 하니 언제든지 모여서 미군부대 정문 앞에서 '빨리 하야리아 땅 내놔라'라고 당당하게 외칠 수 있었죠. '땅 되찾기 운동'으로 가니 아무도 반대 안 하고 기꺼이 따라주었고, 경찰도 별말을 못했어요. 미군기지를 축출하자고 할 때는 경찰들이 결사적으로 막았습니다. 그런데 땅 찾기라 하니까, 하야리아부대 집회를 오히려 보호해 주기도 했어요. 결론적으로 이야기하면 대중들이 따르지 않는 구호는 허구라는 겁니다. '대중이 따라야 그것이 과학이다'라고 말할 수 있어요.

32　본 위원회는 1995년 시작됐다. 반환운동은 2010년 1월 13일 한·미정부 간의 반환협상이 타결되고 27일 부산시가 관리권을 인수받게 됨으로써 종지부를 찍게 됐다. 부산시는 하야리아부대의 폐쇄가 결정된 2006년 이곳에 부산을 대표하는 시민공원을 조성하기 위한 공모전을 실시했다. 당시 '흐름과 쌓임의 충적지를 의미하는 Alluvim'의 개념을 제시한 미국의 제임스 코너(James Corner)의 안을 당선작으로 결정하여 이를 토대로 2014년 5월 부산시민공원이 개장됐다(부산시민공원 역사관, https://museum.busan.go.kr/citizenpark/citizenpark060204).

사진 7 '부산땅하야리아되찾기시민대책위원회' 주최 한미행정협정 전면 개정 요구 시위[33]

9. 김대중 정부 이후의 통일운동과 통일을 위한 전망

선생님 이제 시기를 좀 더 최근으로 올라와서 김대중 정권 시기의 통일운동에 대해 질문드리겠습니다. 김대중 대통령 당시 남북정상회담이 이루어졌는데요. 김대중 정권 시기 통일운동은 어떻게 보셨나요?

김대중 대통령이 당선되고 나서 내가 광주에 가서 연설을 할 기회가 있었어요. 그때 나는 '지금까지 대통령들은 통일에 관심이 없는 사람이었는데 이제는 통일을 적극적으로 추진하겠다는 사람이 대통령이 됐다. 이

---

33 구술자 제공.

제는 우리도 통일을 위한 우리의 역량, 통일운동에 대한 형식에 대해 고민할 때가 됐다'고 이야기했어요. 당시는 우리보다도 정부가 더 앞서서 통일정책을 펼쳤거든요. 통일운동도 과거에 비하면 큰 장애 없이 진행할 수 있었어요. 그러나 우리는 김대중 대통령 역시 미국의 영향력을 벗어나지 못한다는 것을 알고 있었어요. 그래도 오랫동안 통일에 대해 입도 뻥긋 못하던 시대를 살다가 이제 통일에 대해 당당하게 이야기할 수 있는 그런 시점이 됐다는 것만 가지고도 굉장히 발전한 거라 생각했어요. 운동권의 대표적인 구호가 자주, 민주, 통일인데 김대중 대통령 시기에 와서는 이게 당당하게 실현되어 가고 있는 것 같았어요.

    6.15공동선언의 경우도 정부가 앞장서서 해갔잖아요. 선언을 하니까 더욱 박수를 치게 됐고, '이제 정말 통일이 가까워지는 구나' 하는 느낌이 들었어요. 게다가 북한을 드나들면서 금강산에서 민족대회라던가 민족통일 토론대회를 하고, 평양에 들어가고, 백두산 등정도 하는 등 북한을 가까이서 볼 수 있었어요. 아주 보수적인 사람들도 북한을 방문했는데 운동 진영은 1/3만 가고, 보수적인 인사들을 2/3 비행기에 태워 올려 보내기도 했어요. 우리는 안 가도 통일에 대한 열망이 있는 사람들이지만 그 사람들은 다르니까. 한번 갔다 오면 이 사람들에게 통일의 열망이, 씨앗이 뿌려지지 않을까 해서 우리가 양보한 거예요. 그것도 참 잘한 일 중 하나라고 생각해요.

북한에 갔을 때 기억에 남는 에피소드가 있으면 하나 말씀해 주세요.

식사를 하러 평양에를 갈 기회가 있었어요. 차를 타고 가는데 큰 빌딩에 '김정일 동지 없이 조국도 없다' 하는 플래카드가 크게 붙어 있었어요. 그때 내가 자주평화통일민족회의 상임의장이라는 직함으로 북쪽에 갔기 때문에 북측 사람 하나가 항상 나를 따라다녔어요. 그래서 내가 그 사람한테 "동지, 지금 내가 보니, 저 빌딩에 걸려 있는 플래카드 구호가 '김정일 동지 없이 조국도 없다'는 건데 나는 '개인이 아무리 커도 당보다는 작고, 당이 아무리 커도 조국보다는 작다', 이렇게 배웠다. 그런데 저 플래카드는 내가 배운 정치학하고는 너무 거리가 멀다. 이게 어쩐 일인가?" 물었어요. 그랬더니 그 사람이 "일반론적으로 말하자면 선생님의 말씀이 맞습니다. 그러나 우리는 미 제국주의의 포위 안에서 철두철미한 감시를 받으며 전쟁 일보직전의 처지에 있습니다. 저런 구호를 갖지 않으면 전 인민의 단결을 도모하기 어려운 게 우리의 현실입니다", 이러는 거예요. 안내하는 사람이 그런 정치적 식견을 가지고 있더라고요.

선생님은 오랫동안 통일운동, 민족운동에 헌신하셨습니다. 여전히 분단된 현실에서 통일을 위해 우리가 해나가야 할 일이 무엇일지 말씀해 주세요.

나는 통일에 앞서 먼저 이뤄내야 할 것이 자주라고 생각합니다. 민족자주가 관철되지 않는, 자주에 기초하지 않는 것은 모두가 공론에 불과한 거라 봅니다. 남쪽은 미국의 예속에서 벗어나는 것이 가장 시급한 과제라고 생각합니다. 이를 위해서는 민족이론, 민족자주이론을 정립할 필요가 있습니다. 민족이론 그러면 피의 순수성, 혈통적 민족주의, 이렇게만 생각하는 경향이 있는데 민족은 하나의 역사적, 사회적 개념입니다. 민족이론, 민족자주이론에 대한 과학적 정립을 위한 노력이 많지 않았기 때문에 그 절실함에도 불구하고 많이 뒤떨어져 있습니다.

자주에 기초해 형성된 경제, 문화만이 우리의 경제요 문화라고 할 수 있습니다. 예전에는 강연을 할 때나 이야기할 때 자주, 민주, 통일, 이 세 가지를 합쳐서 함께 이야기했는데 요즘에 와서는 자주를 중심으로 합니다. 자주가 없으면 모든 것이 허구예요. 우리 사회에서는 자주라 하면 '이거 혹시 불온한 것이 아닌가' 하는 우려를 가진 사람들이 많이 있습니다. 그래서 요즘은 자주라는 말을 대신할 다른 용어를 사용했으면 좋겠다는 생각을 해요. 한국은 이제 정치, 경제, 문화, 기타 모든 영역에서 선진화된 나라가 되고 있습니다. 다른 나라와 경쟁에서 뒤지지 않는 나라가 됐어요. 이제는 미국에게 신세질 필요가 없어요. '미국 신세지지 않기', 이것이 자주의 한 대명사로 통용되면 어떨까 합니다. 우리 민족이 오랫동안 서로 갈라져 있던 처지에서 통일을 이루려고 하면 굉장히 많은 에너지가 필요해요. 남쪽에서는 먼저 민족자주를 쟁취하는데 역량을 집중해야 합니다. 통일 후 어떤 체제, 어떤 주의를 지향할 것인가는 그때 가서 논의해도 된다고 봅니다. 자주가 없으면 통일도 없습니다. 한국에서 최고 가치는 곧 자주라는 생각이 일반화되었으면 좋겠습니다.

※ 구술자는 2024년 4월 13일 향년 90세의 일기로 별세하여, 부산추모공원 가족묘에 안치됐다.

참고 자료

김선미, 2008, 「이종률의 민족운동과 정치사상」, 부산대학교 대학원 사학과 박사학위논문.
김선미, 2010, 「4.19 민주항쟁시기 부산지역의 통일운동」, 『항도부산』 26권.

『경향신문』, 1949/05/17, 1961/03/12, 1968/08/24, 1975/03/13, 1991/07/09.
『동아일보』, 1961/02/25, 1962/02/15, 1968/11/22, 1990/07/25.
『부산일보』, 2013/10/23.
『연합뉴스』, 1990/04/17.
『조선일보』, 1967/11/22, 1991/06/20.
『한겨레』, 1990/08/02, 1990/12/01, 1996/03/07, 2017/04/25.
『한겨레21』, 「60년 만에 만나는 한국의 신들러들」, 제816호.

민주화운동기념사업회, 이종률 선생 약력, https://kdemo.or.kr/notification/calendar/all/post/3309.
부산시민공원 역사관, https://museum.busan.go.kr/citizenpark/citizenpark060204.
부산역사문화대전, 2대 악법 반대투쟁, http://busan.grandculture.net/Contents?local=busan&dataType=01&contents_id=GC04205012.

IV
세대로 이어진 국가폭력과 사회변혁의 꿈

이단아
- 1964년생
- 1986년 6월 대구 한국경전기 노동조합 조직 시도 및 해고
- 1987년 10월 백기완 민중후보 선거운동본부
- 1988년 대구 새로운청년회 창립
- 1991년 민주당 대구시당 여성국장
- 2004년 6월항쟁 계승사업회 총무국장
- 2007년 민주화운동정신계승국민연대 / 서울여성회
- 2010년 비정규직 없는 세상 만들기 집행위원
- 2013년 원불교 인권위원회 운영위원
- 2018년 형명재단 상임이사

1968년 박정희 정권의 중앙정보부는 '통일혁명당사건'과 연계하여 '남조선해방전략당'이라는 사건을 조작 발표한다. 중앙정보부는 권재혁, 이일재, 이강복, 이형락 등 13인을 장기간 불법구금하고, 고문과 가혹행위 등으로 반국가단체를 구성, 가입하였다는 범죄사실을 조작, 허위자백을 받아냈다. 당시 대법원은 중앙정보부와 검찰의 기소 의견을 인정하여 사형, 무기징역, 10년형 등의 중형을 선고하였다. 그러나 이 사건은 2005년부터 2010년까지 활동한 제1기 진실화해를위한과거사정리위원회의 조사로 조작된 사건이었음이 밝혀져, 피해자와 가족의 피해, 명예회복을 위한 재심권고와 진실규명이 결정되었다.[1]

이 사건의 피해자 중 한 명인 이형락은 1931년생으로 민주학생연맹, 전국노동조합협의회 등의 활동을 통해 권오봉, 이일재, 김말룡, 나경일, 권재혁 등과 교류하면서 노동운동에 전념하였다. 그러던 중 1968년 '남조선해방전략당사건'으로 10년형을 선고받아 옥고를 치른다. 만기출소 이후에도 박정희 정권과 신군부의 국가기구에 의한 지속적인 감시 속에 살아야 했으며, 그로 인해 이전의 노동운동 활동을 재개하지 못하였다. 특히 어려워진 가정형편으로 가족들에 대한 죄책감을 느껴 가정에 충실하고자 하였으나, 고문후유증으로 인한 트라우마로 건강이 악화되어 1985년 쉰다섯의 나이에 스스로 유명을 달리했다.

구술자 이단아는 이형락의 4녀로 6살 무렵에 부친과 헤어져야 했다. 부친의 구속으로 경제적인 어려움을 겪는 한편, 경찰의 감시와 거주하던 동네, 학교 등의 일상 속에서 '간첩의 딸'이라는 '낙인'과 '연좌제'를 견디며 성장하였다. 그러나 이단아는 그러한 사회적 굴레를 정면으로 마주하고 이겨내고자 하였으며, 부친의 죽음을 계기로 본격적인 노동운동

---

1 진실화해를위한과거사정리위원회, 2009, 「남조선해방전략당사건」, 『종합보고서』 5권, 151~193쪽.

을 시작했다. 1986년 대구의 신라섬유에서 첫 노동운동을 시작하였고, 한국경전기에서는 노조를 설립하기 위해 소모임 조직을 시도하던 중 부당해고를 당하였다. 이후 부당해고반대투쟁을 전개하여 수배생활을 하였고, 1987년에는 '민중후보' 백기완의 선거운동본부에서 활동을 이어나갔다. 1990년대에는 대구지역에 청년단체와 여성회를 조직하여 시민운동을 전개하였고, 2000년대에는 6월항쟁계승사업회, 민주화운동정신계승국민연대 등에서 활동하였다. 그리고 2005년에 진실화해를위한과거사정리위원회가 출범한 이후에 이일재와 함께 남조선해방전략당사건의 진상 규명을 신청하였고, 재심을 통해 2017년 국가 배상 판결을 받았다. 판결에 따라 나온 배상금으로 부친의 뜻을 이어가기 위해 '형명재단'을 설립하여 장학사업을 하고 있다.

이단아의 구술은 독재와 권위주의 시대에 자행된 국가폭력의 경험과 기억이다. 구술자는 노동운동가로서의 이형락과 아버지로서의 이형락에 대한 양가적인 감정과 트라우마를 힘겹게 증언한다. 암울한 시대의 국가폭력이 부친과 가족의 삶을 옥죄었다는 것을 이해하면서도, 사회적 낙인과 연좌제로 인한 좌절을 아버지에 대한 원망으로 표출했던 과거를 후회한다. 그러나 그는 부친의 죽음을 계기로 노동운동가였던 아버지 이형락을 이해하기 위해 노동운동에 뛰어든다. 1980년대 중반 대구 지역에서의 노동운동 경험을 바탕으로 한 1987년 6월 항쟁과 7, 8, 9월 노동자대투쟁, 그리고 남성 중심적인 노동운동사 서술에 대한 통찰과 인식은 시사하는 바가 크다. 또한 피해유가족으로서 남조선해방전략당사건의 진상규명 과정에서 경험한 어려움과 인식은 국가기구에 의해 배상과 사법적 판결을 중심으로 진행 중인 과거사 청산의 한계를 비판하는 것이기도 하다. 더 나아가 형명재단의 설립과 활동은, 가족들에게 닥쳤던 국가폭력에 의한 과거의 상처를 사회적으로 승화시켜, 부친이 품었던 사회변혁의 꿈을 이어가고자 하는 노력으로 이해할 수 있다. 즉 이단아의 구술은 아버지 이형락의 피해와 사회적 낙인, 연좌제로 가해진 국가폭력에 좌절하지 않고, 시대의 암울함을 딛고 이겨낸 여성운동가의 생애사이자 기록이다.

1. 이형락의 성장 과정과 활동

· 이형락의 집안 배경

선생님, 귀한 시간 내주셔서 감사합니다. 먼저 부친인 이형락 선생님의 성장과정과 활동에 대해 여쭙고 싶습니다. 이형락 선생님의 집안 배경에 대해 말씀 부탁드립니다.

할머니는 저와 오래 같이 사셨고, 할아버지는 일찍 돌아가셔서 뵌 적은 없어요. 아버지 형제는 형님 두 분, 누님 두 분, 아버지, 여동생, 남동생해서 7남매였고요. 할아버지가 한의원을 운영하셔서 경제적으로 어려움은 없었대요. 7남매들 모두 공부도 잘했다고 하고요. 그런데 어느 날 할아버지가 처방한 약을 먹고 환자의 병이 더 안 좋아졌다는 항의가 온 거예요. 할아버지는 성격이 대쪽 같은 분이라서 옳고 그름을 밝혀야 한다고 그분에게 크게 경제적인 보상을 해드렸대요. 그리고 할아버지는 돌아가시고 가세가 확 기울었다고 해요. 그때 아버지가 초등학교 6학년이었다고 하고요. 해방되고 1년 정도 지나서였을 거예요. 어쨌든 가세가 기울었으니 한의원도 못 하고 농사를 지었던 것도 아니니 시골에 있을 이유가 없잖아요. 그래서 아버지는 서울로 올라가게 된 거죠. 그때쯤 고모는 서울에서 결혼생활 중이었었는데, 옛날에 화신백화점이라고 있었거든요. 고모부가 거기 지배인이었대요. 옛날에는 도시에 친척 한 명이라도 있으면 알음알음 찾아가고 그랬으니까, 아버지는 서울 누나 집에 지내면서 고학(苦學)을 한 거죠. 여기 예천에서 초등학교 졸업하고 있다가 간 건데, 아무리 잘 사는 누나한테라도 학비를 받을 수는 없다고 생각했던 것 같아요. 그래서 누나 집 다락방에 기거(寄居)하면서 구두닦이도 하고 신문배달도 하면서 야간중학교를 다녔어요. 공부를 더 하고 싶었는데 대학등록금이 없어서 청강생으로 강의를 들었다고 해요. 옛날에는 돈을 내고 강의를 듣는 청강생 제도라는 게 있었대요. 그래서 정치대학에 청강생으로 가서 강의도 듣고 그랬었다고 아버지한테 들었는데, 나중에 알고 보니 그게 건국대더라고요. 옛날에는 정치대학이라고 했나 봐요. 구두닦이, 신문팔이하면서 학교 다녔던 이야기, 그리고 그 시기에 누군가에게 바둑을 배웠다고 하는 그런 이야기들을 조금씩 들었죠.

· **한기명의 성장과 이형락과의 결혼**

모친이신 한기명 선생님은 어떠한 환경에서 성장하셨나요?

우리 친가도 그랬지만 외가도 한의원을 하셨어요. 어머니는 1929년생이고, 서울 태생이에요. 늦둥이 막내딸로 태어나서 귀여움을 많이 받고 자랐다고 해요. 그래서 완전 공주로 온 집안에서 떠받들어서 크셨다고 하더라고요.

저희가 찾아본 자료에서는 한기명 선생님이 서울여학생연맹위원장을 지낸 것으로 나오더라고요.

네. 방금 말했듯이 어머니는 귀한 딸로 곱게 커서 소학교 다닐 때도 독선생, 지금으로 말하면 가정교사를 들여서 공부를 했다고 해요. 그렇게 좋은 환경 속에서 공부하고 학교도 다니면서 학생회장도 했대요. 그러면서 학생 시절에 자연스럽게 사회주의 사상을 받아들였던 것 같고요. 고등학교 시절에 해방이 됐나? 해방되고도 학생들 자치기구 같은 것들이 계속 유지됐었나 봐요. 도리어 더 강화가 됐겠죠. 해방정국 당시의 고등학생과 지금 고등학생은 완전 다르잖아요. 지식인으로서 역할을 해야 한다는 그런 사명감이 있었으니까 적극적으로 사회 활동들을 했던 것 같고요. 전쟁 전에 해방정국 속에서 무슨 연맹 이런 것들이 만들어졌었잖아요. 게다가 학생회장 출신이었으니 자연스럽게 여학생연맹위원장을 맡으셨던 것 같아요. 그것 때문에 고초도 많이 겪으셨고요. 50년대 전쟁 나고 어머니가 잡혀가서 죽을 고비 넘기고 마산교도소에 갇혀 있었대요. 그리고 9.28수복 이후에 외갓집이 워낙 큰 부자였으니까 집 몇 채 값 날려가면서 귀한 막내딸을 구해낸 거죠. 그리고 거의 집에 감금해놓은 거예요. 집에 감금해놓고 다른 활동 못 하게 하고, 사람 붙여서 다른 사람 못 만나게 하고요.

한기명 선생님과 이형락 선생님이 어떻게 만나게 되셨는지 들으신 적이 있나요?

해방정국 속에서 활동하면서 만나셨던 것 같아요. 한두 번 봤었다고 하시는 거 보면 그렇고요. 외가에서 어머니를 감금했다고 했잖아요? 그래도 몰래 옛날 동지들 만나고 모임에도 나가고 계속 활동들을 하셨던 거 같아요. 이렇게 돼서 어느 날 전달 사항이 있어서 아버지가 우리 엄마를 만나러 갔는데, 마침 어머니가 그때 창덕궁 후원으로 선보러 간 거예요. 50년대 중반에는 거기서 선도 많이 보고 그랬었대요. 우리 어머니 또래를 보면 열일곱, 열여덟에 다 결혼하셨거든요. 근데 어머니는 20대 중반이었으니까 당시로 치면 노처녀죠. 그러니까 외가에서는 이 귀한 딸을 노처녀로 두면 안되니, 온갖 좋은 선 자리는 다 만들어서 보게 하는 거죠. 근데 어머니는 돈만 많지, 대화도 안 되는 사람들은 보기 싫고, 근데 거기를 안 나가면 집안에서 재제를 하니까 그냥 맞선자리를 가는 거예요. 갔다가 오고 갔다가 오고. 그런데 마침 그날 맞선을 보러 갔다고 하

사진 1 이형락·한기명 선생의 결혼사진 (이하 모든 사진은 구술자 제공).

니, 아버지가 창덕궁으로 찾아간 거죠. 가니까 어머니는 옳다구나 하고 급한 일이 있어서 나가야 한다고 자리를 박차고 나왔대요. 외가에서는 숨겨둔 남자가 있어서 그렇게 좋은 자리를 다 마다했다고 생각했던 거죠. 어쨌든 두 분이 워낙 호감이 있었던 것 같아요. 어머니가 그러더라고요. 그 전에 몇 번 보면서 사람이 굉장히 똑똑해 보이고 인상이 좋았대요. 우리 아버지가 굉장히 날카로워 보이는 인상이거든요. 그런데 그런 인상을 되게 좋아하셨던 거예요. 요즘 말로 이상형? 그런 남자였던 거죠.

결혼하실 무렵에는 외갓집에서 이형락 선생님이 어떤 일 하시던 분이었지는 몰랐나요?

전혀 몰랐죠. 그런데 결혼 준비하면서 보니 아무것도 없는 거죠. [웃음] 서울도 아니고 대구로 가야 된다고 하고. 처음에 결혼해서는 서울에서 좀 사셨어요. 그러다가 나중에 아버지가 대구에서 활동을 하신 거예요.

이형락 선생님이 서울에서 노동운동을 하실 때 한기명 선생님도 노동운동을 함께 하셨나요?

그건 아닌 거로 알아요. 어머니는 노동운동 쪽에는 전혀 관여를 안 하셨던 거 같아요. 어찌 보면 결혼하고 바로 임신하고 그래서 그런 쪽에 전혀 신경을 쓸 겨를도 없었을 거고요.[2]

▪ **민주학생연맹 활동과 권오봉과의 인연**

이형락 선생님께서 민주학생연맹 활동을 하신 것으로 알고 있습니다. 관련해서 아시거나 들으신 바가 있는지요?

아버지한테 직접 들은 것은 전혀 없고요. 아까 청강생 이야기를 했었잖아요? 처음에는 학교 다니고 싶어서 야간 중학교에 갔는데, 거기에서 아마 민주학생연맹을 만났거나 만들었던 것 같아요. 민주학생연맹이라는 게 전국적인 조직이라고 하더라고요. 그래서 중학교 졸업 이후에도 조직 활동을 계속하기 위해서 대학을 가야 하는데, 대학을 가기에는 경제적으로 만만찮았으니 청강생으로 정치대학에 들어간 거고요. 나중에 얘기 들어보니까 청강생으로 있으면서 민주학생연맹 활동을 하다가 1950년대에 수감 되셨다고 해요.

---

[2] 구술자의 모친인 한기명 선생은 2024년 2월 18일, 향년 96세의 나이로 작고하여 마석모란공원에 안장되었다. 한기명 선생의 생애에 대해서는 다음의 기사 참조. 이계환, 「대구 지역 통일운동가 한기명 선생 별세, 향년 96세」, 『통일뉴스』, 2024/02/18. (https://www.tongilnews.com/news/articleView.html?idxno=210072)

강창덕[3] 선생님 재학 중이실 때랑 비슷한 시기군요.

그렇죠. 아버지가 연배는 좀 낮은데, 그 어른들하고 거의 친구처럼 그렇게 지내셨어요.

그럼 이 이야기도 이형락 선생님께 직접 듣지는 못하셨겠네요?

그렇죠. 이 이야기는 강창덕 선생님하고 같은 연배이신 권오봉[4] 선생님에게 들었어요. 나이로 보면 아버지의 작은형님뻘이지만 아주 가까운 친구로 평생을 지내셨어요. 그래서 아버지의 삶에 대해서는 권오봉 선생님한테서 굉장히 많이 들었죠. "느그 아버지가 진짜 똑똑했데이." 어쩌고 저쩌고 그런 이야기들. 권오봉 선생님 집안이 굉장히 부유하고 정관계로 발이 좀 있었어요. 권 선생님 아버님이 그 당시에 위세가 있는 어른이셔

---

3 1927년에 출생한 언론인, 민주화운동가이다. 1948년에 건국대학교의 전신인 조선정치대학에 입학하여 공부하였고, 1956년에는 진보당 창당준비위원과 영남일보 정치부 기자활동을 하였고, 1958년에는 대구매일신보 정치부 기자활동을 하였다. 1960년 4월 이후에는 사회대중당에 참여하였다. 1974년에는 인민혁명당재건위 사건으로 체포되어 긴급조치 1호·4호, 내란예비음모, 국가보안법, 반공법 위반 혐의로 무기징역을 선고받았다. 징역 선고 후 8년 8개월의 옥고를 치르고 형집행정지로 출소하였으며, 2007년에는 인민혁명당재건위사건 재심을 통해 무죄를 선고받았다. 2021년 9월 3일, 향년 95세의 나이로 작고하였다. 민주화운동기념사업회, 강창덕 선생 약력(https://www.kdemo.or.kr/patriot/name/%E3%84%B1/page/1/post/719).

4 이일재, 김말룡 등과 교류하며 활동했던 노동운동가이다. 한국전쟁 중 대한방직에서 일하다가 대한방직 노조 조직부장으로 활동하였으며, 1968년에는 남조선해방전략당사건에 연루되어 검거되었다. 임송자, 「1950년대와 1960년대 전반기 노동운동의 좌절과 도전」, 노동운동가 이일재 선생 추모자료집 간행위원회 엮음, 2018, 『노동운동가 이일재의 활동과 '남조선해방전략당사건' 기록』, 선인, 74쪽.

서, 우리 아버지가 댁에도 자주 놀러 가셨다고 하더라고요. 그러면 그 집 어르신이 되게 예뻐라 하셨다고 해요. 아버지가 어르신께 생명을 빚진 적이 있었대요. 아버지가 1950년에 민주학생연맹 활동으로 검거돼서 종로서 유치장에 있었는데, 옛날에는 재판 없이 그냥 총 쏴죽이기도 했잖아요. 그런데 어르신이 아버지를 빼내려고 꽤 높은 자리에 있는 경찰한테 부탁도 하고 돈도 썼나 봐요. 그 와중에 한국전쟁이 난 거예요. 그러니까 이 사람도 받은 게 있으니까 무리해서 빼내는 거보다 탈옥한 걸로 그렇게 빼 줘버린 거예요. 하여간 권오봉 선생님 댁에 생명의 빚을 졌죠. 전쟁 나고 아버지가 나왔다는 이런 이야기를 권오봉 선생님이 해주셨어요.

• **전국노동조합협의회 활동**

이형락 선생님이 대한노총[5] 산하에 있었던 전국노동조합협의회 활동을 하셨더라고요? 이 시기에 대한노총은 우익적인 관변단체의 성격이 강하지 않습니까?

그렇죠. 그런데 대한노총에 가입했던 것은 아니고요. 김말룡[6] 선생하고

---

[5] 대한노총은 '대한독립촉성(促成)전국노동총동맹'의 약칭으로 1946년 3월에 결성된 우익계열의 노동조합단체이다. 1948년 대한민국 정부 수립과 함께 해체된 좌익계열 노동조합단체인 조선노동조합전국평의회(전평)에 대항하였다. 임송자, 1993,「미군정기 대한독립촉성노동총연맹의 조직에 대한 고찰」,『사림(성대사림)』제9권, 72~76쪽.

[6] 1927년에 출생한 노동운동가이다. 1956년부터 대한노총 자유당 기관단체 탈퇴운동을 주도하였으며, 1959년에는 전국노동조합협의회 의장에 선출되었다. 1978년에는 천주교정의평화위원회 부위원장과 가톨릭 노동문제상담소장을 역임하였다. 1992년에는 제14대 국회의원으로 당선되었고, 1996년 10월에 작고하였다. 민주화운동기념사업회, 김말룡 선생 약력 (https://www.kdemo.or.kr/patriot/

인연이 돼서 활동하셨어요. 김말룡 선생은 처음에는 어떻게든 대한노총을 혁신해보려고 노력하셨거든요. 대한노총을 어떻게든 바꿔보자, "이 선생 당신이 같이 좀 도와주면 좋겠다." 그래서 같이 일을 하셨대요. 그래서 전국노동조합협의회라는 게 대한노총의 산하단체로 되어 있지만, 실제로는 대한노총을 변혁하고자 하는 단체였다고 하더라고요. 그래서 전국노동조합협의회를 결성한 거죠. 그러니까 대한노총을 결성한 게 아니고, 변혁시키기 위해서 대한노총 안에 노동조합협의회를 만든 거죠.

그럼 이 당시에 전평[7] 출신의 운동가분들도 계셨나요?

그렇죠. 아마 이때 이일재[8] 선생님하고 같이 다 연결이 됐던 것 같아요. 물론 그 전에부터 아셨을 수도 있는데, 전국노동조합협의회 결성하고 활동하다가, 결국 1960년대 초에 더 이상 어렵다고 판단하고 거의 포기하시거든요. 활동을 제안했던 김말룡 선생님도 그렇고요. 그리고 그 시기에 대구로 내려오셔요. 1960년에 대구로 내려오시면서 이일재 선생님이

---

name/%E3%84%B1/page/1/post/173).

[7] 전평은 '조선노동조합전국평의회'의 약칭으로 1945년 11월에 결성된 공개적인 노동자 대중조직이자, 좌익계열 노동조합단체이다. 결성 당시 금속, 철도, 교통, 토건 등 16개 산업별 노동조합이 결합하였다. 1946년 9월 총파업으로 미군정의 탄압을 받아 세력이 약화되어 1948년 8월 15일에 해산되었다. 이호룡, 1995, 「해방 직후 조선노동조합전국평의회의 운동노선」, 『韓國史硏究』 제90호, 353~402쪽.

[8] 1923년에 출생한 노동운동가이다. 1946년 9월 대구총파업과 10월 대구인민항쟁에서 주도적인 역할을 했다. 1960년에는 노동조합대구시연맹의 조직부장으로 선출되어 활동하였고, 1968년 남조선해방전략당사건으로 검거되어 무기징역을 선고받아 20년간 복역했다. 1988년 석방 이후 민주노총 지도위원 등으로 활동하였고, 2012년에 작고하였다. 노동운동가 이일재 선생 추모자료집 간행위원회 엮음, 2018, 앞의 책, 23~136쪽, 177~306쪽.

나 나경일[9] 선생님, 이런 분들하고, 대구 지역의 혁신계 쪽하고 적극적으로 교류하면서 활동을 하시거든요. 이런 이야기들을 아버지는 잘 안 하셨어요. 그런데 아버지 돌아가시기 전에 어느 날 술 한잔하며 해준 이야기가 있어요. 아버지는 술을 못 드시는데, 대구약령시장 근처에서 막걸리를 먹은 적이 있거든요. 술 취한 아버지를 부축해서 집으로 걸어가는데 대구역 근처에 전매청이 있었거든요? 거길 지나가면서 옛날에 전매청에서 담배 노동자들이 파업했던 이야기를 하시더라고요. "옛날에 노동자들이 그렇게 싸웠다. 그래도 그렇게 싸워서 세상이 조금씩 바뀌는 거다. 싸우지 않으면 절대로 바뀌지 않는다." 그런 이야기 하시고. 또 걸어가는 길에 전매청 지나서 제일모직, 대한방직 그쪽은 쭉 한길로 있거든요. 그쪽 지나가면서 옛날에 대한방직 파업했던 이야기, 제일모직 이야기도 들었죠. 나경일 선생이 제일모직에 있었던 거를 그때 처음 알았어요. 우리는 그냥 맨날 잘 웃는 나경일 아저씨로 생각했거든요. 그러니까 술을 안 드셨으면 그 이야기도 못 했을 거예요. 술을 한잔하시고 딸이랑 걸어가면서 기분이 좋으니까 그런 이야기들이 나왔던 거 같아요. 옛날에 이제 그런 것들을 했었다, 그렇게 노조를 만들려고 노력했었다, 그런 얘기를 잠깐 들었죠.

당시에 굉장히 보수적이고 친정권적인 대한노총 산하에서 노동운동을 조직하시

---

[9] 1930년에 출생한 노동운동가이다. 1960년에 대구 제일모직노동조합을 결성하였고, 1968년 남조선해방전략당사건으로 검거되어 모진 고문을 당하였다. 대구, 부산에서 노동운동을 전개하던 중, 1974년에 인민혁명당재건위사건으로 8년간 수감 생활을 했다. 1987년 6월항쟁 이후에는 대구 민주주의민족통일중앙협의회 활동을 하였고, 대구 조국통일범민족연합 활동 중 구속되기도 하였다. 2010년 7월에 작고하였다. 민주화운동기념사업회, 4.19전후 관련 인사 구술아카이브 나경일 선생 자료 (https://archives.kdemo.or.kr/oral-archives/view/743).

는데 조직의 성격 때문에 어려움이 있었다는 이야기는 안 하셨나요?

도리어 그런 것들을 별로 신경 쓰지는 않았던 거 같아요. 이 사회의 변혁의 주체로서 노동자들이 제대로 굳건하게 서서 나아가려면 어떻게 조직해야 하는가? 어떤 입장에서 조직해야 하는가? 이런 것들을 더 고민하셨던 것 같아요. 그래서 처음에는 대한노총이라는 큰 조직이 있으니 아무리 썩었다 하더라도 이것을 어떻게든 변혁시켜서 조직을 만들어보자 하셨던 거고요. 아마 대구 내려오시던 그 시기쯤에 그런 생각을 접었던 것 같아요.

2. 1960년대 이형락의 사회운동과 구속

▪ 4월혁명 이후의 활동

이형락 선생님이 대구로 돌아오고 얼마 뒤에 4월혁명이 일어나는데, 그 이후에는 어떤 활동을 이어나가셨나요?

전국적인 노동자 조직을 만들어야겠다고 생각했던 것 같아요. 이야기 들은 것을 맞춰보면 끊임없이 사람들을 만나면서 조직하고, 전국적인 노동자 조직을 어떻게 만들어 갈 건가, 이런 것도 같이 고민했던 것 같아요. 대한노총에 관련이 있었으니까 어용노조든 뭐든, 그리고 노동 현장이나 현황들에 대해서는 아버지가 제일 잘 알고 있었어서 노조의 파업이나 투쟁들이 있을 때 적극적으로 관여하셨던 거 같고요.

이 시기에 그러한 생각을 공유하고 운동을 확장하려고 하면서 어떤 분들과 교류하셨나요?

아까 말했던 이일재 선생님, 권오봉 선생님, 강창덕 선생님, 그리고 인혁당 열사들, 서도원10, 도예종11 선생님 같은 분들하고 교류하셨어요. 그리고 4월혁명 이후에 권재혁12 선생이 한국으로 들어오면서 강연을 하셨는데, 그 분은 거기서 만나셨다고 해요. 표현은 강연이었는데, 요즘으로 보면 세미나나 토론회나 이런게 아니었을까, 그렇게 생각해요.

---

10 1923년에 출생한 통일운동가, 사회운동가이다. 1950년 대구매일신문 논설위원을 지냈고, 1960년 4월혁명 이후 민주민족청년동맹 경북도맹에서 활동하였다. 제2공화국 시기에는 2대악법반대투쟁, 판문점 남북학생회담 등의 활동을 하였고, 1964년에는 제1차 인민혁명당사건에 연루되었다. 1974년 인민혁명당재건위사건으로 체포, 투옥되었고, 1975년 4월 8일 대법원이 사형 판결을 확정한 뒤, 곧바로 서대문 교도소에서 사형이 집행되어 김용원, 여정남, 우홍선, 이수병, 하재원 등과 함께 희생되었다. 2007년 인혁당재건위사건에 대한 재심 판결에 따라 무죄 판결을 받았다. 재단법인 4.9통일평화재단, 서도원 선생 약력(http://www.49peace.org/).

11 1924년에 출생한 통일운동가, 사회운동가이다. 1961년 4월혁명 이후 서도원, 송상진 등과 함께 민주민족청년동맹 경북도맹을 결성하고 활동하였다. 서도원과 함께 1964년 제1차 인민혁명당사건에 연루되었고, 1974년 인민혁명당재건위사건으로 체포, 투옥되어 사형을 선고받아 희생되었다. 2007년 인혁당재건위사건에 대한 재심 판결에 따라 무죄 판결을 받았다. 민주화운동기념사업회, 도예종 선생 약력(https://www.kdemo.or.kr/patriot/name/%E3%84%B7/page/1/post/205).

12 1925년에 출생한 교육자, 민주화운동가이다. 1950년 서울대 사회학과를 졸업하고 1956년에 미국 유학을 떠나 오리곤대학교 대학원 경제학과에 진학하여 박사과정을 거쳤다. 1960년 4월혁명 때 학업을 중단하고 귀국하여 육군사관학교 경제학과 교수를 역임하였다. 1963년 6.3사태 이후 '민주사회동지회'에서 이일재와 만나 노동운동에 전념하였다. 1968년 남조선해방전략당사건의 당수로 지목되어 1969년에 서대문 형무소에서 사형집행을 당해 희생되었다. 민주화운동기념사업회, 권재혁 선생 약력 (https://www.kdemo.or.kr/patriot/name/%E3%84%B1/page/1/post/525).

4월혁명 이후 1년 만에 5.16쿠데타가 일어나고 혁신계열 정치인들을 대거 검거하는 바람이 부는데, 이 당시에 이형락 선생님은 피해를 입지는 않았나요?

없는 것으로 알아요. 그런데 아버지가 1964년 1차 인혁당[13] 때에 도피하셨거든요. 검거되지는 않았지만, 도피하신 걸로 봐서는 그 당시에 그분들하고 밀접하게 교류를 하셨던 거죠. 아버지가 초등학교 1학년인 큰언니를 데리고 도피생활을 했다고 해요. 딸을 데리고 다니면 검문에 잘 안 걸리니까요. 그래서 큰언니는 아버지에 대한 추억이 많은데, 이제는 돌아가신 이강복[14] 선생님 계셨던 김천에도 가고, 아버지 외가인 문경에도 갔다고 해요. 언니 말로는 아버지랑 둘이 여행가는 것 같으니 기분이 좋은 데다, 친척집 같은 데 가면 도시에서 온 손님이니 귀염 받고 손님 대접받으니까 좋은 추억들이 많았던 거죠. 근데 거기 가서도 아버지는 사람들하고 끊임없이 이야기를 하시더래요. 거기 아저씨들이나 동네

---

13   1차 인민혁명당사건은 1964년 한일회담반대 시위가 전국화 되어 가던 상황에서 박정희 정권의 중앙정보부에 의해 조작된 공안사건이다. 당시 중앙정보부는 북한의 지령을 받아 국가변란을 기도한 대규모 지하조직인 인민혁명당이 한일회담반대 학생데모를 '배후조종'한 것으로 발표하여, 도예종, 김금수, 이재문, 박현채 등을 불법구금하였다. 이 사건은 2005년 국정원과거사건진실규명을통한발전위원회에서 가혹행위 및 조작사실 등을 밝혀 진실규명하였고, 2007년과 2008년 사법부는 재심을 통해 관련자 전원에게 무죄를 선고하였다. 진실화해를위한과거사정리위원회, 2009, 「인민혁명당사건」,『종합보고서』9권, 163~201쪽.

14   1910년에 출생한 연극인이다. 1930년대 츠키지소극장에서 진보적 연극운동을 전개하였고, 해방 이후에는 조선연극동맹 서기장으로 활동하였다. 권재혁, 이형락, 노정훈, 김봉규 나경일 등과 교류하였으며, 남조선해방전략당사건으로 구속되어 징역 10년형을 선고 받아 대전형무소에 수감되었으나 1971년에 간암으로 옥사하였다. 전명혁, 2013, 「연극인 이강복(李康福) 연구: 민중적 연극을 위한 페이소스(Pathos)」,『역사연구』25호, 227~245쪽.

사람들, 집안사람들하고요. 짐작해보면 당신이 하는 일과 당시 정세에 대해 끊임없이 토론하고 그러셨겠죠. 하여튼 이런 조직사건들이 나면 제일 먼저 피신할 때 딸을 데리고 그렇게 다녔다고 하더라고요. 그런 상황을 보면 그때 그 조직사건에 연루된 분들과 분명히 관계가 있었기 때문에 도피를 하신 거겠지요.

- 통일혁명당사건, 그리고 남조선해방전략당사건

이형락 선생님은 1968년 남조선해방전략당사건으로 구속되시는데, 당시 중앙정보부는 통일혁명당사건과 연결 지어서 사건을 발표합니다. 혹시 통일혁명당 관계자들 중에서 권재혁 선생님 외에 이형락 선생님과 친분이나 교류가 깊으셨던 분들이 계신지요?

통혁당 쪽은 권재혁 선생님하고만 교류가 있었어요. 남조선해방전략당사건이 통혁당사건에 연루되는데, 구속하면서 쭉 파악하잖아요. 해방전략당이라는 이름은 중앙정보부가 만든 이름이죠. 여하튼 권재혁 선생님이 걸린 거예요. 그 당시에 통혁당은 상부조직밖에 없었거든요. 다 엘리트 조직인데, 해방전략당 쪽은 노동자 조직이 있는 거예요. 이 상하부조직이 결합하면 정말 시너지도 클 거니까, '같이 모여서 조직을 통합하자'라는 제안을 통혁당 쪽 김종태 선생이

사진 2 　구속되기 전 이형락 선생의 모습 (1968년 7월 28일)

하신 거예요. 그래서 권재혁 선생님이 몇 번 만나서 논의를 해본 결과 입장이 너무 달랐던 거죠. 그게 단적으로 말하면 통혁당 같은 경우는 북이랑 직접적인 교류도 있었고 지원도 받았잖아요. 그런데 아버지랑 권재혁 선생이 있는 이쪽 그룹은 통일이 돼야 하는 건 너무나도 당연한 명제이지만, 북의 도움을 받아서 하는 것은 아니다, 어차피 잘못된 정권이라도 정권이 서 있으면, 이 체제 안에서 우리가 제대로 힘을 길러서 굳건할 때 통일도 될 수 있는 거다, 결국 북에 대한 입장의 차이가 있어서 통합논의는 무산된 거죠. 그렇게 하고 세월이 지나서 통혁당이 터졌잖아요. 그래서 권재혁 선생이 감시망 안에 들어왔고 조사해보니 이쪽 그룹이 다 드러난 거예요. 그래서 통혁당은 잡혀가는 날들이 다 다르지만, 해방전략당은 거의 동시에 잡혀가요. 1968년 7월 30일, 31일 이런 식이거든요. 그 전에 다 조사하고 소재 파악 다 해서 도피할 겨를도 없이 한날한시에 싹 잡아들인 거예요.

• 이형락의 구속과 가족들의 대응

이형락 선생님은 통일혁명당 관계자들이 검거될 때 위기의식 같은 것을 못 느끼셨나요? 예를 들어서 가족들을 통해서라도 소문이 나지 않았나요?

통혁당이 검거될 때 아무도 몰랐어요. 그때는 뉴스에도 안 나오고, 요즘처럼 SNS도 없으니 소문이랄 것도 없죠. 그리고 이쪽은 전혀 다른 조직이잖아요. 보안이 생명이니까 서로 연관된 게 알려지는 거 자체가 문제라서 그런 연락이 더 안 가죠. 만약에 그런 소문이라도 났다면 어떻게든 조치를 취했겠죠. 특히나 권재혁 선생 같은 경우는 직접적으로 그분들 만나고 했었으니까요. 아무런 대책 없이 그냥 잡혀갔어요.

이형락 선생님이 갑자기 잡혀갔을 때나 그 이후에 가족분들은 어떻게 대응하셨습니까?

대응이랄 게 없었어요. 그냥 망연자실이었죠. 좀 부끄러운 이야기긴 하지만, 저는 어머니에 대한 원망이 컸어요. 왜 대응을 안 했을까. 정말 아무 대응도 안 했거든요. 도리어 어머니가 옛날에 서울 여학생연맹 같은 활동을 안 하고, 그런 걸 잘 모르는 사람이었다면 더 적극적으로 대응을 했을지도 몰라요. 2차 인혁당사건[15] 보면 돌아가신 분들 사모님들이 아무것도 모르는 내 남편을 왜 잡아갔냐고 하소연할 데를 찾기도 하고, 목소리를 높였잖아요. 그런데 어머니는 그 불똥이 도리어 자기한테도 튈

---

15 2차 인민혁명당사건, 혹은 인혁당재건위사건이라고도 한다. 1974년 신직수 중앙정보부장은 민청학련(전국민주청년학생연맹) 사건과 관련하여, 민청학련의 배후에 인혁당계 공산세력과 반정부세력이 반정부 학생들과 접촉하여 정부 전복을 선동하였다고 발표하였다. 이 사건으로 1964년 1차 인민혁명당사건의 피해자였던 서도원, 도예종 등이 중앙정보부로 연행되어 모진 고문에 의한 허위자백을 강요당하였다. 결국 반공법·긴급조치 위반 등의 혐의로 도예종, 서도원, 송산진, 우홍선, 여정남 등 8명은 사형 확정 판결 다음날인 1975년 4월 8일에 사형되었다. 이외에 강창덕, 전창일, 이창복, 임구호 등 15명은 징역 및 고문후유증의 피해를 입었다. 이 사건은 2000년에 출범한 제1기 의문사진상규명위원회에 접수된 '장석구 사건'과 관련하여 진상규명이 진행되어, 2002년에 고문에 의한 강요와 협박으로 조작되었음이 밝혀졌다. 이후 2005년 '국가정보원 과거사건진실규명위'에서도 인혁당 및 민청학련 사건 고문조작 사실을 인정하였고, 2006년에는 '민주화운동 심의위원회'에서 인혁당사건 관련자 16인을 민주화운동 관련자로 인정하였다. 2007년 서울지방법원은 인혁당재건위사건 사형수 8인에 대해 무죄를 판결하였고, 서울중앙지방법원은 사형수 8인에 대해 국가배상을 판결하였다. 2008년에는 사건의 생존자 9인에게도 무죄 판결이 결정되었다. '장석구 사건' 관련 진상규명과정은 대통령 소속 의문사진상규명위원회, 2003, 『의문사진상규명위원회 보고서: 1차(2000.10~2002.10)』, 86~137쪽 참조. 인혁당재건위사건의 전반적인 진상규명과정은 '4·9평화통일재단' 홈페이지 (http://www.49peace.org/) 참조.

수 있다는 두려움이 있었던 것 같아요. 활동했던 사람들이 갖는 두려움? 그런 게 있었던 것 같아요. 거기다가 줄줄이 자식들도 있고, 늙은 시어머니도 챙겨야 하니까, 도리어 남편이 잡혀간 것에 대해서는 대응을 못 하셨던 거죠. 활동하다가 잡혀간 거니까 구명 활동할 수 있는 거라고 생각 못 하고 체념한 거? 그래서 가족들이 전혀 대응을 못 했던 것 같아요.

이형락 선생님이 재판받을 때, 면회라던가 재판 참가는 가능했나요?

재판 참가는 못 했던 거 같고요. 정식으로 구속된 이후에 면회는 가능하긴 했으나, 구치소로 넘어간 직후에는 면회도 거의 못 했던 걸로 알고 있어요.

그럼 정식 구속 이전에 조사받는 단계에서는 가족분들도 아예 행방을 모르셨던 건가요?

그럼요. 그때는 대부분 다 그랬어요.

질문이 적절하지 못할 수 있겠습니다만, 정식 구속되고 최종적으로 이형락 선생님이 10년형을 선고받았을 때, 가족분들은 어떤 반응이셨나요?

저는 워낙 어릴 때니까 잘 몰랐지만, 주변 분들은 다들 '다행이다'라는 거였어요. 1심에서는 사형 구형을 받았었거든요. 그러다가 감형된 거라서 도리어 살았다는 것만으로 안도했던 것 같아요.

이형락 선생님께서 수감 된 이후에는 가족분들이 찾아가서 면회하는데 제약 같은 건 없었습니까?

제약은 없었고요. 할머니가 자주 면회를 가셨어요. 옛날에는 명절에 특별면회 같은 게 있었어요. 교도소 마당에서 우리가 음식을 싸가지고 가서 같이 밥을 먹을 수 있는 그런 것들이 1970년대에 있었어요. 그래서 저도 두 번을 갔었거든요. 대구에서 대전까지 가려면 경비도 많이 들고 하니 할머니랑 엄마랑 나랑 동생, 이렇게 네 명이 갔었거든요. 그래서 어찌 보면 아버지에 대한 첫 기억이 초등학교 1학년 때 그 면회 가서이지 않을까 싶어요. 잡혀갈 때는 그냥 잡혀가는 그 모습만 사진처럼 남아있었거든요. 아버지를 만나러 갔는데, 진짜 넓은 잔디밭 같은 마당에 사람들이 여기저기 자리 깔고 도시락 나눠 먹고 있는 거예요. 아버지는 머리 박박 깎고 엷은 데님같은 파란색 수의를 입고 있었어요. 그런 모습으로 우리 예뻐라 했는데, 사실상 그 장면이 나한테는 아버지의 첫 모습이죠. 나중에 커서 생각하니까 진짜 너무 쪽팔리고 속상한데, 그때 그 잔디밭에서 동생이랑 소풍 간 것처럼 뛰어놀고 그랬거든요. 징역이 뭔지도 모르고, 아버지가 어떤 상황인지도 모르고요. 그게 초등학교 1학년 때였던 것 같아요.

• 이형락 구속 이후 가족의 삶

이형락 선생님께서 옥고를 치르실 당시에 가족분들께서는 어떻게 생활하셨나요?

사는 게 힘들었어요. 아버지 징역 가고 살던 집을 줄이고 줄여서 사글세방에서 살았어요. 어머니가 장사를 했지만 경제적으로 힘들 수밖에 없었죠. 저나 언니들이나 동생이 클 때 고등학교까지 졸업한 사람이 저밖에 없었어요. 큰언니는 고등학교, 둘째 언니는 중학교를 다니다 중퇴했어요. 셋째 언니는 야간중학교 다니다가 중퇴하고 공장에 들어가서 산업체 부설학교를 다녔어요. 사실 산업체 부설학교라는 게 학교가 아니에요. 언니 표현에 따르면 공장 생활하는 3년동안 누워서 자본 적이 한 번도 없대요. 매일 8시간 노동을 3교대로 하거든요. 그런데 야간을 할 때도 있으니까 생활이 불규칙한 거죠. 8시간 일하고 8시간 학교 가고 기숙사로 돌아오면 거의 파김치가 되는데, 쉬고 싶어도 침대에 누우면 그냥 자버리니까 앉아 있는 거예요. 앉아서 공부하다가 책상에 엎드려서 자고, 그렇게 해서 셋째 언니는 대학을 갔어요. 살림이 넉넉하지 않으니 공장에서 일하면서도 공부하고 싶어서 그렇게 힘들게 생활했던 거죠.

근데 살면서 힘들다는 소리를 별로 해본 적이 없는 것 같아요. 사실은 어찌 보면 힘든 줄도 모르고, 그냥 당연히 우리가 견뎌내야 하는 삶이라고 생각을 했던 것 같아요. 내 입장에서 보면 진짜 어릴 때 아버지가 잡혀 갔으니까요. 그랬는데 아홉 살, 열 살 커가면서 주변에 어르신들 하는 이야기에 아버지가 누명을 썼다는 얘기를 듣잖아요. 그래서 '내가 제대로 된 법관이 돼서 틀을 바꿔야지, 아버지 누명 벗겨야지.' 이런 생각도 했고, '우리가 이렇게 어렵게 사는 건 아버지가 누명을 써서 부당한 일을 당해서 이런 거니까 아버지가 돌아오면 다 괜찮아질 거야.' 이런 환상을 갖고 살아서 어려움을 버틸 수 있었어요.

• **가족에 대한 사찰과 감시**

경제적인 어려움뿐만 아니라, 가족들에 대한 사찰과 감시도 있었을 것 같습니다.

그렇죠. 아버지 징역 가고 난 뒤로 이사 다녔다고 했잖아요? 경제적으로 힘들어서 이사 간 것도 있지만, 한 동네에 오래 못 있어서 간 것도 있어요. 이사 가고 일주일쯤 지나면 안기부인지 경찰인지 누군가가 찾아오는 거죠. 우리 집으로 오는 게 아니에요. 동네 반장 집이나 통장 집을 찾아가요. 그렇게 가서 탐문하고 가면 얼마 지나지 않아 동네에 '저 집은 빨갱이 집'이라고 소문이 퍼지는 거죠. 그리고 반장은 거의 매일 우리 집에 와서 경찰이나 정보원 노릇을 하는 거예요. 우리 집에 누가 왔다 갔는지 이런 걸 물어요. 그러면 나는 그런 거 묻지 말고 가라고 했어요.

학교에서도 그랬어요. 옛날에는 가정환경조사를 했거든요. "엄마나 아버지 없는 사람 손들어." 이런 건데, 어느 날은 교사가 아버지 어디 계시냐고 묻는 거예요. 나는 아홉 살, 열 살 그 어린 나이에 "우리 아버지 어디 있으면 왜요?" 이렇게 싸우기도 했어요. 나는 내 공부할 테니 당신들은 가르칠 거나 가르치라는 식으로 생각했죠. 생각해 보면 내가 전교 1등을 해도 장학금을 못 받으니 외부에서 오는 장학금을 추천해서 받게 해주는 좋은 선생님들도 있었거든요. 근데 그때는 그걸 고맙게 생각을 안 했어요. 세상의 모든 것들로부터 나와 내 동생, 우리 가족들을 지켜야 된다고 생각했었어요.

동네 어른들이나 학교 선생들만 그런 게 아니라, 우리 또래 애들이 가족들을 놀림과 공격의 대상으로 삼기도 했었거든요. "느그 아버지 간첩이라매?"라고 대놓고 말하거나, 저 멀리서 "저 빨갱이 간다" 하고 돌맹이를 던져요. 근데 나는 그걸 몇 번 안 겪었어요. 나는 그거 용서 못 해요. 누가 나한테 그러면 남자애든 여자애든, 덩치가 크든 몇 명이든 목숨 걸고 싸웠거든. 난 어릴 때 유명한 싸움꾼이었어요. 근데 언니들은 달랐어요. 특히 둘째 언니가 그걸로 제일 상처를 많이 받았던 것 같아요. 둘째 언니는 그런 것 때문에 학교 가기 싫어했고, 맨날 울면서 집에 왔어요. 어느 날은 "엄마, 우리 아버지가 간첩이야? 우리 아버지 간첩이래." 울면서 그러는 거예요. 그때 제가 언니한테 "바보 같은 게 어딜 징징 울어. 너는 나이값도 못하나. 그런 소리 하는 새끼들 패 죽여 버리지, 어디 네 입으로 아버지 간첩이라는 그따위 소리를 하냐"고 욕을 했어요. 마음속의 상처는 언니들이나 나 똑같았겠지만, 나는 이걸 이겨내야 하는 상처라고 생각했어요. 이건 아버지의 잘못도 아니고 내 잘못도 아니고 그냥 뭔가 잘못된 것이니까. 그런데 우리 언니는 그 자체가 너무너무 슬프고 누구한테 얘기도 못 하고 집에 와서 맨날 울었던 거죠. 사실 둘째 언니는 트라우마가 굉장히 심하고, 나는 '나는 트라우마 같은 거 없어'라고 생각을 했는데, 돌이켜보면 그런 과한 방어기제 같은 것들이 트라우마인 거예요. 그런 것들이 지금까지 나를 버티게 해준 것도 맞고, 나는 정말 괜찮다고 생각했는데 모양이 다를 뿐이지 그런 상처와 트라우마는 다 갖고 있다는 생각이 들더라고요.

▪ 이형락의 수감 이후 인적 관계의 변화

이형락 선생님이 수감 되고 인적 관계의 변화는 없었나요?

아버지 징역 가고는 친척, 친구 관계는 거의 다 끊어졌어요. 가깝게 지냈던 친척이나 친구, 그냥 친구들은 앗 뜨거라 하고 다 떨어져 나간 거죠. 빨갱이로, 간첩으로 낙인찍히는 순간 자기한테 불똥 튈까 봐 더 이상 연락을 안 한 거예요. 친척 중에서 친가는 우리나 마음이 다를 바가 없었고요. 어렵게 살더라도 정말 수시로 서로 도와주고 안부를 물으며 지냈어요. 그런데 외가 쪽은 정반대였죠. 외가 쪽은 그 빨갱이… 참 어이없는 게 그렇게 욕을 하시려면 우리 엄마부터 욕을 해야 하는데, 우리 엄마는 빨갱이한테 속아서 결혼한 불쌍한 사람이고, 이 가난한 집에 와서 고생만 했다고 말했던 이모들, 이종사촌들은 아주 우리를 벌레 보듯이 했어요. 대놓고 빨갱이라고 욕하고. 그나마 권오봉 선생님은 아버지 징역 가 있을 때도 연락을 했어요. 우리 집에도 찾아오고 챙기고요. 아버지 친구들 중에서 정말 우리에게 등 돌리지 않은 몇 안 되는 분이셨어요. 권오봉 선생님도 해방전략당사건 때 잡혀가서 굉장히 많이 맞으면서 조사받고 무혐의로 나오셨거든요.

박정희 유신 말기의 엄혹한 상황에서 권오봉 선생님 같이 교류를 지속하신 분들이 계셨다는 게 좀 놀랍습니다. 권오봉 선생님도 감시를 받는 처지였을텐데 의리를 지켜서 계속 교류하실 수 있었던 배경은 무엇일까요?

글쎄요. 그분들한테 그걸 물어보진 않았고 물어볼 수 있는 것도 아니었고. 추측하자면 동지적 의리? 도리? 이런 것들이 이분들 마음속에 있지 않았을까 싶어요. 아버지랑 권오봉 선생은 워낙 형, 아우 하면서 가까운 사이였고 집안에도 서로 왔다 갔다 하면서 가까운 사이였으니까요.

권오봉 선생님 외에 또 이형락 선생님과 교류를 지속하셨던 분들이 있었나요?

그 당시에는 나경일 선생님. 그리고 지금도 성함이 기억이 안 나는데 양 선생님이라는 분이 있었고요. 또 아버지보다 십몇 년 후배인 백정호라는 분이 있었어요. 지금 살아계시면 70대 후반 정도 될 텐데, 그분이 우리 집에도 왔었어요. 백 선생님은 권오봉 선생을 통해서 남민전[16]에도 활

---

16 1976년 결성된 '남조선민족해방전선 준비위원회(약칭 남민전)'는 지하조직 성격의 단체로 유신독재정권에 대항하고, '반제민족해방전선' 노선을 추구하였다. 안병용, 1990, 「특별연구 남민전-유신 말기 대표적 '반독재·반제' 지하투쟁조직에 대한 본격 조명」, 『역사비평』 12권, 254~265쪽. 1979년 10월 조직원 84명이 구속되었고, 재판에 넘겨진 피고인 73명 중 신향식과 이재문에게 사형, 5명에게 무기징역이 선고되었다. 이재문은 1981년 옥사하고, 신향식은 1982년 사형이 집행되었으며, 나머지 관련자들은 1988년 12월 형집행정지로 석방되었다. 2022년 8월 25일 제2기

동 자금을 댔던 분이었거든요. 학원 운영하면서 돈 들어오는 건 맨날 술 퍼먹고 흥청망청 다 써버리는 것처럼 하고 따로 돈을 모아서 운동자금으로 대주시고. 그래서 사람들이 완전히 몰랐던 그런 분이었어요. 그래서 알게 모르게, 나이가 많건 적건 우리를 찾아본 아버지의 옛 동지들이 있었던 것 같아요.

3. 이형락의 석방과 그 이후의 삶

- **이형락의 경제활동과 건강 악화**

그렇게 힘들게 지내시다가 1978년에 이형락 선생님이 만기 출소하십니다. 어떤 심정이셨나요?

잘못된 세상이 바로 잡히는 느낌이었어요. '정말 이제 다 끝났다. 아버지가 오시면 우리 고생도 끝이고, 간첩의 자식이라고 하는 잘못된 멍에? 테두리? 이런 것들도 다 바로 잡아질 거'라는 막연한 환상'이 있었어요. 정말 세상이 바뀌는 기분이었죠. 설레고 너무 좋았어요. 할머니랑 어머니가 대전교도소에서 모셔와서 내 앞에 아버지가 있는데, 그건 정말 기

진실·화해를위한과거사정리위원회는 남민전사건으로 사망한 이재문의 인권침해 사건에 대해 진실규명을 결정하였다. 박지영, 「유신말 '남민전' 옥중 의문사…"고문 뒤 진료 불허, 국가 사과해야"」, 『한겨레』, 2022/08/25. (https://www.hani.co.kr/arti/society/society_general/1056123.html)

쁘다는 말로도 표현을 못할 것 같아요. 다 같이 많이 울었고요.

이형락 선생님이 댁으로 돌아오시고 나서는 어떻게 생활하셨는지 궁금합니다.

아버지는 바로 취직을 하려고 했어요. 돌아와보니 가족들은 방 두 칸짜리 집에서 살고 있지, 딸들은 학업도 못 마치고 공장에 가있지, 경제적으로 너무 어려웠으니까요. 그리고 우리 막내가 여섯 살 때 머리를 다쳤어요. 동네 병원에 갔더니 큰 병원에 가서 검사해보라는 거예요. 그런데 큰 병원에 가면 돈이 많이 드니까 못 가고 꿰매기만 했어요. 그랬더니 한 달쯤 있다가 이게 뇌막염이 된 거예요. 다행히 죽을 고비는 넘겼는데 반신불수에 약간 정신 지체 장애가 왔어요. 아버지가 봤을 때 이런 상황이 너무 아프고, 가족에게 미안했던 거죠. 근데 뭐 해서 돈을 벌어요? 누가 써줘요? 가족들은 그때만 해도 아버지가 잘하실 줄 알았어요. 10년 징역 살면서 침구사 공부를 하셨더라고요. 그런데 아버지 나오시던 그 해인가? 침구사 자격시험이 없어져서 못 봤어요. 그러다가 할아버지 살아계실 때 도움을 많이 받은 아버지의 사촌 여동생의 도움으로 아파트 경비원으로 취직을 하시게 됐어요.

아파트 경비 일은 언제까지 하셨습니까?

돌아가실 때까지 했죠. 돌아가실 때까지 했고, 처음 시작이 정확하게 기억이 안 나는데 81년인가? 82년인가? 하여간 79년, 80년은 아니었던 걸로 기억하고요. 그때까지는 뭘 하려고 해도 하기가 힘든 상황이었고요. 81년 말 아니면 82년쯤부터 해서 85년에 돌아가시던 날까지 하셨어요. 돌아가실 때도 거기서 돌아가셨거든요. 그런데 그전에도 아버지 건강이 되게 안 좋으셨어요. 나중에 생각해보니까 이게 고문 후유증인 건데, 늘 굉장히 불안해하고 잠을 제대로 못 주무셨어요. 방 두 칸짜리 집에서 살았다고 했잖아요? 나는 누가 업어가도 모를 정도로 깊게 잠드는데, 아버지 비명에 깰 정도였어요. 거의 매일 하루도 제대로 주무신 적이 없고, 이불이 다 젖을 정도로 식은땀을 흘렸어요. 괜찮냐고 물으면 "내가 혼자 독방 생활을 하다 보니 잠꼬대를 크게 하는 것 같다"라고만 하고… 그냥 아버지 말을 믿고 싶었던 거죠. 어릴 때라 고문 후유증에 대해 잘 몰랐다고 해도 아버지 건강이 나쁘거나 잘못된 게 아니라는 믿음을 갖고 싶었던 거예요. 아버지가 정상적이고 건강해야 원상회복이 되는 거니까, 알게 모르게 자기 최면을 걸고 그랬었던 것 같아요. 결국은 돌아가실 때까지 그렇게 방치가 된 거고.

▪ 석방 이후 계속된 사찰

이형락 선생님이 댁에 돌아오고 나서도 정권의 감시나 사찰이 계속 이어지지는 않았습니까?

보호관찰 대상? 그런 명칭이 있더라고요. 우리는 어려서 잘 몰랐었는데, 어느날 학교 갔다가 집에 왔는데 집에 손님이 와있었어요. 동생은 밖에 나와 있고, 좁은 방안에 남자 두 명이랑 어머니, 아버지가 앉아 있는데, 기분이 아주 묘한 거예요. 동생은 몸이 불편하니까 웬만하면 밖에 내놓지 않거든요. 남자들이 가고 나서 엄마한테 누구냐고 물었더니 경찰이라는 거예요. 경찰이 왜 우리 집에 와서 안방 차지하고 있고, 동생은 왜 밖에 내쫓아 놓냐고, 무슨 죄를 지었냐고 목소리를 높였어요. 그러니까 아버지가 그냥 매달 한 번씩 어떻게 지내는지 보러 온 것이니 별거 아니라는 거예요. 그냥 보고서를 받아 가는 거라고요. 내가 막 울고불고 난리를 쳤어요. 아버지가 나와서 모든 게 해결된 게 아니라 여전히 범죄자로 조사를 받고 있고, 이제는 대놓고 우리 집에 들어오는 거잖아요. 나는 아버지 그렇게 잡혀간 10년도 억울해 죽겠는데, 누명은 안 벗겨지고 경찰들은 집을 들락날락거리니 억지를 쓴 거죠. 그랬더니 아버지가 다음부터는 집에 오지 못하게 하겠다고 하더라고요. 그다음부터는 밖에서 만나거나, 아버지 일하는 아파트 경비실로 찾아갔더라고요. 집이든 직장이든 수시로 찾아가서 아버지와 그 주변을 탐문을 한 거죠.

▪ **10.26에 대한 반응**

이형락 선생님이 출소한 다음 해인 1979년에 10.26으로 박정희가 암살됐을 때, 가족분들은 어떤 심정이셨나요?

우리는 진짜 세상 그보다 좋은 소식이 있을 수가 없었죠. 근데 어디 가서 좋은 내색을 못 하는 거예요. 진짜 이불 속에서 만세 부를 정도였거든요. 아버지가 징역에서 나온 이후로 그 이상 기분 좋았던 날이 있었나 싶을 정도로 좋았어요. 그런데 도리어 우리 가족끼리는 서로 아무 말 안 했어요. 그런데 다음날 학교에 갔는데, 울어서 눈이 퉁퉁 부어있는 애들이 있는 거예요. 나와 친하게 지냈던 애들 중에서도요. 그 친구들하고 지금도 연락 안 해요. 사실 걔들이 무슨 죄가 있어요. 우리가 세뇌받은 그대로 순진하고 착하게 세상을 살았던 거고, 대통령이 돌아가셨다는데 너무 너무 슬프죠. 우리는 태어날 때부터 대통령이 박정희였고, 하나뿐인 대통령이었는데요. 그런 대통령이 죽었는데 울겠죠. 슬플 수 있지. 근데 나는 그때 그게 진짜 용서가 안 됐거든요. 그냥 좀 슬퍼했으면 넘어갈 수도 있을 것 같아요. 근데 너무 울어서 눈이 퉁퉁 부어서 온 거야. 다시는 걔들 보기도 싫은 거예요. 같은 교실 앉아 있는 것 자체가 싫었어요. 거꾸로 말하면 나는 박정희가 죽은 게 요즘 말로 불행 끝, 행복 시작? 막 그런 것처럼 어찌 형용할 수 없을 정도로 좋았죠. 세상이 달라질 줄 알았고요. 별로 달라진 것도 없지만요.

▪ 신군부 이후의 생활

박정희가 암살되고 얼마 뒤에 전두환이 쿠데타를 일으키는데, 그 직후에는 이형락 선생님께 또 위해가 가해진 일은 없습니까?

그때도 잡혀갔었어요. 그때는 이틀인가 사흘인가 있다 왔는데, 그때 아버지가 "우리나라 정보력이 대단하더라." 이런 얘기를 했어요. 잡혀서 갔더니, 북에 계신다고 믿었던 아버지의 형님, 누나, 사촌형까지 경찰들이 다 파악하고 있더라는 거죠. 지금 어디서 뭘 하고 있는지까지. 우리는 정확하게는 모르고 있었거든요. 그래서 북으로 간 누님이 숙청당했다는 이야기도 아버지가 듣고 알게 된 건데, 그러니까 일종의 사상 고문 같은 거죠. "니들 북한 좋다고 그렇게 지랄 떨면서 니 누나 북에 갔제? 봐라. 숙청당했잖아." 큰아버지는 돌아가셨고, 사촌형이 어디서 뭘 하고 사시는지까지 경찰이 가계도를 쫙 그려서 파악하고 있더래요. 그때 그걸 봤대. 그러니 '너는 꼼짝 마라'는 거죠. '이만큼 파악하고 있으니 허튼짓하지 마라, 허튼 생각하지 마라' 하는 일종의 겁주기 위한 구금이었던 것 같아요.

그 기간동안 고문 같은 피해를 입진 않으시고요?

모르죠. 맞았거나 고문을 당했거나 이런 이야기는 안 하시거든. 누구에게도 절대로 얘기 안 하거든요. 어쨌든 집을 비우고 잡혀갔던 건 사실이니까 '그렇게 갔었다, 거기서 이런 이야기를 들었다' 이런 정도만 하신 거죠.

전두환의 쿠데타 이후에 이형락 선생님의 상심이 크셨을 것 같은데, 가족들에게 이후의 정세에 대해서 말씀해 주신 일은 없으셨나요?

그런 이야기는 하지 못했고요. 경제적으로 너무 어려워져 있으니까 아버지가 그에 대한 미안한 마음이 굉장히 컸는데, 가족들에게 그런 정치나 정세 같은 이야기를 하는 거 자체가 맞지 않았다고 생각하셨던 것 같아요. 그런데 가끔 뉴스를 보다가 거기에 대해서 한마디씩 하시는 정도? 광주 때도 그랬죠. 광주 초창기에 서울에서도 집회를 하고 있었고, 광주에서도 집회를 계속 했었잖아요. 근데 거기에 대한 뉴스가 별로 우호적이지 않았어요. 아주 나쁜식으로 폭력시위, 누군가의 사주를 받은 것 같은 그런 뉘앙스였거든요. 그때는 북과의 연계설이나 이런 것들을 얘기하진 않았으나, 뉴스조차도 그런 뉘앙스를 풍겨가면서 학생들이 독자적으로 하는 게 아닐 거라는 식의 보도를 했어요. 그때 아버지가 "그래도 대학이 희망이다. 대학생들이 저렇게 나서주기 때문에 희망을 잃지 않을 수 있는 거다." 그런 얘기를 얼핏 하신 거죠. 도리어 가족들을 앉혀놓고 뭐라고 이야기를 하시거나 절대로 그러지 않았어요.

아, 그리고 1983년 대구에서 미문화원 폭파사건[17]이 있었어요. 그때도 아버지가 며칠 잡혀가서 조사를 받았다고 하더라고요. 하여튼 아무

---

17 1983년 9월 22일 21시 36분경 대구시 중구 삼덕동 2가에 위치한 미국문화원 정문에서 폭탄이 폭발하여 최초 신고한 학생 1명이 사망하고, 4명이 중경상을 입은 사건(『경향신문』, 1983/09/23).

이유 없이 경찰이 와서 잡아가면 며칠 있다가 오고, 그동안 어떤 일을 당하셨는지는 모르죠. 그리고 늘 우리 집 주변이나 아버지가 일하는 아파트의 관리사무소 앞에 경찰들이 수시로 들락거렸으니까요. 그건 감시지, 호의가 아니잖아요. 그런 말도 안 되는 감시를 당하셨죠.

• **취업 과정에서 연좌제로 인한 피해**

선생님이 사회로 진출하던 시기에도 연좌제 같은 피해가 있었을 것 같습니다.

우리가 연좌제 때문에 할 수 없는 게 많다는 것을 조금 일찍 알았어요. 아버지 징역 계실 때 작은언니는 여군에 로망이 있어서 하려고 했는데 안 되더라고요. 그때 공무원, 교사, 경찰, 군인 이런 직업들은 진입 자체가 막혀있다는 걸 알게 되었죠. 그래서 나는 여상을 들어갔고, 정말로 평범하게 직장생활하고 돈 벌면서 살겠다고 생각했어요.

　1980년대 초만 해도 여상을 졸업하면 은행 같은 곳에 사무직으로 많이 채용했어요. 내가 고3 때 포항제철의 인사담당 직원이 여자사무원을 뽑으려고 학교에 왔었어요. 생활기록부를 쭉 보고 성적이 좋은 학생들을 교장실로 불러서 비공식 1차 면접을 봐요. 그리고 포항제철에 가서 정식으로 입사시험 보고 3차 면접까지 봤는데, 당시에 전교에서 나 하나만 합격했어요. 그런데 어느 날 취업담당 선생이 교무실로 불러서 갔는데, 포항제철에서 신원조회를 해보더니 안 되겠다고 했다는 거예요. 선생님이 위로의 말 같은 걸 한 것 같은데 귀에 하나도 안 들어오더라고요. 1980년대 초에 포항제철은 정말 꿈의 기업이었거든요. 한국은행, 산업은행보다 우선으로 쳤던 포항제철에 나만 합격했는데, 아무도 모르게 떨

사진 3   스무살 무렵의 구술자 (1984년)

어진 거잖아. 이걸 누구한테 하소연할 수도 없고…. 그래도 그 선생님이 고마웠던 건 이걸 공론화하지 않았어요. 내가 스스로 취업을 포기한 걸로 해줬는데, 그래도 주위에선 묻잖아요. 친구들이 포항제철 왜 안갔냐고 물으면 그냥 '대학 가고 싶어서'라고 했어요. 말은 그렇게 했지만 속은 썩어 문드러졌죠.

- 부친에 대한 원망과 후회

그러니까 이 원망이 고스란히 아버지한테 가는 거예요. 특히 83년 그때는 아버지 때문이 아님에도 불구하고, 우리가 연좌제의 피해를 받는다는

사진 4 　고등학생 시절 부녀의 모습(1981년)

생각에 아버지에게 원망이 가득할 때였거든요. 다른 언니들은 그러지 않았는데, 나는 말도 못되게 하고 반항을 했던 거 같아요. 아버지한테 제일 독설을 많이 퍼부었던 것도 그 시기였어요.

　　아버지를 너무나 좋아하고 애증이 워낙 교차되다 보니까, 결국 아버지가 내 인생의 발목을 잡았다고 원망하게 되고, 그게 가슴에 계속 쌓여 있다가 한번 술 먹고 아버지한테 대든 적이 있어요. 술 먹고 집에 늦게 들어가니까 일찍 좀 다니라는 거예요. 아버지가 걱정을 왜 하시냐고 했더니, "이놈아, 부모가 돼서 딸자식이 늦게 들어오니까 걱정을 하지." 그러시더라고요. 그래서 제가 "평생 자식 발목이나 잡으면서 말로 그런 걱정한다고, 그게 부모 노릇하는 거냐"고, 그렇게 아버지한테 소리를 질렀죠. 죄송하죠. 너무 철이 없었고, 머리는 아버지 탓이 아니라는 걸 뻔히 알면서도 내가 당한 이 불합리하고 억울한 상황들을 원망할 대상이 필요했던 거예요. 그게 아버지였던 거죠. 아버지 때문에 우리 인생이 꼬이고, 할 수 있는 것도 못한다고 생각했던 거예요. 나는 누구보다 똑똑한데 아버지 때문에 앞길이 다 막혔다는 그런 원망들이 늘 있었죠. 사실 생각해보면 포항제철에 들어 가는 게 뭐 별거라고 그거 아무것도 아닌데, 내가 그것 때문에 평생 취직을 못 한 것도 아닌데.

4. 이단아의 노동운동

• **노동운동을 시작하게 된 계기**

선생님께서는 1983년에 LG상사에 취업한 뒤로 직접적인 노동운동을 시작하게 되십니다. 그 계기가 무엇인가요?

아버지의 죽음이죠. 아버지가 그렇게 돌아가시지 않았다면, 어쩌면 나는 노동운동을 안 하지 않았을까. LG상사에서 돈 잘 벌고 내 가족들 챙겨가면서 살지 않았을까, 하는 생각도 했었거든요. 한편으로는 아버지가 살아계셨어도 노동운동은 할 수 있었겠죠. 근데 직접적인 계기는 아버지의 죽음이었고, 내 가슴 속에는 아버지에 대한 죄책감, 죄송함이 있었어요. 아버지에 대해서 더 알고 싶고, 아버지의 삶을 좀 더 되짚어 보는 게 아버지에게 사죄하는 길이라는 마음이 있었어요. 그래서 일단 아버지의 길을 따라가 보겠다고 생각을 하고 노동운동을 시작하게 된 거예요. 물론 노동운동도 내가 하고 싶다고 시작할 수 있는 건 아니었지만 때가 맞았던 것 같아요. 아버지 돌아가시고, 노동운동에 더 관심을 가졌던 1985년 그 당시에 전국에 사회과학 서점들이 많이 생겼잖아요. 대구에도 사회과학 서적을 전문으로 하는 서점이 몇 개가 생겼어요. 저는 그 전부터 문학 동인회 활동도 해서 문학 서적들을 보려고 그 서점들을 열심히 갔었고, 서점 주인들하고도 친했어요. 또 대부분 운동권 출신의 사람들이 운영하는 서점이었고요. 그러다가 아버지가 돌아가시고 난 시기에는 관심사가 문학 쪽에서 노동운동 같은 사회변혁에 관련한 쪽으로 확 선회해서 그런 책들을 보기 시작했어요. 어느 날 서점에서 자주 본 한 남자가 혹시 노동운동에 관심이 있냐고 묻더라고요. 자기랑 같이 노동운동에 대해서 공부 좀 해볼 생각이 있냐고 하더라고요. 제가 노동운동에 대해서 많이 알고 싶고, 노동운동 하고 싶은 생각이 있다고 했더니 같이 해보자는 거예요. 그래서 그 분이 오라고 하는 모임에 간 거죠. 나중에 알고 보니 그게 학생운동 정리하면서 노동운동으로 옮겨가는 단계에서 하는 세미나인 거예요. 보통은 학교 단위로 이루어지는데, 제가 들어간 그룹은 경북대, 영남대, 계명대, 대구대까지 다 섞여 있었던 그룹이었어요. 이 그룹에서 그 친구들하고 같이 세미나를 몇 개월 하면서 『세계철학사』, 『해방전후사의 인식』 이런 책들을 봤고, 노동법도 공부했어요. 노동운동을 한다면서 현실의 노동법도 모르고는 할 수가 없잖아요. 그리고 곧 노동 현장으로 들어가야 한다길래 회사에 사표를 내고, 그다음 해 1월에 바로 현장에 들어갔죠.

▪ 1980년대 중반 대구 지역의 노동운동

그렇다면 선생님이 활동했던 시기에 대구 지역 노동운동의 지형은 어떠했나요?

노동운동 조직은 주로 출신 대학교 단위로 되어 있었어요. 다 그런 건 아니지만 많은 분들이 학생운동을 하다가 노동운동으로 옮겨가잖아요. 그렇게 가다 보면 학교 선후배들끼리 연결돼서 같이 하는 경우도 있고요. 그중에서도 경북대는 학생운동의 역사도 제일 길고, 선배들도 제일 많다 보니, 71학번 이런 선배들도 노동운동 현장에 들어와서 정말 오랫동안 꾸준히 일했어요. 더 큰 맥락으로 보면 세 개 정도의 큰 조직이 있었어요. 경북대 출신들이 만든 큰 조직 두 개가 있었고, 또 하나는 계명대를 중심으로 영남대와 대구대 출신들이 만든 게 있었고요. 편의상 경북대 76그룹, 경북대 79그룹, 그리고 계명대 그룹, 이렇게 불리는 세 그룹이었어요. 저는 처음에 계명대 그룹에서 운동을 시작했어요. 우리의 의도와 생각과는 상관없이 그룹의 중심을 맡고 있는 선배들끼리 통합도 하고 그랬는데, 계명대 그룹이 경북대 79그룹과 통합을 하게 돼요. 이 조직들은 저처럼 현장에 들어가서 직접 활동하는 활동가 그룹이 있고, 이 활동가들을 외곽에서 지도하고 보호하는 그룹이 있고, 현장 그룹이 문제가 생기면 신문이나 유인물 만들어서 알리는 홍보팀이 있었어요. 역할 분담이 되어 있었던 거죠. 어쨌거나 우리가 노동운동을 하든, 인권운동을 하든, 평화운동을 하든 결국 사람들이 평등하고 평화롭게 살자는 것이 기반이 되는 건데, 우리는 아주 폭력적이고 체계적인 군사 문화적인 것들로만 보고 배웠잖아요. 태어날 때부터 그런 사회에서 태어났고요. 그러다 보니까 머리로 공부하는 것과 마음이 가는 것, 현실과 이상에 괴리가 생기는 거예요. 그래서 현실 조직들은 자꾸 형식적으로 상부조직과 하부조직으로 나누는 거예요. 이게 상하부가 아님에도 불구하고 현장 그룹과 외곽 조직이 상하부로 나누어지고, 현장 활동가들의 주체성을 바깥에서 지원하고 보호해야 하는 조직이 방향을 결정해서 하달하는 거죠. 그게 다 우리가 경험이 너무 적고 미숙해서 그랬던 걸 수도 있죠. 그런데 정말로 민주화된 사회란 어떤 건지, 노동운동을 왜 하는지, 머리로 생각하는 것과 현실은 아주 달랐어요. 지금은 외곽 조직, 연대조직 이렇게 얘기하지, 상부, 하부 이런 거 없거든요. 도리어 현장에서 직접 싸우는 분들을 가장 중심부로 놓죠. 지금이랑은 너무나도 양상이 달랐죠. 그만큼 우리가 미숙했었고. 그렇게 해서라도 소모임들을 만들고, 각각의 단위 사업장에 들어가서 싸움들을 만들어 내고. 그런 싸움들이 경험으로 다 축적되어서 지금까지 버티고 쌓아올 수 있었던 거라고 생각해요. 다른 운동도 비슷하겠지만, 특히 노동운동은 가진 게 뭐가 있어요. 내 몸 써서 노동해서 돈을 벌겠다는 건데, 노동자들이 그 전에 대학을 다녔든 대학원을 다녔든 무슨 상관이에요. 현장에 들어가는 순간 노동자잖아요. 현장 안에서 잘못된 현실들을 바로 잡고 노동자와 자본가가 같이 잘 살 수 있어야 좋은 사회가 되는 거지, 노동자들은 해도 해도 병들고 겨우 끼니만 연명할 수 있는 정도로 살아가면서 모든 부의 축적이 한쪽으로만 몰린다면 그건 올바른 사회가 아니잖아요. 올바른 사회를 만들어 가기 위해서 노동운동이 필요했던 거고, 여러 가지 시도를 했던 거예요. 그런 시도와 실패 속에서 얻어지는 경험으로 조금씩 노동자들도 각성하고, 세상을 바로 잡아간다는 게 어떤 건지, 그리고 그 활동 속에서 왜 우리가 옛날 같은 오류를 범하면 안 되는지, 이런 것들을 조금씩 배우고 익혀나갔던 것 같아요.

• 신라섬유에서 시작된 노동운동

가장 처음에 갔던 현장은 어디였나요?

대구에 신라섬유라는 데를 갔어요. 아, 진짜 힘들었어요. 열두 시간씩 주야 2교대를 했거든요? 밤에 잠을 안 자고 열두 시간씩 일하는 것도 힘들지만, 퇴근하고 나서 다른 동지들을 만나서 공부도 해야 하고, 현장에서 뭘 할지를 같이 논의도 해야 하잖아요. 제가 체력이 되게 좋은데 몸이 버티지 못하더라고요. 그러니까 제일 먼저 들었던 생각이 '우리 언니들은 나보다 더 어린 나이에 이런 일을 했구나.' 우리 언니들은 일찍부터 공장에 다녔잖아요. '언니들이 그렇게 해서 나와 우리 식구들을 먹여 살리고 나를 학교 보냈구나.' 이런 고마움과 미안함에 되게 마음이 아팠어요. 여하튼 신라섬유에서는 소모임을 조직해보려고 했어요. 섬유회사에는 보통 초등학교나 중학교 졸업한 열여섯, 열일곱 이런 친구들이 오는데, 나랑 기숙사 방을 같이 썼던 친구가 정말 똘똘했어요. 현장에서 불이익을 당하면 "우리가 왜 이런 불이익을 당해야 돼?"라고 생각하던 친구였거든요. 그 친구랑 같이 들어온 또 다른 친구랑 같이 소모임을 해보려고 했는데, 나랑 같이 들어갔던 친구가 신원조회에 걸려서 회사가 발칵 뒤집어진 거예요. 이 친구는 강원도에서 온 친구라서 자기 이름으로 현장에 들어와도 문제없을 거라 생각했어요. 현장 들어갈 때 보통 대학 다닌 건 안 쓰잖아요. 얘가 강원대 출신이었는데 학생운동 하다가 잘리고 이런 것들이 걸린 거예요. 처음에는 그룹에서 이 친구만 정리하자고 했다가, 아예 그 현장에 들어갔던 친구들을 다 정리하자, 그리고 다시 정비해서 들어가자, 이렇게 해서 의도치 않게 현장 활동을 정리하게 됐죠. 그래서 신라섬유는 몇 달 못 다녔어요.

• 한국경전기에서의 활동

그 이후에는 한국경전기라는 부품 조립하는 회사에 들어갔어요. 당시에 노동 탄압으로 꽤 유명한 회사였어요. 그 전에 대구에 도시산업선교회[18] 출신인 권영숙[19]이라는 분이 거기에서 노조를 만들려고 하다가 해고된

---

[18] 1950년대 말 미국 선교사들의 주도로 시작된 개신교의 산업선교 단체이다. 1970년대에는 유신정권과 민주노조를 탄압하는 사측에 저항했던 여성노동자들을 지원하였다. 장숙경, 2009, 「한국개신교의 산업선교와 정교유착」, 성균관대학교 사학과 박사학위논문, 221~262쪽.

[19] 1959년 경북 안동에서 출생한 노동운동가이다. 1976년 구미 코오롱에 입사했고, 1977년부터 구미도시산업선교회 활동을 시작했다. 이후 구미 서통, 구미 대한전선, 한국경전기, 한국LBI 등에서 노조 활동을 전개하였고, 2007년까지 여성노조 대구지부 상근 활동을 하였다. 2010년 5월 투병 중 운명하였다. 권영숙동지추모사업회 엮음, 2015, 『민들레처럼 불나비처럼: 노동운동가 권영숙 추모집』, 한티재, 260~262쪽.

적이 있어요. 그 이후에도 다른 활동가들 몇 사람이 들어갔다가 못 버티고 나오고 그랬어요. 그러니까 한국경전기는 꼭 노조를 만들어야겠다는 마음들이 자꾸 생기잖아요. 그런데 제가 한국경전기에 들어가게 됐죠. 나하고 다른 친구 하나, 둘이서 들어갔는데, 거기는 주간만 하고 야간이 없더라고요. 또 전자부품 회사라서 섬유회사보다는 상대적으로 일이 편했어요.

그때는 노동운동의 노선이 난립해있었어요. 현장에 10년, 20년 뿌리내리고 있으면서 사람들을 조직하는 것이 옳다는 것과 좀 더 선도적으로 나서서 바른말하고, 사람들한테 이런 것들을 자꾸 알리면서 조직화해야 한다는 식으로요. 그런데 하필 제가 속한 그룹이 받아들인 게 선도적인 투쟁이었어요. 현장에서 그렇게 하라는데, 저는 그게 좀 받아들여지지 않았어요. "안 된다. 그러면 조금 떠들다가 결국은 잘려 나올 건데, 그럴 것 같으면 현장에 왜 들어가냐. 밖에서 전단 작업이나 하지. 나는 반대다" 했지만 어쨌거나 조직의 결정이 그거였던 거예요. 그래서 고민이 됐어요. 내 생각과 입장이 조직의 결정과 다르니까요. 지금 생각해보면 현장에 있는 내 판단이 제일 정확할 수 있거든요. 그런데 그 당시에는 그런 것들이 다 무시됐어요. 더군다나 같이 들어갔던 친구는 적극적으로 조직의 결정을 수용했어요. 화장실 벽에다가 '환풍기 제대로 달아라.', '노동법이 뭐 어쩌고저쩌고 이런 거는 안 된다.' 이런 걸 쓰는 거죠. 그런 일을 처음 겪은 회사면 모를까, 그전에 도시산업선교회와 질기게 싸워온 경험이 있는 회사란 말이에요. 그러니까 회사가 그걸 그냥 안 넘기고 찾아내는 거죠. 화장실에 누가 들어가는지 확인하고 이 친구를 딱 잡은 거예요. 그런데 이 친구나 저나 둘 다 학력이 고졸이라서 우리는 그냥 아무 생각 없이 자기 이름 갖고 들어간 거죠. 자기 이력서 그대로 들고 갔거든요. 굳이 우리는 위장할 필요가 없다고 생각했던 거예요. 그런데 제 이름이 흔한 이름이 아니죠. 이단아 라는 이름이 잘 없잖아요. 그런데 회사가 이 친구만 있을 거라고 생각을 안 했어요. 분명히 더 있을 거다. 사원들 전체를 대상으로 이력서 검색이 들어간 거예요. 경찰 신원조회에서도 위장취업은 아니니까 안 나왔죠. 그런데 정말로 재수 없게도 경리직원 하나가 제가 졸업한 고등학교 2, 3년 후배인 거예요. 학교 다닐 때 제가 워낙 유명했으니까 알아본 거죠. '여기에 있을 사람이 아닌데, 분명 이 사람 이름을 빌려서 누군가가 위장취업한 걸 거다' 이렇게 된 거예요. 그래서 저를 사무실로 부르는데 쎄한 느낌이 오더라고요. '뭐가 걸렸지? 걸릴 게 없는데.' 생각하면서 들어갔더니, 나보고 제일여상 졸업한 이단아가 맞냐고 묻더라고요. 맞다고 하니까 제일여상 출신이 왜 여기 와 있냐는 거예요. 내가 고졸이라서 갈 데 없어서 여기 왔는데 그게 뭔 문제가 되냐, 돈 벌러 왔다고 했더니, "LG에 다니고 있는 걸로 알고 있다", 이러는 거예요. 아, 어디선가 사달이 났구나 싶었어요. "작년까지 LG상사 다닌 것 맞고, 대학 가려고 퇴사했는데 몇 년 공부 놓다 보니까 시험성적도 별로 안 좋고 집에 돈은 없고, 재수할 형편은 안 돼서 다시 취직하려니까 써주는 데도 없어서 공장에 들어왔다." 이렇게 말을 했어요. 그러고 있는 사이에 그 경리 직원이 밖에서 본 거예요. 내가 맞다는 거는 확인을 했는데 이게 안 믿기잖아. 그러니까 "그러면 현장 그만두고 우리 회사 사무직으로 들어올 생각 없냐?", 이러는 거예요. "나는 현장 일이 딱 내 체질이더라. 너무 좋더라. 장부 관리하고 이런 거 싫어요, 난 안 할랍니다." 그랬더니 도대체 무슨 의도로 우리 회사를 왔냐는 거예요. 이 사람들이 다른 걸 아무리 캐도 대구의 운동권하고 연결된 건 못 찾잖아요. 나를 무혐의로 그냥 놔둘 수밖에 없는데, 회사는 그러지 않았어요. "일단 회사가 이렇게 뒤숭숭하고, 이단아 씨가 본인도 맞고, 여기 일하고 싶다곤 하지만, 우리는 이단아 씨 같은 고급인력을 현장에서 쓸 수가 없다. 나가주면 좋겠다." 이러는 거예요. 내가 속으로 '와, 차라리 경찰한테 끌려서 나가는 게 낫지, 이 도대체 무슨 말도 안 되는 소리냐고.' 그래서 제가 "부장님, 내가 우리 집 생활비 벌어야 하니까 회사 다녀야 돼요. 나 그만 두면 안돼요." 하면서 실랑이를 하니까 돈을 주겠다는 거예요. 하, 이건 진짜 빼도박도 못 하겠는 거야. 그때 몇백만 원을 주겠다는데 필요 없다고 하니, "이 돈을 안 받으면 당신이 다른 의도로 우리 회사에 들어왔다고 생각할 수밖에 없다" 그러고, 나는 "이 돈을 왜 받냐. 나는 정당하게 일해서 받는 돈만 받을 거다" 그랬더니 나가라 하더라고요. 그래서 일단 나와서 대책회의하고, 다음날 출근을 했는데 못 들어가게 하는 거예요. 그 친구랑 나랑 둘이 해고됐더라고요.

• 부당해고반대투쟁과 수배

내가 부당하게 해고됐으니 해고반대 싸움을 해야 하잖아요. 그래서 회사 앞에 플래카드를 만들어 가지고 갔어요. 플래카드를 들면 현장 관리자들이 쫓아 와서 뺏으려고 하고, 나는 안 뺏기려고 하다가 몸에 상처도 나고 두들겨 맞기도 하고 그랬죠.

그렇게 보름동안 회사 앞에서 시위를 했어요. 이게 해고반대 싸움이긴 하지만, 회사에 문제가 있다는 걸 출근하는 회사 사람들에게 알리는 거잖아요. 그래도 그 당시는 사회적 분위기가 점차 좋아지고 운동권들도 꽤 단단해지고 넓어질 때였어요. 그 당시에 민통련[20]이 있었어요. 어찌 보면 외곽단체랄 게 민통련 하나밖에 없었는데, 민통련에서 이런저

---

[20] 민주통일민중운동연합은 1985년 3월 29일 재야 민주세력이 결집하여 창립한 재야 운동단체이다. 1987년 권력 교체 국면에 맞서기 위해 개헌투쟁을 전개하였다. 1987년 대선 과정에서의 분열과 패배로 인한 후유증을 극복하지 못하고 1989년 1월에 해체하였다. 이명식, 2005, 「한국의 민주화 세력, 어디로 가고 있나?; 민통련 운동의 전개과정과 평가」, 『기억과 전망』 12권, 25~34쪽.

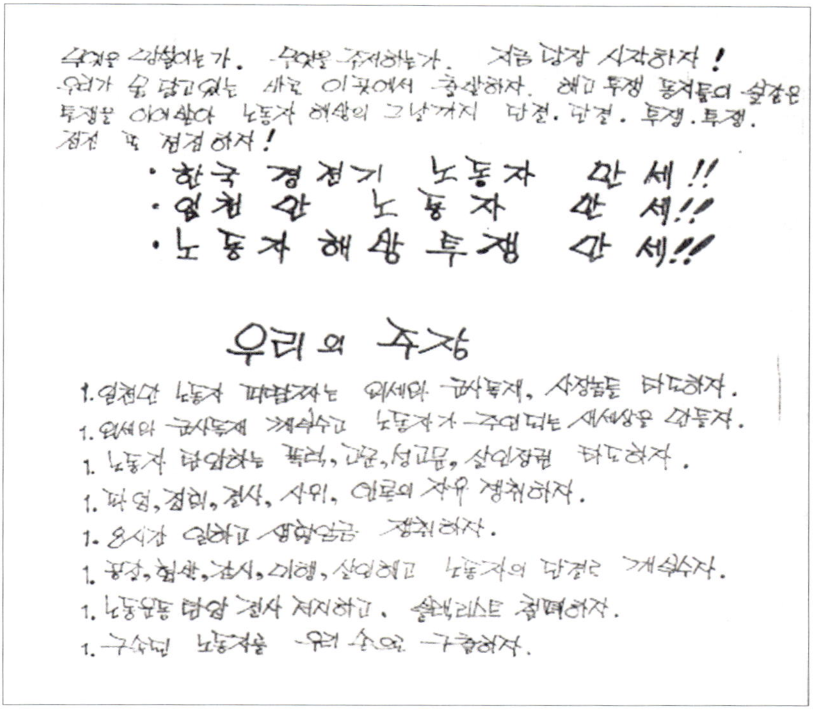

사진 5 　한국경전기 부당해고반대투쟁 당시 구술자가 제작한 유인물

런 사람들이 오고, 도시산업선교회도 와서 기자회견 비슷하게 집회를 했어요. 요즘 같으면 회사 앞에서 기자회견 하잖아요. 그런 집회를 회사 앞에서 했어요. 금요일에 몇백 명이 모여서 했는데, 그날 집회 사회를 봤던 민통련 활동가들은 잡혀갔어요. 경찰이 민통련 정책실장을 잡아서 "한국경전기 관련해서 더 이상 집회 안 할 거냐?" 하니까 정책실장이 "내가 잡혔는데 무슨 집회를 하나"라고 한 거예요. 그런데 그게 페이크였어요. 다음날 학생들이 노학연대 투쟁 차원으로 이 현장에 와서 규탄 집회를 하기로 했었거든요. 학생들이 날을 잡고, 민통련 집회를 그 전날로 잡아서 먼저 한 거예요. 대구북부경찰서에서는 민통련 활동가들을 잡았으니 방심했던 거죠. 그런데 다음 날 오후에 학생들이 쫙 온 거예요. 공단 안에

Ⅳ. 세대로 이어진 국가폭력과 사회변혁의 꿈　219

학생들이 300~400명 모였으니까 난리가 났죠. 토요일 오후에 날도 덥지, 늦게 연락받고 북부경찰서에서 전경이 출동하는데, 요즘은 경찰차가 다 제작돼서 나오지만 옛날에는 닭장차라고 하잖아요. 일반 버스 창에다가 철망을 걸거든요. 그런데 그런 철망도 안 걸고, '공단에 몇 명 모였다고 하니 별거 있겠어?' 하고 왔던 것 같아요. 대충 경찰차 두 대가 아무 준비도 없이 전경들만 싣고 온 거예요. 경찰을 보자마자 바로 화염병 던져서 한 대는 전소되고, 다른 한 대는 반소 되니까 발칵 뒤집어진 거예요. 그리고 다음 날 일요일에는 해고 반대투쟁은 안 하고 모여서 대책회의를 했어요. 수배가 떨어질 것 같으니 해고 싸움은 더 못할 것 같고, 일단은 몸을 숨기는 게 좋겠다는 결정이 나서 그때부터 할 수 없이 수배 피하려고 지역으로 다녔죠. 그렇게 1986년 여름에 해고 싸움하고 1년 가까이 수배 피해 다니다가 1987년 봄쯤에 수배가 풀렸어요. 그리고 다시 대구로 돌아와서 활동을 재개했죠.

6. 1987년 6월 이후의 활동

· 1987년 민주화대투쟁

수배 풀리고 대구로 귀환한 이후에 다시 운동을 재개하셨는데, 1987년 정세가 운동에 끼친 영향은 없나요?

더 활기찼죠. 보통 87년은 6월 민주화운동, 그리고 7, 8, 9월 노동자대투쟁[21] 이렇게 구분하는데, 사실은 이게 다 뒤엉켜 있거든요. 큰 맥락들은 박종철 고문치사사건이 알려지고, 6월 9일에 이한열이 최루탄 직격탄을 맞고 쓰러지고, 6월 내내 넥타이 부대와 학생들이 거리로 계속 나왔다는 거지, 이들만 있었던 건 아니거든요. 노동자들이 퇴근해서 집회에 들어가면 시민부대가 됐고, 노점상들은 사람들에게 빵이나 물, 음료수 이런 걸 줬어요. 넥타이 부대만 시위를 지원하고 화장지를 던지고 했던 게 아니었어요. 이런 분위기 속에서 노동 현장의 활동가뿐만 아니라 노동자들도 문제의식을 더 강하게 가지게 돼요. 만약에 내가 노동 현장에 들어가서 일하는 친구한테 "우리 회사 너무 불합리하지 않니? 야근을 10시간을 했는데 수당은 4시간밖에 안 올려. 쟤들이 다 빼먹는 거잖아. 이거 따져야 하지 않아?" 이런 이야기를 평상시에 했어요. 그러면 친구는 "뭐 어떡해. 그냥 어쩔 수 없는 거지", 이렇게 체념했다면, 사회적 분위기가 그렇게 되니까 내가 이야기 하지 않아도 그 사람들이 먼저, "우리도 이거 회사에다 얘기해서 바로 잡아보자"라고 얘기하는 자신감이 생겨난 거죠. 그런 상황이 연계되고 여름을 넘기면서, 특히 대기업에서 대규모 파업이나 투쟁이 일어났어요. 실제로 6월에 대구에서는 대동기업인가? 농기구 만드는 회사에서 노동자들의 파업이 계속 있었거든요. 6월에 노동자들 파업이 없었던 게 아니거든요. 드러나지 않았을 뿐이죠.

그래서 저는 좀 안타까운 게, '87년 6월 항쟁'이라는 명명이 잘못된 표현이라고 생각해요. 아까도 말했듯이 다 섞여 있기 때문에 '87년 민주화대투쟁'이라고 하는 게 맞지 않을까 생각해요. 그래서 그 역사를 공

---

21 1987년 6월항쟁 이후, 7, 8, 9월에 걸쳐 전국적으로 전개된 노동자들의 대투쟁으로 임금인상, 근로조건 개선, 민주노조 인정 등과 같은 노동기본권을 요구하였다. 노중기, 2012, 「87년 노동자대투쟁의 역사적 의의와 현재적 의미」, 『경제와사회』 제96호, 183~185쪽.

부하시는 분들이나 이걸 기록하시는 분들이 조금씩 바로 잡아 나가주면 언젠가는 바로잡아질 수도 있지 않을까 생각해요.

• **1987년 노동자대투쟁**

기회 될 때마다 다른 사람들하고도 그런 얘기하는데, 어쨌거나 87년 6월의 거리에 노동자들이 없었냐, 노동자들도 나오면 시민인 거예요. 거리에 나오면 똑같은 시민이란 말이에요. 거리에서 같이 집회하면서 얻은 활력이 현장의 불합리함을 바꿔낼 수 있는 동력으로 전환되고, 시너지 효과를 서로 주고받았다고 생각해요. 6.29선언은 좀 어이없긴 하지만, 어쨌거나 그러면서 이겼다라는 마음들이 사람들 속에 있잖아요. 그 이후에 학생들의 투쟁은 거기서 멈추잖아요. 학교로 돌아가고, 방학도 있었고요. 이후 그 힘은 노동 현장으로 몰렸어요. 그래서 7, 8, 9월 노동자대투쟁으로 이어지는 거고요. 그래서 87년 그 시기부터 현장으로 들어가는 학생운동 출신들이 훨씬 많아졌죠.

1987년 하반기, 노동자대투쟁 정국에서 선생님이 참여했던 그룹은 어떤 식으로 운동을 전개했습니까?

전국적인 노동자 조직이 필요하다는 것들을 저뿐 아니라 제가 속한 조직, 전국에 다른 노동자 조직들도 그런 생각들을 했던 것 같아요. 그래서 전국노동자협의회[22]라는 걸 만들었죠. 대구에는 대구노동자협의회라는

22　전국노동자협의회(전노협)는 1970년대부터 1987년 7·8·9월 노동자 대투쟁까지 이어졌던 민주노조운동 흐름의 조직적 성과를 모아 결성한 전국적 규모의 노동

이름의 노동자 조직이 만들어졌어요. 오랜 세월 노동운동을 했던 선배들이 지도부를 맡았죠. 그 노동자협의회는 건강한 조직이었어요. 사회명망가가 오는 게 아니라 정말 노동운동을 오래 했던 선배들이 그동안의 노동운동 성과를 갖고, 각 부문별로 노동자 교육센터도 만들고 문화패도 운영하고요. 현장 안에서 소그룹 활동을 하지만, 현장 안에서 하기 힘든 활동가들의 이야기 같은 것들을 할 수 있는 자리들도 만들어주고요. 가끔 대단위 수련회를 열어서 노조 활동을 처음 하는 사람들이 서로의 입장들을 배울 수 있는 자리들을 만들기도 했어요.

- **남성 중심의 노동운동에 대한 평가**

선생님은 여성으로서 노동운동을 하셨는데, 남성 중심으로 노동운동을 파악하는 경향에 대해 어떻게 평가하시나요?

노동운동뿐만 아니라 우리 사회가 대체로 남성 중심이고, 모든 역사를 남성 중심으로 쓰잖아요. 근데 노동판이라고 다르겠어요? 분명히 잘못 됐죠. 실제로 60~80년대 초까지 굵직굵직한 역사의 많은 노동투쟁을 보면 다 여성 사업장이거든요? 근데 87년 때는 남성 중심 사업장들이 꽤 되죠. 현대중공업, 한진중공업 이런 데는 인원이 수천 명이잖아요. 대단위 공장의 99%가 남성 노동자인 사업장에 노조가 만들어지고, 대기업 남성 중심의 공장들이 큰 일을 해냈죠. 그렇다고 여성사업장들이 그때 안 싸웠나? 아니거든요. 87년 대투쟁을 얘기하려면 85년도에 있었던 구

운동 연대조직이다. 전노협이 결성된 사회적 배경과 조직 과정에 대해서는 김영수·김원·유경순·정경원, 2013, 『전노협 1990~1995』, 한내, 84~135쪽 참조.

로동맹파업²³을 얘기하지 않을 수 없다고 봐요. 어찌보면 구로동맹파업이 있었기 때문에 87년 노동자대투쟁도 힘을 받을 수 있지 않았을까 싶어요. 아시겠지만 지금은 다 없어졌지만 구로공단에 열악한 봉제공장, 전자공장들이 많았잖아요. 옷 만드는 대우어패럴에서 노조가 파업을 하니까 회사에서 물도 끊고 전기도 끊고 난리도 아니었죠. 그러니 공단 안의 다른 사업장들, 가리봉전자, 효성물산 등 몇 개의 업체들이 연대파업을 했잖아요. 그건 우리 노동운동 역사에 길이 남을 일이에요. 그게 대부분 여성사업장이었어요. 그전에는 동일방직²⁴ 언니들의 투쟁도 있었죠.

• **1987년 김영삼과 김대중의 분열에 대한 평가**

1987년 대선을 앞두고 민주화운동 진영이 분열되는데, 선생님이 계셨던 조직에서는 그러한 분열을 어떻게 바라보셨는지요?

---

23 1985년 6월 24일부터 6월 29일까지 구로지역의 민주노조들이 대우어패럴 노조위원장 등 노조 간부의 불법 검거에 항의하여 전개한 파업 투쟁이다. 대우어패럴, 가리봉전자, 선일섬유, 효성물산, 부흥사의 노조들이 동맹파업을 벌이자, 노동자, 민중, 민주화운동세력 등이 전국 각지에서 지지연대투쟁을 벌였다. 유경순, 2001, 「1984년 '구로지역 민주노조운동'의 전개와 특징-구로동맹파업의 주체형성 과정에 대하여-」, 『역사연구』 제9호, 119~125쪽.

24 1972년부터 회사의 어용노조에 반대하고 민주노조를 결성하기 위해 동일방직 여성노동자들이 전개한 투쟁이다. 1972년에 주길자가 최초의 여성지부장으로 선출되었고, 1975년에는 이영숙이 그 뒤를 이었다. 사측이 민주노조 해체를 시도하고 노동3권을 보장하지 않자, 여성노동자들은 이에 맞서 단식·농성 투쟁을 전개하였다. 결국 1978년 4월 1일 사측이 민주노조에 참여한 노동자 124명을 해고하였고, 이후 해고 노동자들은 복직 투쟁을 전개했다. 홍석률, 2015, 「동일방직 사건과 1970년대 여성노동자, 그리고 지식」, 『역사비평』 112호, 235~240쪽.

우린 노동자, 민중을 대변하는 독자 후보가 있어야 한다는 입장이 있었어요. 그래서 87년에 '민중의 당'을 만들었었죠. 그 후에 백기완[25] 선생을 후보로 추천했죠. 우리는 솔직히 김영삼, 김대중 그 누구도 우리의 대표는 될 수 없다는 생각이 있었어요. 근데 굳이 선택을 해야 한다면 '나는 누구'라고 다들 나눠졌던 거고요. 그게 각자의 계산속이든 뭐든 나는 그렇게 가는 거는 아니라고 생각했었어요. 87년 민주화 대투쟁 속에서 사회적으로 사람들의 의식이 열렸을 때, 당장 당선이 안 되더라도 왜 우리에게 노동자, 농민, 빈민을 대변할 수 있는 후보가 필요한지, 왜 민중후보라는 이름이 필요한지, 이런 것을 알리는 게 중요하다고 봤어요. 민중을 위한 정권이 설려면, 그들을 대변할 수 있는 대표를 세워야 하고, 그런 당을 만들어야 한다고 생각했어요. 그래서 초기 실험단계로 '민중의 당'을 만든 거죠. 그런데 백기완 선생님은 처음부터 끝까지 완주할 생각이 없었어요. 출마 선언을 하시면서도 김대중, 김영삼을 불러서 어떻게든 한 사람으로 단일화시키려고 굉장히 노력하셨거든요. 하다 하다 안 돼서 결국은 후보로 출마를 하셨지만, 그 마음을 못 버려서 완주 못 하시고 막판에 사퇴하셨잖아요. 자기 표가 혹시나 사표가 될까 봐, 어떻게든 두 사람 중에 누구라도 대통령이 되기를 바라는 그런 마음이었던 거죠. 글쎄, 백 선생님은 그러셨으나 우리의 생각은 또 좀 달랐으니까요.

---

[25] 1933년에 출생한 정치인, 민주화운동가, 통일운동가이다. 1960년 4월혁명에 나섰고, 1963년에는 한일회담 반대투쟁에 참여하여 연행되었다. 1967년에는 장준하와 함께 백범사상연구소를 설립하였고, 1969년에는 3선개헌 반대투쟁을 전개했다. 1973년에는 개헌청원 100만인 서명운동을 주도하여 구속되었다. 1980년에는 명동YWCA위장결혼사건으로 보안사에 끌려가 모진 고문을 당하였고, 1987년 대선에 민중 대통령 후보로 출마하였다. 2021년 2월 작고하기까지 사회운동을 전개하였다. 민주화운동기념사업회, 백기완 선생 약력 (https://www.kdemo.or.kr/patriot/name/%E3%84%B1/page/1/post/713).

• **1990년대 활동**

1990년대에는 어떠한 활동을 하셨는지 말씀 부탁드립니다.

사실은 그 시기를 얘기하자면 살짝 부끄럽기도 한데, 아까 전노협을 만들었다고 했잖아요. 전노협이 만들어지고, 대구 지역에 대노협이 만들어지는 시기까지 활동하다가, 91년에 남편이 지방선거에 출마했어요. 출마를 하면서 노동운동 조직에 제가 계속 있는 것은 맞지 않다는 판단을 했어요. 그래서 같이 일하던 선배들하고 상의해서 노동운동 판을 정리했어요. 그리고 옆지기의 선거운동을 열심히 했죠. 물론 떨어졌고요. 그러고 난 뒤에 선거 빚이 좀 있었어요. 빚을 갚아야 하니까 당분간 돈을 벌어야겠다고 생각했죠. 당시에는 우리 애도 아직 어렸으니까요. 우리 애가 89년생인데 되게 힘들게 키웠죠. 그래도 세 살 때쯤부터는 낮에는 어린이집에 보내고, 그동안 저는 경제활동을 하면서 단체활동을 했어요. 그 시기에 전국적으로 여러 단체가 많이 생겼어요. 그때 대구에는 '새로운 청년회'라는 청년단체를 만들었었어요. 그래서 청년회라든지, 여성회라든지, 여러 단체에 가서 더 많은 사람들에게 우리가 옳다고 생각하는 가치가 실현되는 세상을 알리는 활동을 했어요. 같이 만들어나가자고 하는 게 가장 중요한 일이니까요. 내가 노동현장을 떠났더라도 청년조직이건 여성조직이건 어디서건 할 수 있다고 생각했어요. 그래서 동네 아줌마들도 조직했어요.

그렇게 경제활동과 단체 생활을 97년까지 했어요. 그러다 아예 그런 단체활동들도 다 접고 시골로 가야겠다는 생각을 했었어요. 어릴 때 신경을 많이 못 썼던 우리 아들한테 사랑을 듬뿍 주면서 아들이랑 즐겁게 노는 생활을 해야겠다 싶었어요. 그래서 97년 말에 아들만 데리고 경주 시골로 들어갔어요. 그러다 1년 후에 남편이 농사짓겠다고 따라 들어와서 같이 농사지으면서 지냈고요.

5. 남조선해방전략당사건 재심 신청과정

· 남조선해방전략당사건을 알게 된 계기

시골 생활을 하시다가 2000년대에 남조선해방전략당사건 재심 신청을 하신 것으로 알고 있습니다. 이형락 선생님이 어떤 이유로 피해를 입은 건지, 구체적으로 남조선해방전략당사건의 전말은 언제 알게 되셨나요?

관심은 있었지만, 자세히는 모르고 있었어요. 아버지한테 물었으면 얘기해 주셨을 텐데, 묻고 싶지 않았던 것도 있었죠. 아버지를 사랑하는 마음과 이해하는 마음, 그리고 아버지를 향한 원망, 이런 애증이 복잡하게 얽혀있었다고 했잖아요? 아버지 돌아가시기 전인데, 1983년인가? 제가 대구 출신이니까 『대구매일신문』에 기자로 일하던 잘 아는 선배가 있었어요. 그 선배를 찾아가서 내 아버지가 이런 사람인데 그 사건에 대해서 잘 모른다, 옛날 신문들을 좀 볼 수 있겠냐고 해서 찾아갔어요. 요즘은 인터넷으로 검색이 다 되지만 옛날에는 신문사 자료실에 가면 다른 신문사들 신문도 다 스크랩 해놓거든요. 그때는 '해방전략당'이라는 명칭도 몰랐어요. '1968년에 통혁당 하부조직 간첩으로 징역을 받은 거'라는 정도가 제가 아는 전부였어요. 그래서 선배 도움으로 신문들을 쭉 찾아보면서 남조선해방전략당사건도 알고, 사건을 저들이 만들었다는 것도 알았어요. 근데 아버지하고는 얘기를 안 했죠.

사건의 진상을 알게 된 이후에 노동운동가로서의 이형락 선생님의 사상이나 활동에 대해서 연구해 보실 생각은 안 하셨나요?

그때는 그런 생각을 못 했어요. 지금은 그런 욕심이 들기도 하는데, 제가 역량이 안 된다고 생각하고 있어요. 그런데 여기에 자리를 잡고 나면 소설 형식으로라도 아버지에 대한 이야기, 우리 가족에 대한 이야기를 써보고 싶다는 욕심은 갖고 있어요.

이형락 선생님의 지인들 증언 외에 다른 자료 같은 것들은 수집을 좀 하셨습니까?

아니요. 실제로 자료도 없고요. 또 제가 제일 가슴 아픈 것 중에 하나는 아버지가 징역에 10년 계시면서 보내왔던 편지들이 지금 하나도 없어요. 꼬박꼬박 다 모아서 보관하고 있었는데, 아버지 돌아가시고 엄마가 우리에게 한마디 말없이 그걸 다 태워버린 거예요. 진짜 용서가 안 됐어요. 그건 엄마 개인 물건이 아니잖아요. 왜 태웠냐고 했더니, 그렇게 자기 맘대로 혼자 목숨 끊은 아버지가 괘씸해서 태워버렸다 하더라고요. 그런데 없어진 건데 어쩌겠어요.

· **재심 신청의 계기**

남조선해방전략당사건 재심 신청은 어떻게 이루어졌나요?

먼저 2000년에 의문사위원회가 생기고 나서 주변 선배들이 "우리가 활동을 해야 되는 거 아니냐?" 그런 이야기를 했어요. 그런데 그때는 안 하겠다고 생각했어요. 내가 그런 단체활동 다 정리하고 시골로 내려갔고 이제 20대, 30대 새로운 친구들이 그 일들을 해내야지, 몇 년씩 단절했던 우리가 하는 건 맞지 않다고 생각을 했고요. 그러다 2003년에 의문사위원회 2기가 출범하면서 옆지기가 조사과장으로 가게 됐어요. 시골 내려올 때 아들이랑 즐겁게 생활하려고 와서 옆지기랑 농사지었다고 했잖아요? 결국은 즐거운 생활보다는 농사짓는 생활을 몇 년 했어요. 그래도 거기서 아들하고 살았던 때가 제일 즐거웠어요. 그러다 남편은 의문사위원회로 올라갔고, 아들은 2004년에 논산으로 고등학교를 가게 됐어요. 논산에 논산대건고등학교라는 미션스쿨이 있는데, 전인교육을 표방하는 꽤 괜찮은 학교였어요. 입시가 아닌 교육을 생각하는 부모들에게 각광받던 학교였거든요. 아들이 그 학교에 입학했는데, 거기는 100% 기숙사거든요. 그러니까 시골에 저 혼자 있을 이유가 없어졌어요. 그래서 2004년에 서울로 올라왔죠. 서울 오면서도 운동은 절대 안 할 거라고 생각했는데, 사무 능력이 있으니까 여기저기서 일을 도와달라고 하더라고요. 처음에는 소문을 듣고 일 조금만 도와주면 안 되겠냐는 연락이 왔어요. 그래서 오자마자 그 당시에 6월항쟁계승사업회에 총무국장 일을 하게 됐어요. 그리고 2000년에 민주화운동정신계승국민연대가 만들어지는데, 민주화운동보상법이 만들어지면서 거기에 대응하자고 유가협[26]과 민가협[27], 진보연대, 심지어 민주노총까지 모여서 만든 거거든요. 이 단체에

---

26 전국민족민주유가족협의회. 1986년 8월 12일 학생운동, 노동운동, 민주화운동으로 사망한 이들의 유가족들이 전태일기념관에 모여 결성한 사회운동단체이다. 김설이·이경은, 2007, 『잿빛시대 보랏빛 고운 꿈: 7·80년대 민주화운동으로서의 가족운동』, 민주화운동기념사업회, 269~270쪽.

27 민주화실천가족운동협의회. 1974년에 창립된 구속자가족협의회를 이은 양심범가족협의회와 1985년에 발생한 '민청련 사건'의 관련자 가족들이 의기투합하여, 1985년 12월 12일에 조직한 사회운동단체이다. 김설이·이경은, 2007, 위의 책, 257~263쪽.

서 감사를 맡아달라는 거예요. 다른 실무를 해달라고 하면 안 했겠지만, 감사는 1년에 몇 번만 좀 관심 가지고 보면 되겠다 싶어서 그 단체랑 관계를 맺었죠.

그러다 보니 과거사 문제에 더 관심을 갖게 됐어요. 저는 사실 노동운동 하면서도 그랬지만, '이런 정권하에서 군이 아버지의 신원, 명예회복 이런 것들 원치 않는다, 그 나물에 그 밥인 권력 속에서 그런 것들이 가당키나 하냐'라고 생각했어요. 심지어 제가 노동운동 하면서 수배되고 해고됐던 것들도 민보상위원회에 신청 안 했거든요. 지금도 안 하고요. 그런 거 인정받으려고 한 것도 아니고, '더 어렵고 힘든 분들이 하겠지, 나는 안 해도 돼', 그러고 안 했죠. 그래서 아버지 사건을 신청할 거라고 생각도 안 했어요. 그랬는데 서울 와 있으면서 사람들과 관계를 맺다 보니 '해야 하나', 하는 생각이 드는 거예요. 그 당시에 이일재 선생님이 살아계셨거든요. 그래서 말씀을 드렸죠. 2006년에 처음 말씀드렸더니 그런 거 하면 뭐하냐고 안 하시겠다고 했어요. 그래서 "아저씨 안 하면 저도 안 합니다" 하고 끝냈어요. 그러고 1년쯤 지나서 2007년에 선생님이 서울에 왔다고 전화를 하셨어요. 어쩐 일로 오셨냐고 물으니 과거사위원회에 진상규명 신청해보려고 오셨다는 거예요. 안 하려고 했는데 주위에서도 설득하고 이제 나이가 자꾸 드니 해보는 것도 괜찮겠다는 생각이 들었대요. 그래서 선생님 모시고 과거사위원회랑 민보상위원회에 수형증명서부터 판결자료 등 서류를 제출하고 같이 신청했어요. 얼마나 잘하는지 보자, 이런 마음도 있었고요. 어쨌거나 저는 이일재 선생님이 아버지 대신이라고 생각했기 때문에 그분이 하자고 하시면 당연히 해야 하는 걸로 생각했고, 그때 잘한 거죠.

• **권재혁 유가족과의 만남**

서울 와있으면서 이런 활동을 하다 보니 그 사건 관련자들을 좀 만나보고 싶었어요. 그래서 2003년에 노중선[28] 선생님이랑 여러 어른들을 수소문해서 만났는데 다른 유족들은 전혀 연락이 안 되는 거예요. 김병권 선생님 댁은 그 전부터 알고 있었고, 권재혁 선생님 추모제를 해마다 11월 4일날 서대문형무소에서 지냈었거든요. 해마다 지내다가 과거사위원회랑 민보상위원회에 신청하기 얼마 전에 이일재 선생님이 "권재혁 선생 산소를 찾아야겠다" 그러시는 거예요. 그래서 산소가 있냐고 물었죠. "옛날에 내 기억에 서울 근처 어디 공동묘지에 묻었다더라. 그러니까 서울 근처에 있는 공동묘지만 좀 찾아보면 될 것 같다." 그러시길래 1969년에 묻힌 권재혁이라는 사람을 찾습니다, 하고 여러 군데 전화를 했죠. 그러다가 네 번째에 찾았어요. 마석모란공원에서 찾았는데, 거기는 한 달에 한 번 이상은 갔거든요. 근데 권재혁 선생님 묘소를 한 번도 본 적 없고, 아무도 그런 이야기를 한 적도 없었어요. 그래서 하지 말까 하다가 거기 묘소가 워낙 넓으니까 혹시 모른다 싶어서 전화했는데 바로 아는 거예요. 있다고. 그래서 관리사무소 찾아서 가봤더니 관리사무소 바로 앞에 묘지가 있는 거예요. 그러니까 처음에 공원이 형성되면서 관리사무소가 있으면 그 주변부터 묘지들이 형성되잖아요. 마석모란공원이 1967년에 생겼거든요. 그때 완전 초창기인 거예요. 그리고 이런 공동묘지가 사람들한테 선뜻 안 닿을 때이고, 아무래도 돈 있는 사람들은 선산

---

[28] 1968년 남조선해방전략당사건으로 중앙정보부에 구속되어 고문을 받았다. 1973년에는 고려대학교 노동문제연구소에 재직하던 중 남조선해방전략당 간부들과 교류하며 반국가단체 활동을 했다는 혐의로 검거되었다. '고려대 NH회 사건'으로 불리는 이 사건으로 1974년 징역 5년 및 자격정지 5년을 받아 옥고를 치렀다. 2020년 재심을 통해 무죄판결을 받았다.

에 묻지, 어디 공동묘지에 묻지 않잖아요. 어쨌거나 너무 쉽게 찾은 거예요. 우리가 그 묘소를 처음 찾았을 때는 버려진 묘였어요. 봉분도 완전히 으스러져 있고, 비석도 옛날에 제일 작은 돌비석에 아무것도 없이 이름 석 자만 있었어요. 그래서 2006년 추모제 지내기 전에 비석이라도 새로 세워줘야 되겠다고 해서 어른들이 십시일반 모으시겠다 하더라고요. 그 당시 노중선 선생님, 김영옥 선생님, 박중기 의장님, 이일재 선생님 이런 분들이 모으시겠다고 하길래, 우리 형제는 젊은 사람들이고 돈을 벌고 있으니 반을 부담하겠다고 하고 드렸어요. 그런데 당시 추모연대 박중기 의장님이 이 소식을 듣고, 그거를 개인 돈으로 하는 거는 그렇고, 추모연대가 어떻게든 같이 해야 되지 않겠냐고 해서 어른들하고 우리가 모은 비용에 추모연대가 보태서 둘레석하고 봉분을 새로 한 거예요. 그렇게 2006년 추모제를 권재혁 선생님 묘소에서 했어요.

그리고 2007년에 또 추모제를 하는데 몇 명의 사람들이 우리 쪽으로 오는 거예요. 11월 4일이니까 추울 때라 보통 그 시기에 추모제 하는 데가 거의 없어요. 그런데 알고 보니 권재혁 선생님 부인과 아들, 딸, 가족인 거예요. 정말 깜짝 놀랐어요. 서로가 깜짝 놀랐죠. 권재혁 선생님 댁은 선생님이 사형당하면서 그 상처 때문에 아버지 이야기는 거의 금기어가 된 거예요. 기일에 모여서 밥만 같이 먹고 그렇게 헤어졌다 하더라고요. 그런데 그때쯤 인혁당사건 재심 권고가 나고 무죄판결이 났잖아요. 인혁당은 과거사위원회가 생기자마자 제일 먼저 조사를 시작했거든요. 온갖 언론이 무슨 로또 맞은 벼락 갑부들 이야기하듯이 배상금이 얼마고 그러면서 대서특필했는데, 정말 너무 싫었어요. 하여간 그래서 웬만한 사람들은 인혁당 뉴스를 한 번씩은 다 봤을 정도였는데, 권재혁 선생님 가족들도 그 뉴스를 본 거예요. 그러니까 이 가족들 마음속에 '그럼 혹시 우리 아버지도 무죄를 받을 수 있지 않을까?' 이런 마음이 생긴 거죠. 그래서 그동안 차마 말하지 못했던 그 마음을 갖고 아버지 기일날 산소 한번 가보자, 그래서 온 거예요. 이 가족들은 권재혁 선생님이 돌아가시고 40년 동안 딸 혼자, 아들 혼자, 이렇게 개인적으로는 오지만, 가족 내에서 금기이니까 다 같이 산소를 와본 적은 한 번도 없었다고 해요. 그러다 그날 40년만에 처음 다 같이 왔는데, 얼핏 보니 아버지 산소 있는 자리 근처에서 웬 사람들이 플래카드도 걸어 놓고 막 모여 있잖아요. 정말 깜짝 놀란 거죠. 이분들은 이분들대로 놀라고, 우리는 그렇게 수소문을 해도 못 만났던 유가족을 볼 줄 몰랐던 거예요. 그렇게 극적인 상봉을 하고 보니 탤런트 권재희 씨가 막내딸이었어요.

· **재심 과정에서의 어려움**

재심 과정에서의 어려움은 없었나요?

과거사위원회에서 재심 권고가 나왔는데, 그 과정에서 씁쓸한 일들이 많았어요. 인혁당 같은 유명한 사건은 조사관들이 서로 자기가 하려고 해요. 과거사위원회의 조사관들이 반수 이상 과거에 운동했던 사람들이고, 관심 가지고 맡으면 열심히 하지만, 한 조사관이 한 사건만 담당하는 게 아니잖아요. 여러 가지 사건을 배당을 받으니까 우리 사건은 제일 뒤로 밀리는 거예요. 잘 알려지지도 않았던 사건이기도 하고, 조사관들도 듣도 보도 못한 그런 사건 내용이기도 했고요. 그래서 우리 사건은 담당자가 네 번 바뀌었어요. 그런데 제 옆지기가 의문사위원회에 있다 보니, 위원회 조사관들이 격무에 시달리는 걸 아니까, 우리 사건을 빨리 조사해 달라는 소리를 못하는 거예요. 심지어는 아는 후배가 맡았는데도 그 얘기를 못했어요. 그러다가 마지막 조사관이 이 사건을 맡았는데, 그 전부터 이 사건에 대해서 개인적인 관심을 갖고 있었던 거예요. 참 고마웠죠.

그런데 조사가 지지부진해지니까 이러다가는 진실화해위원회 끝날 때까지도 안 되는 거 아닌가 하는 생각이 들다가도 잘하시겠지 하고 또 마음을 다스리고. 그러다 재심권고가 됐어요. 노무현 정권 때 위원회에 진정을 했고, 이명박 정권 때 재심 권고가 나와서 재심 신청을 하고, 박근혜 정권 때 재심 결과가 나왔어요. 우리보다 더 안 풀린 사건들도 많았겠지만, '유명한 사건들과 대우가 이렇게 다르구나' 그런 생각이 들고, 마음이 되게 착잡했었어요. 거기다가 하필 정권이 바뀌고 이명박 정권 때 형사 재심이 끝났어요. 형사 재심 때도 '이게 될까?' 싶었거든요. 재심 권고 나고 재심 신청을 하면, 법원에서 이걸 재심을 할지 안 할지 재심 개시 결정을 해요. 그런데 이 기간이 너무 오래 걸린 거예요. 한 2년쯤 걸렸거든요. 그래서 나는 '이거 안 되는 거 아닌가' 이런 걱정도 했어요. 근데 재심 개시하고 담당 판사에게 들은 얘기가 있어요. 이 판사가 뭐라고 했냐 하면 그 많은 옛날 자료들을 일일이 직접 다 읽어봤다는 거예요. 판사들도 워낙 격무라서 그건 보통 정성으로 안 되거든요. 근데 그걸 일일이 직접 다 읽어보고 이건 꼭 재심 해야겠다고 생각해서 재심 개시 결정을 내린 거라고 해요. 진짜 정말 고마웠어요. 심지어 재심 판결을 내면서 판사가 "국가가 나서서 사죄해야 하는데 그렇지 못하고 이렇게 재판까지 온 것에 대해서, 국가의 녹을 먹는 사람으로서 너무나도 죄송하게 생각한다. 저의 사죄를 대신 받아주시면 좋겠다", 그러면서 개인적으로 사과를 했어요. 그 판사에게 너무 고맙고, 그때 재심 결정이 나면서 반쯤은 마음이 풀린 것 같아요.

근데 그 이후 박근혜 때 민사보상 관련된 걸 바꾸잖아요. 인혁당 관련 재판에서 이자 계산을 바꾼 거요. 옛날에는 지연이자가 많아서 배상금이 컸는데, 그걸 다 환수조치 하면서 이자가 없어지니까 변호사들도 원 청구를 좀 높게 하잖아요. 근데 그게 다 기각되는 거예요. 다 깎여버리는 거야. 그래서 사형당하거나 10년, 20년 형을 살았던 분들 중에서는 "니들 정말 그거밖에 안 받은 거 맞나?" 이런 이야기 몇 번 들었거든요. 그 정도로 국가배상을 못 받았어요. 그래도 우리가 돈 받으려고 재판한 것도 아니고. 우린 어차피, 아버지 목숨값 따로 쓸 마음도 없고, 저는 재심하면서 아버지한테 미안한 마음이 더 많이 들었어요. 또 과거사위원회나 국가기관들에 대해 실망도 많이 했고요. 좀 서운하달까. 어떻게 표현해야 할지 참 애매한데, 그냥 말하지 않아도 원칙대로 딱딱딱 해주면 참 좋은데. 그 잘못된 것들을 밝혀내고자 만든 이런 위원회도 결국은 인맥과 안면, 또 메이저 사건과 마이너 사건으로 나누어지는 걸 직접 겪었잖아요. 참 마음이 아프더라고요. 그래서 지금도 과거사 사건 중에 재일교포간첩단사건[29]처럼 상처가 너무 커서 재심 안 하려고 하는 분들에게 그래도 재심하시라고 설득하는 후배가 있는데, 보면 밥이라도 사 주고 싶고 미안한 마음이 들어요. 이 친구는 직접적으로 국가폭력을 당한 것도 아니고 학생운동 하다가 과거사위원회 조사관으로 있었는데, 있어 보니까 그분들 사건이 너무 제대로 안 다뤄지는 게 마음이 아팠던 거예요. 그래서 지금도 과거사 관련해서 간첩으로 몰렸던 그런 분들한테 재심하면 무죄 받을 수 있다는 걸 설득하고 있어요.

　　사실은 우리 아버지 사건도 재심 신청하자고 했을 때 언니들이 되게 꺼렸거든요. "괜히 그런 거 했다가 정권 바뀌어서 또 불이익받으면 어떡하냐. 우리야 살만큼 살았지만, 우리 자식들이 또 불이익을 받으면 어떡하냐." 이런 걱정들을 했어요. 나만 환갑이 안됐지, 언니들은 다 이제 환갑이 지나고 나이들이 있으니까요. 거꾸로 재판 안 하고 그따위 배상금 없어도 우리는 사는데 아무 지장 없는데, 괜히 이런 거 잘못했다가 이제 스무 살, 서른 살인 우리 애들한테 또 해가 오면 어떡하냐, 이런 겁을

---

[29] 1970~1980년대 박정희 정권과 전두환 정권이 한국에 유학을 온 재일교포들을 간첩으로 조작한 일련의 사건들.

내는 거예요. 진짜 그런 일을 안 겪어본 사람들은 세상이 달라졌는데 무슨 그런 걸 갖고 겁내냐고 하겠지만, 그때 그 고통이 50년, 60년 전의 일이 아니라, 지금도 가슴 속에 그대로 생생하게 살아 있는 거죠.

6. 진상규명과 형명재단

• 형명재단 설립 계기

재심을 통해서 사건이 진상규명 되고, 국가배상이 이루어진 뒤에 형명재단을 설립하신 것으로 알고 있습니다. 재단 설립의 계기나 활동 등에 대해서 말씀 부탁드립니다.

재심이 끝나고 나서 국가로부터 배상금과 보상금을 받았는데, 이 돈이 우리 돈이 아니잖아요. 아버지들의 피 값이자 목숨값이거든요. 젊은 시기를 형무소에서 10년, 20년 동안 고통을 당하시거나 사형을 당하신 것에 대한 작은 보상인 건데, 그런 돈을 헛되게 쓸 수는 없다는 생각이 들었어요. 저는 정부가 돈으로 보상하는 것은 잘못하고 있는 거라고 생각을 해요. 국가권력이 사람을 잡아가서 그 목숨과 삶을 위협하는 폭력을 휘두르고, 수십 년이 지난 다음에 이제 좀 잊고 살려고 하니까 돈 몇 푼 던져주고 정권이 할 일 다 한 것처럼 하는 건 예의가 아니라고 봐요. 그런 생각이 들어서 국가폭력에 대한 배상은 뭔가 다른 방법이 필요하다고 생각해요. 어쨌거나 재판 들어가기 전부터 돈이 얼마나 나올지는 모르지만, 우리 아버지들이 어떤 삶을 살아오셨는지 재조명하고 사람들에게 알릴 수 있는 재단을 만들자고 했어요. 40년, 50년이 지난 이 시기에 자식들이 할 수 있는 일이 그거라고 생각했거든요. 이 돈이 많다면 참 많은 돈인데 쓰려고 하면 정말 별거 아닌 돈이거든요. 재단을 만들려고 하니까 운영하는데 그 돈이 다 들어가겠는 거예요. 그래서 이 단체가 정상적으로 굴러갈 수 있는 재생산 구조가 되기 전까지는 그냥 한 사람이 실무만 보고 큰 단체로 만들지 말자, 그래도 이왕이면 민간단체 등록은 하자고 해서 법인으로는 안 하고 민간단체로 했어요.

• **형명재단 설립 목적**

그리고 재단을 만들기 전부터 어떤 일을 할 것인지 많이 고민했는데, 우리 형제들은 아버지가 징역 가면서 다들 정상적인 교육을 못 받은 게 컸어요. 앞서서 말했지만 언니들은 학업을 중단하고 공

사진 6　형명재단 로고

장에 가서 일을 해야만 했다고 그랬잖아요. 특히 아버지가 출소하고 나서 가장 마음 아파했던 부분 중에 하나가 자식들 공부를 제대로 못 시켰다는 거였어요. 그래서 언니들에게도 다시 공부하라고도 했고요. 생계 때문에 학업을 포기하고 공장 일하면서 산업체 부설학교 다녔던 작은언니 이야기도 했지만, 큰언니도 학업을 일찌감치 포기했었거든요. 큰언니는 언어 쪽에 재능이 있어서 다녔던 중학교의 외국인 선교사가 미국 유학을 권유했었어요. 장학금도 신청해줘서 이야기가 다 되었는데, 연좌제 때문에 못 나갔고요. 그러다 고등학교 1년 다니고 중퇴했어요. 아버지가

사진 7 형명재단 창립보고대회(2018년 11월 29일)

출소하고 나서 언니에게 "돈도 중요하고 먹고 사는 거 정말 중요한데, 그래도 긴 삶으로 보면 공부해야 된다. 너 공부 못한 거 아쉽지 않냐"고 해서 검정고시 치고 대구 영남대학교에 4년 장학금을 받아서 대학을 갔어요. 그런 일들을 겪으면서 배움에 대한 갈증이 워낙 심했어요.

그래서 큰 돈은 아니지만 경제적인 문제로 학업에 어려움을 겪는 학생들에게 최소한의 비용이라도 보태주자, 혹은 활동하는 사람들을 지원할 수 있는 단체를 만들자고 했어요. 우리 단체에 사람이 많지 않아서 적극적으로 연구 활동을 하기에는 아직 역량이 안 되니까, 그런 장학사업을 하자는 데에 이의가 없었어요. 장학사업이지만 학생만 지원하지 않고, 우리 아버지처럼 활동하는 활동가들도 지원하고요. 그리고 여력이 생기면 가장 힘든 사람들, 우리 사회의 가장 소수자들, 가장 약자들과 연대할 수 있는 그런 길들을 찾아서 해보자는 취지에서 단체를 만들었어요.

단체 이름이 형명재단이잖아요. 사람도 이름을 처음 짓는 게 참 중요한데, 단체 이름을 어떻게 지을지 고민을 많이 했어요. 주변에 공모도 해보고 물어보기도 했는데 마땅한 이름이 잘 안 나왔어요. 그러다 우리

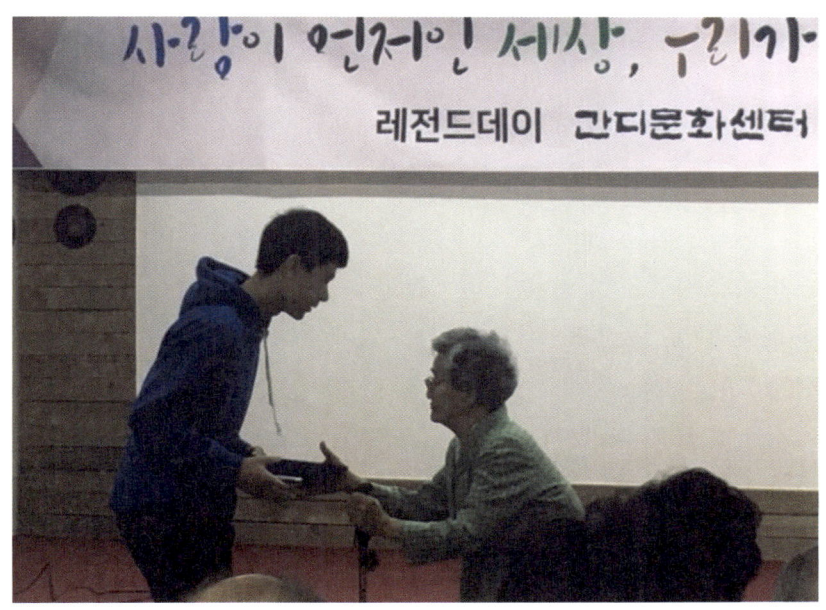

사진 8 2019년 장학금 수여식에서의 한기명 선생

작은형부가 어머니, 아버지 뜻을 잘 살리자고 만든 단체니까 두 분 이름을 넣어서 만들면 어떻겠냐고 하더라고요. 아버지 함자가 이 '형'락이고, 어머니 함자는 한기'명'이니까 '형'과 '명'을 붙여서 '형명'이라고 한 거예요. 이게 우리가 흔히 말하는 '혁명'과 발음이 똑같거든요. 근데 기역 받침 '혁'자로 쓰면 재미도 없고 너무 날 것의 느낌이어서 중의적인 표현으로 발음은 같은 '형'으로 한 거죠. 무엇보다 아버지가 원했던 혁명된 세상을 바라는 마음과 그 뜻을 이어간다는 의미에서 그렇게 정했고요. 재단 로고는 디자인 잘하는 후배가 만들어줬는데, 오래된 고목이에요. 고목에서 새롭게 싹이 태어나죠. 그러니까 사람들한테 다 잊혀진 50년 전 사건이지만 이 사건을 바탕으로 해서 다시 이 사회에 보탬이 되는 활동을 하겠다는 의미를 담았어요. 글자도 그대로 살리고 이렇게 만들어줘서 되게 좋더라고요.

• **형명재단 활동**

우리 재단은 만든 지 올해가 4년 차죠.[30] 2017년에 배상금을 받았거든요. 2017년 5월 16일날 판결이 났고, 단체 만드는 실무를 준비해서 2018년에 단체를 띄웠어요. 그때 단체결성보고대회를 하면서 2018년에는 우리가 이런 사업을 할 겁니다, 하는 보고 차원에서 학생 한 사람, 활동가 한 사람, 단체 한 군데, 이렇게 추천을 받아서 지원했어요. 그리고 2019년, 2020년, 2021년 이렇게 현재까지 했거든요. 재단 블로그가 있는데, 거기에 재단 소식과 구체적인 내용을 올려놓았어요. 웹자보 만들어서 올리면 사람들이 들어와서 재단 소식도 보고, 장학 지원서를 받아서 신청할 수 있어요.

그러면 1년에 14명 정도를 지원할 수 있겠더라고요. 더 많은 사람들과 단체들을 지원하고 싶은데, 우리가 다른 데 거의 안 쓰고 지원금에만 가장 많은 돈을 쓰는 데도 1년에 이천만 원 정도밖에 여력이 없는 거예요. 재단 사무실도 '꿀잠'[31]에서 무료 임대 해주어서 같이 쓰고 있거든요. 그래서 지원 관련 책자를 만들어서 후원도 받는데, 후원자들이 300명쯤 되면 상근활동가 한 명을 두고 운영할 수 있겠더라고요. 그 정도가 최소한의 목표인데, 내가 직접 당사자니까 주위에 이거 써달라는 소리를 진짜 못 하겠는 거예요. 그래서 아직 100명이 안 돼요. 그래도 조금씩 조금씩 늘어나고 있으니까 그 틀이 잡히고 나면 좀 더 적극적으로 사업을

---

30   2018년 7월 단체 등록, 2018년 11월 29일 창립보고대회.

31   서울 영등포에 위치한 '비정규노동자 쉼터'로 2017년 8월 19일에 완공되었다. 2015년 7월 17일 기륭전자 투쟁 10년 평가토론회에서 '비정규노동자의 집'의 필요성이 제안되어 시민들과 사회운동가들의 후원 및 연대로 조직된 비정규노동자, 해고노동자, 사회활동가들의 쉼터이다. '비정규노동자 쉼터 꿀잠' 홈페이지 (http://cool-jam.kr/).

해서 지원금을 늘릴 수 있도록 해봐야죠. 그래서 지금 생각은 1년에 오천만 원 정도만 지원해도 조금 얼굴이 서겠다, 뭐 이런 생각이에요. 배상금으로 단체 만들어서 지원하겠다고 하면서 별로 한 것도 없다는 느낌이 자꾸 들어서 좀 부끄럽기도 해요. 그래도 내가 이렇게 하고 있으니까 가끔 국가배상 소송을 하는 분들 중에 우리도 그런 걸 해봐야 되겠다, 단체를 만들어서 해봐야 되겠다, 이런 생각들 하고 물어보시는 분들도 있어서 참 고맙고 좋아요.

7. 부친을 기억하며

이제 마무리할 때가 된 것 같습니다. 앞서 선생님이 노동운동을 시작하게 된 계기가 이형락 선생님으로부터 비롯된 것이라고 말씀해주셨습니다. 그 이외에 부친께서 선생님의 삶에 영향을 끼친 게 있을까요?

노동운동뿐만 아니라, 아버지가 제 삶에 끼친 영향은 말로 다 할 수 없죠. 나보다 약하고 힘든 처지에 있는 사람들을 돕지 않으면, 좋은 체제를 만든다 해도 아무 의미 없다고 생각해요. 약자를 도와야 한다는 생각, 약자와 함께 가야 한다는 마음을 아버지를 통해 배웠던 게 아닐까 싶어요. 아버지는 길 가는 거지도 그냥 못 보내는 사람이었어요. 저는 어릴 때라서 잘 몰랐지만, 우리 언니들은 냄새난다고 질색하면서 싫어했대요. 엄마한테 빈축을 많이 샀다고도 하고요. 그래도 우리보다 어려운 사람이 있으면 꼭 발 벗고 나서서 도와주던 게 아버지였어요. 고등학생 때쯤에 아버지한테 물은 적이 있어요. "길을 가다가 거지를 만났어. 내 주머니에 천 원이 있는데, 거지가 배를 곯고 있으면 그걸 줘야 돼, 말아야 돼?" 이

사진 9　성인이 된 이후 함께한 부녀의 모습

렇게 물어봤더니, 아버지가 "네가 지금 당장 배고파서 밥을 사 먹어야 할 상황이 아니라면 줘야지"라고 하더라고요. 그래서 "나는 싫어. 그 돈을 주면 그 거지는 맨날 그렇게 구걸만 하고 산다니까." 그렇게 못되게 말을 했더니, "보기에는 저 사람들이 게으르고 뭔가 잘못해서 저렇게 사는 것 같지만, 저 사람이 저렇게 살 수밖에 없는 우리 사회의 모순들이 있다. 그걸 아직은 네가 잘 모르겠지만 나중에 공부해보면 그런 것들이 보일 거다", 이런 얘기를 했거든요. 운동하면서 '아버지가 이런 마음이었나?' 하는 생각을 많이 하게 되었고요. 사소할 수도 있는데, 저는 시장에 가서 바가지도 잘 쓰고 값도 잘 못 깎아요. '고생하면서 장사하시는데 조금 더 주고 사지, 뭐' 이런 마음이 먼저 들더라고요. 그런 걸로 지인들에게 헛똑똑이라고 놀림을 당하기도 해요. 저는 활동하면서 절대 남한테 얕잡아 보이거나 만만해 보이게 안 하거든요. 오히려 "성질이 너무 칼 같아" 이런 소리를 들어요. 그래서 바가지 썼다고 말하면 다들 거짓말하지 말라면서 웃어요. 가끔 주변에 노조 활동하는 분들 중에서도 운동 현장에서는 열심히 연대도 하고 친절한데, 본인 사적인 공간에서는 그런 노동자들을 본체만체하는 분들도 있더라고요. 그런데 다 같은 노동자잖아요. 내가 사는 동네에서든, 어디서든 함께 세상을 바꿔 나갈 사람들이라고 생각하니까, 저는 그게 안 되더라고요. 그런 생각을 아버지에게 배웠던 것 같고, 또 그런 점이 아버지와 닮은 부분인 것 같아요.

8. 국가폭력을 넘어서기 위하여

선생님과 가족들께서는 권위주의 체제의 국가폭력으로 오랫동안 많은 고통을 겪으셨습니다. 마지막으로 이런 국가폭력에 대해서 어떤 생각을 가지고 계신지 말씀 부탁드리겠습니다.

국가폭력이라는 단어 자체가 없어져야 되는 거죠. 꽃으로도 때리지 말라는 얘기를 하는데, 특히나 국가폭력은 가해자가 너무 크잖아요. 폭력의 행사가 단순히 주먹으로 사람을 때리는 게 아니라 굉장히 교묘하게 이루어지기도 하잖아요. 예를 들면 국가보안법 같은 법의 이름으로 법치주의적이고 합리적인 것처럼 인신과 사상을 구속하는 국가폭력이 여전히 있는 것처럼요. 국가폭력을 직접 당해도 이게 국가폭력인지 아닌지 구분하기 어려울 수도 있어요. 정말로 내가 잘못한 건가 하는 생각을 할 수도 있죠. 그런 측면에서 국가폭력은 당하는 사람뿐 아니라 주변 사람들에게도 영향을 줘요. 사람들이 국가와 다른 생각을 한다고 해서 경찰 같은 국가기관의 감시를 받거나 잡혀가는 걸 보면 두렵잖아요. 직접 당하지 않는 사람들도 그런 모습을 보고 '저렇게 하면 안 되겠구나'라고 생각하게 되는 거죠. 이건 사회가 발전하는 게 아니라 퇴보하는 거거든요. 그런 의미에서 저는 국가폭력이 우리 사회를 가장 병들게 한다고 봐요. 그래서 국가폭력이라는 것은 절대로 있어서도 안 되고, 일어나서도 안 되는 일

사진 10 　이형락 선생 35주기 추모제(2020년)

이라고 생각해요.

　이런 국가폭력을 없애려면 당연히 정권이나 국가 차원에서 여러 가지 방법들을 모색해야 해요. 사실 개개인이 직접 구제 방법을 찾아서 신청하고 재판까지 가지 않으면 밝혀내지 못하는 게 국가폭력인 거예요. 과거에 국가폭력을 자행했던 가해자들은 권력을 쥐고 있었으니까 무단으로 일단 잡아가서 고문하고 허위자백 받아내서 구속영장 발부받고 이랬거든요. 그랬던 사람들이 뭐가 아쉬워서 지금 그런 사실들을 스스로 얘기하겠어요. 절대로 안 밝혀져요. 지금 진실위원회도 실질적인 수사권이 없잖아요. 그런데 국가는 법원에만 이 사안을 던져놓고 한 발 빠져있어요. 실제로 가해를 자행했던 국가는 한 발 물러 서있단 말이에요. 그리고 법원에서 국가폭력 사건을 재심해서 무죄 판결하는 것도 마찬가지예요. 방금 말했던 것처럼 구속영장 없이 무단으로 잡아가서 고문하고 허위자백 받아내는 위법한 행동을 한 국가의 잘못을 인정하여 무죄 판결하는 것이지, 과거의 모순적인 사회를 바로 잡기 위한 활동의 정당성과 가치를 인정해서 무죄 판결한 게 아니란 말이죠. 그건 우리 사건뿐 아니라 국가폭력으로 무죄판결을 받은 모든 사건이 대부분 그래요. 당시의 활동이 정당했다는 평가는 어디에도 없어요. 그러면 이건 제대로 된 사죄가 안 되는 거잖아요. 최소한 행정부 수반이 과거의 국가폭력에 대해 제대로 사과하고, 재발 방지를 위해서 직접적인 가해자들에 대한 처벌도 있어야 된다고 생각해요. 최소한 그런 처벌이 한 번이라도 있어야 세상이 바뀌어도 다시는 그런 짓을 못 할 테니까요. 근데 지금은 그런 사람들이 여전히 잘 먹고 잘 살고 죽어서도 국립현충원에 묻혀있기도 하잖아요. 이런 사회에서 누가 그런 짓 하면 나쁘다고 하겠어요. 어쨌든 국가폭력 피해자들에 대한 국가 차원의 제대로 된 사과가 필요하다고 봐요. 대부분의 피해자들은 가해자가 사죄하면 울면서 그 사죄 받아요.

그리고 국가폭력을 연구하는 사람들이 많아졌다고 들었는데, 저는 되게 고마워요. 그런 걸 조사하고 많이 알아야 어떻게 치유할지도 나오는 거거든요. 치유가 한 가지 방법만으로 되는 게 아니잖아요. 상담이 필요할 수도 있고, 놀이가 필요할 수도 있고, 망각이 필요할 수도 있는 거니까요. 국가폭력을 직접 경험했던 저도 그렇지만, 심한 분들은 평생 정신과 치료를 받아야 하는 분들도 있어요. 저 같은 경우는 '나는 트라우마 없어'라고 생각하며 살았어요. 근데 살면서 어느 순간 정말 뭔가 말로 표현할 수 없는 그 떨림 같은 게 느껴질 때면 '아, 이게 트라우마였구나'라고 생각해요. 아직도 아버지 얘기를 마음 편히 못 하는 그런 것들. 저는 트라우마가 국가폭력을 직접 경험한 사람과 그 가족에게만 있다고 생각지 않아요. 국가폭력이 사회를 병들게 한다고 했잖아요. 아버지 사건 재심 신청하던 당시에 괜히 나중에 우리 자식들한테 불이익 가면 어떡하냐고 했던 언니의 우려를 돌이켜 보면, 그런 생각들이 아직도 우리 사회 전체에 존재한다고 생각해요. 그런 측면에서 보면 국가폭력 피해자와 그 유가족들뿐만 아니라, 우리 사회도 국가폭력의 트라우마로부터 자유롭지 않은 거거든요. 그래서 국가폭력이 발생하면 안 된다는 것은 당연하고, 국가폭력 사건을 보면서 모난 돌이 정 맞는다고 생각하게 된 전체 국민들에 대한 치유도 필요하다고 생각해요. 그러려면 교육도 필요하고, 아까 말한 것처럼 가해자들에 대한 처벌과 사과도 이루어져야해요. 그런다고 해서 국가폭력이 100% 없어진다, 그런 건 누구도 장담할 수 없겠지만, 그래도 좀 나아질 거라고 봐요.

참고 자료

권영숙동지추모사업회 엮음, 2015, 『민들레처럼 불나비처럼 : 노동운동가 권영숙 추모집』, 한티재.

김설이·이경은, 2007, 『잿빛시대 보랏빛 고운 꿈: 7·80년대 민주화운동으로서의 가족운동』, 민주화운동기념사업회.

김영수·김원·유경순·정경원, 2013, 『전노협 1990~1995』, 한내.

노동운동가 이일재 선생 추모자료집 간행위원회 엮음, 2018, 『노동운동가 이일재의 활동과 '남조선해방전략당사건' 기록』, 선인.

노중기, 2012, 「87년 노동자대투쟁의 역사적 의의와 현재적 의미」, 『경제와사회』 제96호.

대통령소속의문사진상규명위원회, 2003, 『의문사진상규명위원회 보고서: 1차 (2000.10~2002.10)』.

안병용, 1990, 「특별연구 남민전 -유신 말기 대표적 '반독재·반제' 지하투쟁조직에 대한 본격 조명」, 『역사비평』 12권.

유경순, 2001, 「1984년 '구로지역 민주노조운동'의 전개와 특징 - 구로동맹파업의 주체형성 과정에 대하여 -」, 『역사연구』 제9호.

이명식, 2005, 「한국의 민주화 세력, 어디로 가고 있나?; 민통련 운동의 전개과정과 평가」, 『기억과 전망』 12권.

이호룡, 1995, 「해방 직후 조선노동조합전국평의회의 운동노선」, 『한국사연구』 제90호.

임송자, 1993, 「미군정기 대한독립촉성노동총연맹의 조직에 대한 고찰」, 『사림(성대사림)』 제9권.

장숙경, 2009, 「한국개신교의 산업선교와 정교유착」, 성균관대학교 대학원 사학과 박사학위논문.

전명혁, 2013, 「연극인 이강복(李康福) 연구: 민중적 연극을 위한 페이소스(Pathos)」, 『역사연구』 25호.

진실화해를위한과거사정리위원회, 2009, 『종합보고서』 5권.

진실화해를위한과거사정리위원회, 2009, 『종합보고서』 9권.
홍석률, 2015, 「동일방직 사건과 1970년대 여성노동자, 그리고 지식」, 『역사비평』 112호.

『경향신문』, 1983/09/23.
『한겨레』, 2022/08/25.
『통일뉴스』, 2024/02/18.

민주화운동기념사업회, 강창덕 선생 약력, https://www.kdemo.or.kr/patriot/name/%E3%84%B1/page/1/post/719.
민주화운동기념사업회, 김말룡 선생 약력, https://www.kdemo.or.kr/patriot/name/%E3%84%B1/page/1/post/173.
민주화운동기념사업회, 도예종 선생 약력, https://www.kdemo.or.kr/patriot/name/%E3%84%B7/page/1/post/205.
민주화운동기념사업회, 권재혁 선생 약력, https://www.kdemo.or.kr/patriot/name/%E3%84%B1/page/1/post/525.
민주화운동기념사업회, 백기완 선생 약력, https://www.kdemo.or.kr/patriot/name/%E3%84%B1/page/1/post/713.
민주화운동기념사업회, 권재혁 선생 약력, https://www.kdemo.or.kr/patriot/name/%E3%84%B1/page/1/post/525.
민주화운동기념사업회, 4.19전후 관련 인사 구술아카이브 나경일 선생 자료, https://archives.kdemo.or.kr/oral-archives/view/743.

재단법인 4.9통일평화재단, 서도원 선생 약력, http://www.49peace.org/.
'비정규노동자 쉼터 꿀잠' 홈페이지, http://cool-jam.kr/.
'4.9평화통일재단' 홈페이지, http://www.49peace.org/.